KB074242

나는 내 인생이 참 좋다

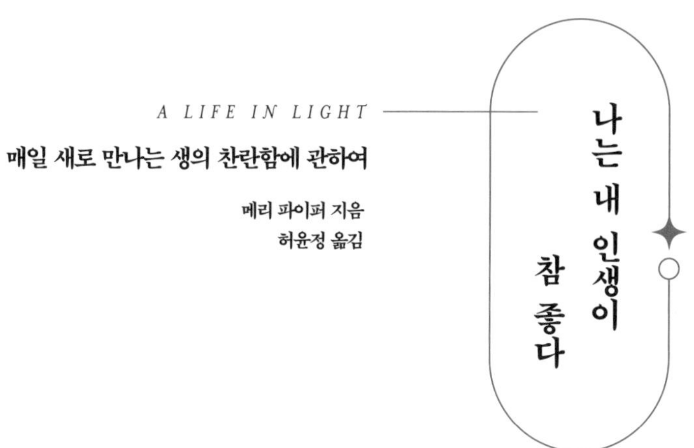

나는 내 인생이 참 좋다

A LIFE IN LIGHT

매일 새로 만나는 생의 찬란함에 관하여

메리 파이퍼 지음
허윤정 옮김

티라미수
THE BOOK

•

2020년 여름을 환히 밝혀주고

이 책을 쓸 수 있게 영감을 준 손녀 케이트 엘리자베스 파이퍼,

2021년 여름에 기쁨을 선사하는 벗이 되어준 손녀 클레어,

꾸준히 연락하고 지내는 손자 에이든,

그리고 2021년 가을 가족 모임에서 변함없는 사랑을 보여준 손자 콜트레인과 오티스에게

이 책을 바칩니다.

그럼에도 찬란한 우리 생을 위하여

들어가는 글

토머스 A. 에디슨은 1847년에 태어나 1879년 10월 21일에 백열전구를 발명했다. 내 생일은 1947년 10월 21일로, 에디슨 탄생 100주년이자 그의 유명한 발명품이 세상에 나온 지 68년째 되는 날이다. 이 사실을 알아차렸을 당시 나는 이미 40대였지만 그전부터 줄곧 빛에 마음이 끌렸다.

미주리주 스파타에 있는 할머니 댁 앞뜰에 있던 키 큰 나무의 잎사귀 사이로 살랑살랑 춤추던 빛을 기억한다. 사실 그 장면이 빛에 관한 나의 첫 기억이다. 그레이스 고모가 나무 아래에 담요를 깔고 그 위에 나를 눕혀놓았다. 바람에 흩날리는 나뭇잎의 빛깔이 수시로 바뀌며 그 사이로 반짝이던 햇빛과 이따금 나타나 이 모든 현상에 영향을 주던 조각구름의 그림자도 기억난다. 비록 말 못 하는 아기였지만 눈에 보이는 광경이 아름답다는 건 알았다.

생애 첫 두 해 동안 그것 말고는 아무것도 기억나지 않는데, 그 장면만은 마치 오늘 아침 일처럼 또렷이 떠오른다. 빛은 그렇게 기억 속에 아로새겨졌다. 내 생에 선명하게 획을 그은 그 순간 이후로 아른거리는 빛은 줄곧 내 안에서 경이로움을 자아내는 힘을 갖고 있었다.

나는 그림자와 태양의 흑점 그리고 태양을 가로지르는 구름을 주의 깊게 본다. 풀과 꽃에 맺힌 영롱한 이슬, 잔디밭 스프링클러에서 뿜어져 나오는 무지갯빛, 새의 날개나 가슴에서 반짝이는 빛에 감탄하며 발걸음을 멈춘다. 햇살을 가득 받은 우리 고양이의 윤기 자르르한 털과 집 근처 홈스 호수에서 반짝이는 윤슬도 눈여겨본다. 이런 빛의 미세한 변화는 나의 감정, 심지어 정신에도 영향을 미친다.

수영을 할 때면 수영장 바닥에 성긴 그물처럼 아른거리는 빛 무늬를 보며 행복에 젖는다. 빗방울 사이로 흩뿌려진 햇살이 우리 집 현관을 빛으로 물들이는 광경을 봐도 그렇다. 폭풍우를 머금은 먹구름을 뚫고 내리쬐는 빛줄기도 유심히 본다. 여행하면서 가장 놀라는 대상도 빛이다. 네브래스카주의 샌드힐스, 알래스카, 샌프란시스코, 미국 중서부의 로키산맥을 따라 자리 잡은 모든 산간 마을에서 본 빛은 경이로웠다.

식당에서 일하며 대학을 다니던 시절에도 공동주택 지하층에 사는 것만큼은 피했다. 창문 없는 방에는 오래 머물지 못하기 때문이다. 집에서도 낮에는 항상 블라인드를 걷어놓는다. 사무실의 칸막이 안이나 가게 안쪽 방에서 일하느니 차라리 밖에서 삽을 들고 말똥을 치우는 게 낫다.

나는 태양에서 에너지를 얻는 사람이다. 어렸을 때 여름이면 눈을 떠서 감을 때까지 하루 종일 밖에서 보냈다. 아침나절에는 느릅

나무 아래에서 나무판 위에 진흙을 놓고 조물조물 파이와 쿠키, 케이크를 만들며 시간을 보냈다. 긴 오후와 저녁 시간에는 공공 수영장에 갔다. 다른 아이들에게 햇빛이 물 위에서 반짝거리는 모습을 보라고 들떠서 말한 것도 그때부터다.

나는 온갖 빛에 마음이 끌린다. 해돋이와 해넘이, 분수에서 반짝이는 빛, 천체가 내뿜는 빛까지도. 그리고 어디서든 무지갯빛을 볼 때면 가슴이 설렌다.

내 기억은 빛으로 암호화되어 있다. 플랫강을 따라 곰보버섯을 찾으러 다닌 일도, 손자 콜트레인이 연주하는 음악을 들은 일도, 빛의 색감으로 경험을 걸러낸다. 그렇게 빛의 인상을 떠올려 내 이야기를 들려준다.

내가 참 좋아하는 단어 가운데 '고모레비木漏れ日'라는 일본어가 있다. 나뭇잎 사이로 비치는 햇살로, 빛과 나뭇잎의 상호작용을 말한다. 이 단어에는 다른 뜻도 있다. 어떤 사람이나 장소, 멀리 떨어진 대상에 대한 아련한 그리움이다. 또는 무상無常함을 의미하기도 한다. 아른거리는 빛은 여기에 있는 것이 순식간에 사라지리라는 것을 보여준다. 변치 않고 그대로 머무르는 것은 아무것도 없다.

회복력이란 어두운 시기에도 빛을 찾아내는 능력이다. 우리는 태도와 노력, 대처 기술로 회복력을 만들어간다. 우리는 한평생 위기를 맞닥뜨리며 그 과정에서 성장한다. 고된 노력이 우리를 정의하고 구축한다.

어린 시절 나는 명랑함을 유지하려고 부단히도 애썼다. 나를 사랑해줄 사람들을 찾았고 그들에게 보살핌을 받는 관계를 누렸다. 자연과 수영에서 위안을 얻었다. 열심히 노력하고 사람과 동물을 돕는 일에서 일찍이 기쁨을 발견했다. 어렸을 때 익힌 대처 기술은 지금도 여전히 내게 남아 있다. 나는 마음의 평정과 분별력을 유지하기 위해 인생의 단계마다 그런 기술을 활용해왔다.

평생에 걸쳐 사람들을 사랑했고 또 사랑하는 사람들을 떠나보냈다. 내가 어렸을 때 아버지는 군대에 들어가 머나먼 전쟁터로 향했다. 아버지가 돌아온 뒤로는 어머니 없이 1년을 지냈다. 20대에는 아버지가 돌아가셨고, 40대에는 어머니가 세상을 뜨셨다. 나이 들어가면서 사랑하는 많은 이들과 작별해야 했다.

최근 저서인《나는 내 나이가 참 좋다》를 쓸 때만 해도 햇빛을 듬뿍 받고 있었다. 다 큰 자녀와 다섯 명의 손주가 모두 가까이에 있었다. 가족과 친구가 곁에 있었고 여행도 다녔다. 주말에는 라이브 음악에 맞춰 춤도 췄다.

그런데 그렇게 밝았던 빛이 희미해졌다. 나를 둘러싸고 있던 어린아이들은 다 자랐거나 캐나다로 이주했다. 더구나 감염병이 전 세계를 덮치면서 가족과 헤어져 지내는 아픔을 겪었다.

지난 몇 년간 행복을 유지하기 위해 성장해야만 했다. 빛을 찾아내려고 내가 아는 모든 기술을 동원했다. 그리고 세상 어디에도 보이지 않는 사랑을 찾아 내 마음을 들여다보는 법을 배웠다. 새로운 의식과 일상을 만들어나갔고 이제는 바라는 대로가 아니라 있는 그대로의 삶에 새로이 감사를 느낀다. 내 인생의 초반부가 애착을 쌓는 과정이었다면 지난 2년은 분리하는 법을 배우는 시기였다. 내게 필요한 사랑과 온기를 내 마음속에서 찾기 위해 노력했다.

우리는 나이에 상관없이 상실을 겪는다. 유치원생도 한 해가 끝나면 사랑하는 선생님과 작별해야 한다. 반려동물도 무지개다리를 건넌다. 할머니와 할아버지도 돌아가신다. 그리고 우리는 날마다 어제의 세상을 잃는다.

나이 들수록 그런 상실이 몇 곱절로 늘어난다. 이제 더는 일터에 나가지 않을 수도 있다. 친구와 친척이 다른 곳으로 이사하거나 아예 저세상으로 가기도 한다. 자녀가 있다면 그 아이들은 자라서 자기 삶을 살아나간다. 이처럼 우리는 무상함을 마주할 수밖에 없다.

코로나19 팬데믹으로 고립감과 상실감이 커지긴 했지만 이런 감정은 사실 삶의 어떤 상황에서도 피할 수 없다. 결국 우리는 사랑하는 모든 이와 어떻게든 작별한다. 하지만 그 과정에서 우리는 각자 마음속에서 빛을 찾고 그 초월의 빛을 향해 나아가는 능력을 키울 기회를 얻는다. 고통 속에서도 기쁨과 행복을 발견할 수 있다. 상실을 마주하면 균형을 되찾기 위해 어떻게 경이로움을 경험할지를 배울 수 있다. 인생에는 이런 셈법이 작용한다.

우리는 섬광처럼 찾아오는 깨달음을 경험할 수 있다. 별다르지 않은 일상의 한가운데서도 어떤 특별한 빛이 우리를 더없는 행복으로 이끌 수 있다. 그러면 자아는 깊은 시간 속으로 녹아든다.

지복至福은 절대적인 상태다. 10점 만점에 몇 점이라고 평가할 수 없으며 뭘 더하거나 뺄 것 없는 행복이다. 지복을 경험한다면 우리는 최고의 경이로움을 맛보는 셈이다. 평생에 걸쳐 현재를 살고 그 순간에 집중하는 능력을 키우면 지극한 행복을 더 자주 경험하는 행운이 따를 수도 있다. 심지어 인생에서 깨달음이 파도처럼 밀려오는 순간을 맞이할지도 모른다. 혹은 한때의 특별했던 경험이 예사로운 일상이 되기도 한다.

고모레비는 나무가 자아내는 햇빛과 그늘로 가득한 숲길을 따라 갈 때의 삶을 묘사한다. 삶의 여정에는 상실과 재회, 절망과 자기구원에 대한 이야기가 담겨 있다. 우리 대부분은 슬픔 속에서도 감사함을 느끼는 정체성을 형성해간다. 이를테면 망가진 세상을 보며 큰 슬픔을 느끼면서도 여전히 봄 딸기를 맛보거나 비 냄새를 즐길 수 있다. 가슴이 산산조각 나도 홍관조(빛깔과 지저귐 소리가 아름다운 관상조–옮긴이)의 노랫소리를 듣거나 폭풍우 속에서 천둥 번개가 치는 광경을 지켜보기도 한다.

이 책에는 글자 그대로의 빛과 은유적인 빛을 아우르는 경험이 담겨 있다. 나는 25년 동안 심리치료사로 일하면서 내담자가 초월적인 이야기를 만들고 빛나는 삶의 여정을 이어가도록 도왔다. 이젠 독자를 위해 그렇게 하고 싶다.

심리치료사로서 나는 몇 가지 수단을 사용했다. 하나는 내담자에게 긍정적인 결과가 있으리라 예견하는 것이었다. 대부분의 경우 우리는 기대하는 것을 발견해내기 때문이다. 또 다른 하나는 성장의 증거를 들으려고 귀 기울이는 것이다. 그리고 그 증거를 발견하면 내담자가 빛을 향해 나아가고 있다는 사실을 알 수 있도록 강조했다. 내담자가 아무리 괴로운 상황에 놓여 있다 할지라도 언제나 두 가지 질문을 던졌다. 첫째, 당신의 경험을 통해 무엇을 배웠나요? 둘째, 이 사건을 돌아볼 때 자부심을 느낄 만한 점이 있나요?

두 번째 질문은 트라우마를 겪은 사람에게 특히 유용했다. 그 물음은 당사자가 피해 의식에서 벗어나 본인이 했던 영웅적인 작은 행동을 인식하게 해줬다. 나는 그런 행동이 언제나 존재한다고 배웠다.

나는 사람들이 힘을 얻는 삶의 이야기를 만들도록 도왔다. 우리에게 이야기가 없다면 자아도 없다. 상실과 슬픔의 이야기밖에 없다면 불행하다. 하지만 치유하는 이야기를 짓는 법은 누구나 배울 수 있다. 우리는 굴광성이다. 빛 쪽으로 자라나는 존재다. 조금만 안내를 받으면 대부분은 탄력적이고, 연결되고, 빛이 가득한 삶으로 나아갈 수 있다.

이 여정은 내가 당신에게 품는 희망이다. 나의 이야기는 진정 모두의 이야기다. 세세한 부분은 다르겠지만 대처 방법을 찾고, 아름다움을 음미하고, 초월을 추구한다는 주제는 보편적이다. 우리는 무상함을 받아들이고 상실과 기쁨의 균형을 유지하는 방법을 내면에서 발견해야 한다. 자, 그럼 이제 빛을 향한 여행을 함께 떠나보자.

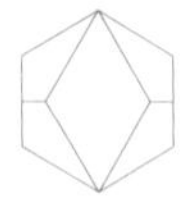

차례

들어가는 글 | 그럼에도 찬란한 우리 생을 위하여 • 5

1부 애착과 상실

분수 • 17
엄마 없는 아이 • 22
황금빛 • 31
아버지의 셔츠 • 34

2부 성장

물에 걸러진 빛 • 41
단짝 친구 • 46
동물 친구들 • 49
도서관 • 58
왕진 • 63
이야기 들려주기 • 73
걸스카우트 쿠키 • 78

3부 또 다른 빛 속에서

완두콩 꼬투리를 까며 • 85
관 그리고 셔닐 침대보 • 93
항구의 불빛 • 98
프레리도그 군락 • 103
오자크 고원의 여름 • 107
빛줄기 • 114
마음의 빛 • 121

4부 ——— 정체성

불타는 나무 • 131
하지 • 136
생각의 빛 • 141
81번 고속도로의 A&W • 147
샌프란시스코 • 153

5부 ——— 독립

불타는 화덕 • 161
모닥불의 빛 • 167
부둣가에 앉아 • 172
임신과 추방 • 182
해돋이 • 186
벽난로의 불빛 • 190
아버지의 죽음 • 197

6부 ——— 정착

7월 4일 • 207
버터스카치 색깔의 빛 • 212
딸에게 이어지는 빛 • 216
어머니의 죽음 • 221
글쓰기 • 225
명성 • 230
오키나와 • 235
눈 속에 떨어진 눈물 • 240
적도의 빛 • 245
왕연어 • 249
팹톤스의 마지막 밤 • 251
눈 덮인 들판 • 256
1월의 얼음 • 261

7부

회복력

헬리콥터의 불빛 • 267
부처의 빛 • 271
곰보버섯 찾기 • 275
석양 • 279
페르세우스자리 유성군 • 282
딸기처럼 붉은 보름달 • 286
초원의 풀 • 290
음악의 빛 • 294
구원 • 298

8부

지혜의 빛

기억할까? • 303
겨울의 달 • 307
지혜의 빛 • 310
아들의 부엌 • 314
두루미 무지개 • 318
언제나 찾을 수 있는 빛 • 322

감사의 글 • 329

1부

애착과 상실

Attachment and Loss

The Fountain

분수

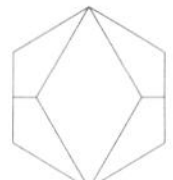

내가 다섯 살 때 우리 가족은 힘든 상황에 놓여 있었다. 아버지는 미국이 한국전쟁에 참전했을 무렵 군대에 소속된 상태였다. 1949년 가을에 떠난 아버지는 3년 만에 처음으로 집에 들렀다. 아버지가 머무는 동안 어머니는 남동생을 임신했는데 존은 태어날 때 아버지를 만나지도 못했다.

아버지는 한국에서 이따금 우리에게 선물을 보냈다. 나는 아버지가 빗방울 무늬를 손수 그려 꾸민 코코아 컵과 분홍색 우산을 받았다. 컵의 옆면에는 세심하게 써 넣은 내 이름이 있었고 안쪽 바닥에는 우스개로 쓴 'STOP(그만 마셔)'이라는 글씨가 있었다. 아버지는 내게 인형과 밝은 색깔의 한국 옷감도 보내줬다. 하지만 어린 우리는 아버지를 거의 잊고 지냈다.

어머니의 이름은 에이비스Avis인데 새 또는 영혼을 뜻하는 라틴어에서 유래했다. 어머니는 정말 영혼이 충만한 분이었다. 노래할 땐 까마귀 울음처럼 쉰 소리가 나긴 했지만. 아버지 이름은 프랭크Frank다. 그보다 진실하고 솔직한 남자는 존재하지 않았으니 잘 어울리는 이름이었다. 나는 삼남매 중 맏이였다. 남동생 제이크는 나보다 한 살 아래였고 존은 갓난아기였다. 어머니는 의과대학 3학년에 재학 중이었지만 온종일 일했고 어린 우리를 재우고 나서는 밤늦게까지 공부했다.

그 시절 어머니의 사진을 보면 제이크를 안고 나를 무릎에 앉힌 채로 우리 남매에게 그림책을 보여주고 있다. 제이크는 입은 셔츠가 너무 작아서 배가 다 드러났다. 나는 피츠시몬스 육군병원 로고가 새겨진 흰 티셔츠를 입었다. 어머니는 면 소재의 편안한 원피스를 입었고 머리에는 꽃무늬 손수건을 둘렀다. 야윈 얼굴에 녹초가 된 모습이었다.

어머니는 아침이면 일찍 집을 나서면서 종종 우리 남매에게 "서로 사이좋게 지내라"라고 말씀하셨다. 어린 우리는 오랫동안 여러 가정부의 손을 거쳤으나 그 가운데 어머니의 기준에 맞춤한 이는 아무도 없었다. 어머니는 형편에 맞춰 고용한 그 여자들을 게으르거나 깔끔하지 않다고 여겨 이내 해고했다. 하지만 그래봐야 비슷비슷한 사람을 또 고용하게 될 뿐이었다. 우리 삼남매는 콜로라도주 오로라 근교의 작은 지역에 있는 조그만 집에 살며 흙길에서 방목되다시피 자랐다.

친척들 이야기를 들어보면 글을 일찍 깨친 나는 아장아장 걷는 어린아이였을 때도 책장을 넘길 만한 잡지나 그림책이 있어야만 잠이 들었다고 한다. 나는 금이 간 보도에서 세발자전거 타기를 좋아했고 동생들과 숨바꼭질을 즐겼다. 그리고 매일 밤 현관 계단에서 어머니를 기다렸다. 그러다가 어머니가 집에 돌아오면 잠자리에 들기 전까지 곁에 따개비처럼 찰싹 달라붙어 있었다.

어머니는 용감하고, 침착하며, 인내심이 한없이 강한 분이었다. 하지만 해야 할 일은 많고 자유 시간은 거의 없었다.

우리와 함께 있을 때 어머니는 자애롭고 세심했다. 그리고 빵 굽기와 바느질을 좋아했다. 한번은 내 생일날 레이디 볼티모어 케이크(달걀흰자로 거품을 내어 만든 흰 케이크 사이에 과일과 견과류를 넣은 미국식 케이크—옮긴이)를 만들어주었다. 가끔은 우리를 데리고 산으로 차를 몰아 맑은 급류가 흐르는 시냇가로 소풍을 가기도 했다. 우리는 신발을 벗고 그 차가운 물속으로 걸어 들어가서 가파른 바위 위를 조심조심 걷다가 미끄러져서는 물속에 풍덩 빠졌다. 그래도 물살을 따라 1~2미터 앞으로 밀려갈 뿐이었고 우리 모두 오싹한 재미를 느꼈다.

우리 가족은 이런저런 오락거리를 즐길 형편이 되지 않았다. 그런 데다 소아마비가 유행하는 바람에 공원에도 가지 못하고 사람이 많이 모이는 곳도 피해야 했다. 우리는 토요일 저녁마다 차를 타고 KOA(콜로라도주 덴버에 있는 민영 라디오 방송사—옮긴이) 라디오 방송국으로 갔다. 어느 날 밤 어머니가 우리를 차에 태우고 별을 보러 가려고 고원 지대를 달리다가 우연히 찾아낸 곳이다. 그날 밤 제이크가 불이 켜진 높은 탑을 발견했고 우리는 어머니에게 그 탑을 보러 가자고 졸랐다. 그런데 막상 그곳에 도착해보니 방송탑보다 훨씬 더 근사한 것이 기다리고 있었다.

빨강, 노랑, 파랑의 알록달록한 불빛이 돌아가면서 켜지는 커다란 분수가 방송국 앞에 있었던 것이다. 차에서 나온 우리는 뜨뜻한 쉐보레 보닛 위에 앉아 형형색색의 물줄기가 솟아올랐다 흩뿌려지는 광경을 지켜봤다.

나는 그때의 경험을 고스란히 기억한다. 자동차 보닛에서 뿜어져 나오던 그날의 열기, 산에서 불어오는 시원한 산들바람, 공중에 퍼지던 세이지브러시(건조한 초원이나 산악 지역에서 자라는 국화과 쑥속의 향기로운 관목—옮긴이) 향기, 밤하늘에서 반짝반짝 빛나는 별. 하지만 내 마음을 완전히 사로잡은 건 분수였다. 폭포처럼 쏟아져 내리는 물속에서 빛이 춤추는 모습, 빨간색에서 파란색으로 그다음에는 노란색으로 튀어 올라 흩어지는 물보라는 물론이고 한 색깔에서 다음 색깔로 바뀌는 사이에 생겨나는 무지갯빛도 나를 황홀경에 빠뜨렸다. 반짝이는 형형색색의 빛에 매료되어 나는 곁에 없는 아버지도 잊고, 우리를 돌보던 무심한 가정부들도 잊고, 외로움과 불안도 잊어버렸다.

당시엔 내가 매혹된 대상을 뭐라고 설명해야 할지 몰랐다. 지금도 그걸 말로 표현할 수 있을지는 잘 모르겠지만 물 위로 솟구쳤다 흩어지던 그 빛은 그때까지 살면서 본 것 가운데 가장 아름다웠다. 나는 한참 동안 분수에서 눈을 떼지 못했다.

물론 남동생들은 금세 지루해하면서 주차장 주변을 뛰어다녔다. 어머니는 운전석으로 되돌아가 졸았다. 쪽잠의 달인인 어머니는 한

평생 그렇게 잠을 잤다.

마침내 집으로 돌아가기 위해 차에 다시 올라탈 시간이 되었다. 나는 눈을 감고서 그 빛을 계속 보려고 애썼다. 형형색색의 빛이 빚어내는 아름다움, 그 빛은 내 마음을 달래주었고 일상에서 벗어난 광대한 우주 어딘가로 나를 데려갔다.

그건 지금도 마찬가지다.

A Motherless Child

엄마 없는 아이

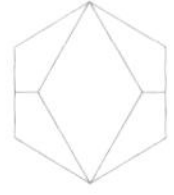

초등학교에 들어가기 전 여름에 아버지가 한국전쟁에서 돌아왔다. 아버지는 당신 없이 오랫동안 유지되어온 가정에 다시 합류했다. 어머니는 의학 공부에 몰두했고 나름의 방식으로 집안 살림을 했다. 어린 우리는 아버지를 거의 알지 못하다 보니 조만간 우리를 또 떠날지도 모를 아저씨와 친해지고 싶어 하지 않았다.

여섯 살이면 부모님이 서로 어떻게 다른지 관찰하기에 충분한 나이다. 두 분은 똑똑했지만 각자 다른 방면에서 그랬다. 어머니는 근면한 과학자 유형으로 착실하고 진지했지만 사람들을 대할 때는 이내 굳어지고 어색해했다. 심지어 우리가 어머니의 얼굴이나 머리카락 만지는 걸 좋아하지 않았고 스킨십도 싫어했다. 이제 와 생각해보니 어머니는 자폐 스펙트럼인 듯한데, 그때는 자폐증에 범주가 존재한다고 알려지기 훨씬 전이었다. 반면 아버지는 외향적이고 충동적이고 매력적이면서 허풍을 잘 떨었다. 통통한 몸집에 새까만 곱슬머리였는데 외모와 행동이 〈신혼부부들Honeymooners(1955~1956년에 방영된 미국 TV 시트콤-옮긴이)〉의 주인공인 배우 재키 글리슨Jackie Gleason과 좀 닮았다. 아버지는 살기 위해서 일하고 놀기 위해서 산다는 말을 즐겨 했다. 느닷없이 파티 분위기를 만들 수도 있는 분이었다.

아버지는 늘 계획을 꾸미고 새로운 것을 시도했다. 사람들은 아버지에게 이렇게 묻곤 했다. "프랭크, 어디 불이라도 났어?" "지금까지 자리에 앉아본 적이 있긴 해?"

아버지는 가족 품으로 돌아왔을 때 아버지 역할에 익숙하지 않은 모습이었다. 그전까지는 아주 가끔 주어지는 자유 시간에 술을 마시고, 카드놀이를 하고, 현지의 야간 유흥을 찾아다니는 군인들과 함께 생활했기 때문이다. 인천과 장진호에서 위생병으로 복무한 아버지는 전장에서 부상병에게 응급 처치를 했다. 그런 와중에 당신이 직접 사망 선고를 하고 개인 소지품을 거두어 고국의 유족에게 보내준 전사자도 더러 있었다.

이 잔혹한 한국전쟁의 트라우마는 제2차 세계대전 중 남태평양에서 잠수함을 타고 오키나와와 필리핀으로 가 위생병으로 복무하면서 겪은 트라우마와 뒤섞여 한층 더 심해졌다. 아버지는 살육과 죽음, 잔인함, 슬픔을 너무 많이 겪었다. 게다가 그 시대에는 남성이 자신의 감정을 잘 표현할 줄도 몰랐고 그런 행위가 용인되지도 않았다.

나는 당연히 아버지의 고통을 알지 못했고 어머니조차 PTSD(외상 후 스트레스 장애)에 대해 들어본 적이 없었다. 내가 아는 사실이라곤 아버지가 툴툴대고 짜증을 잘 내며 다혈질이라는 것이었다. 아버지는 저녁마다 어머니와 싸웠고 어머니를 울리기 일쑤였다.

우리 삼남매에게 고함을 지르고 욕설을 한 적은 없지만 무섭고 불안했다. 우리는 아버지가 다음에 무슨 행동을 할지 예상할 수 없었다. 아버지는 10분 안에 우리 모두를 웃게 만들 수도 있었고 눈물이 나게 할 수도 있었다.

한 달쯤 자못 두려운 나날이 지나고 아버지는 우리 가족이 잠시 헤어져 살 거라고 선언했다. 막내 존을 콜로라도주 동부의 외가로 데려가 외할머니와 외할아버지에게 맡기겠다고 했다. 그리고 제이크와 나는 미주리주 스파타 외곽의 그레이스 고모와 오티스 고모부 집 뒤에 있는 트레일러로 태워다줄 거라고 했다. 그 지역은 아버지가 자란 곳이고 아버지의 친척 대부분은 여전히 그곳에 산다. 얼마 전에 또 임신을 한 어머니는 인턴 과정을 마치기 위해 덴버에 머물기로 했다. 나는 밤마다 작은 침대 옆에서 무릎을 꿇고 우리가 다른 데로 가지 않아도 되기를 기도했다. 어머니에게도 곁에 있게 해달라고 간청했으나 어머니는 그건 불가능하다며 슬프지만 단호하게 말했다.

그 이후의 기억은 흐릿하다. 어머니 곁을 떠나던 순간이나 막냇동생과 작별하던 때, 차를 타고 콜로라도에서 미주리 남동부까지 장거리를 이동한 여정, 잊고 있던 친척과 다시 만난 일 등이 기억나지 않는다.

기억나는 것은 트레일러와 그 안이 작고 어두웠다는 사실뿐이다. 그 때문에 마음이 불안했다. 삐걱거리는 계단을 세 걸음 오르니 작은 부엌 겸 거실 공간이 나왔다. 창문은 두 개였는데 하나는 시리얼 상자 크기로 부엌 싱크대 위에 있었고 그보다 넓은 다른 창문 하나는 거실 쪽 주황색 소파 위에 나 있었다. 그 구역을 벗어나면 바로 좁은 욕실이 나오고 침실로 통하는 복도가 있었다. 침실 바닥에 놓인 침대는 아버지 것이고 그 위에 매달린 선반 두 개가 제이크와 내가 누울 공간이었다. 폐소공포증을 일으키는 동굴처럼 느껴지는 침실이었다.

봄가을에는 바깥에 나와 있을 수 있었지만 겨울 동안 그리고 날이 저문 뒤에는 거의 모든 시간을 트레일러 안에서 보냈다. 그러다 보니 그에 따른 생리적·심리적 반응이 나타났는데 나는 그런 상태를 '흐물흐물하다'라고 불렀다. 내게 이 말은 속이 안 좋고 입안이 마르며 슬프고 혼란스러운 가운데 내 몸이 내 몸 같지 않다는 뜻이었다.

아버지는 거의 그곳에 없었고, 제이크와 나는 대개 각자의 침대에 누워 잠을 자거나 얘기를 나눴다. 우리는 생명력이 약했다. 아니, 어쩌면 겨울잠을 자고 있었다고 표현해야겠다.

어떤 날은 아버지가 우리에게 저녁밥을 해주거나 식료품을 가져오기도 했지만 보통은 늦게까지 스프링필드에 머물렀다. 아버지는 그곳에서 제대군인 원호법GI Bill이 지원하는 직업훈련 학교에 다니고 있었다. 밤늦게 아버지가 집에 오면 우리 남매는 배고프고 멍한 상태로 침대에서 비틀비틀 걸어 나왔다. 아버지가 음식을 가져오는 날도 있었고 그렇지 않은 날도 있었다.

오늘날에는 방치라고 볼 법한 아버지의 그런 행동을 서술하면서도 한편으로는 아버지를 변호해야겠다는 생각이 든다. 그해 아버지는 필사적으로 버티고 있었고 당신이 할 줄 아는 유일한 방법으로, 그러니까 술을 마시고 친구들과 어울려 다니면서 전쟁 트라우마를 감당하려고 애썼다. 아이들에게 무엇이 필요한지는 거의 이해하지도 공감하지도 못했다. 심지어 자기 자신에 대해서도 이해하지 못했다. 하지만 더 잘할 수 있었다면 그렇게 했을 분이다. 나는 아버지를 사랑했다. 비록 그해에는 아버지가 책임감이 부족했을지언정 선량하고 영웅적인 분이란 걸 잘 알았다. 다만 언제나 그렇지는 않았을 뿐이다.

주말이면 아버지는 우리를 데리고 헨리에타 고모네를 방문했다. 나보다 여섯 살 많은 고모의 아들 스티브는 그해 우리 남매의 가장 친한 친구가 되었다. 스티브는 스포츠머리에 비쩍 마른 소년으로, 수줍은 미소를 짓고 말수가 적은 성격이었다. 부드러운 목소리와 상냥한 태도는 제이크와 나의 마음을 차분하게 해주었다. 스티브는 우리에게 농담도 하고 낚시에도 데려갔으며 우리 의견에 귀를 기울였다. 어느 날 오후 셋이 나란히 뽕나무에 걸터앉아 오디를 따먹던 일이 떠오른다. 제이크와 나는 우리의 불행한 이야기를 몽땅 쏟아냈다. 그러자 스티브는 우리에게 그냥 오디를 더 건네면서 "상황이 나아질 거야"라고 말했다. 그리고 "너희는 괜찮을 거야"라고도 했다.

아버지는 가끔 우리를 차에 태워 글레시 할머니 댁으로 갔다. 할머니는 우리를 꼭 안고서 쓰다듬어주셨고 언제나 비스킷과 그레이

비(육즙을 이용한 소스—옮긴이)를 곁들인 푸짐한 식사를 차려주셨다. 할머니와 아버지는 커피를 마시고 담배를 피우며 밤늦게까지 대화했다. 그사이에 제이크와 나는 스파타 시내로 걸어가 창문 너머로 가게 안을 구경하기도 하고 고속도로 주유소에서 초코바나 탄산음료 캔을 사기도 했다.

글레시 할머니는 어머니인 리 할머니를 모시고 살았는데 우리 증조할머니는 류머티즘 관절염을 앓았다. 증조할머니는 그 작은 집의 창문 없는 거실에 놓인 침대 겸용 소파를 떠나는 일이 없었다. 제이크와 나는 증조할머니를 좋아하지 않았다. 증조할머니는 우리에게 자꾸 이래라저래라 하고 우리가 당신의 비위를 맞추지 못하면 소리를 질렀다. 우리는 주로 환한 부엌에 머물렀는데 거기에는 나무를 때는 난로, 큰 식탁 그리고 옥외 수조와 연결된 펌프가 있었다.

평일에는 아침마다 제이크랑 버스를 타고 학교에 갔다. 버스는 길가에 있는 그레이스 고모네 우편함 앞에서 정차했다. 우리 남매는 몸에 맞지 않는 너덜너덜한 옷을 입은 데다 남들과 어울리는 사교성도 부족했다. 나는 온갖 밝은색과 책, 활기가 있는 학교가 좋았다. 우리 교실에는 피아노가 한 대 있었는데 하루는 어떤 남자애와 젓가락 행진곡을 같이 연주했다. 연주가 끝나자 그 애가 내 볼에 뽀뽀를 했다. 행복하고 설렜다. 그 남자애는 상냥하면서도 수줍음이 많고 예의가 발랐다. 나는 남자친구가 생겼다고 생각했다. 그게 무슨 의미인지도 몰랐으면서 말이다. 하지만 내가 교실에 들어설 때 나를 보고 빙긋이 웃는 다정한 친구가 생겼다는 것은 알았다.

한번은 우리 반 전체가 미주리주 박람회를 보러 가려고 시데일리아로 가는 버스를 탔다. 쓸 돈이 딱 1달러 있었는데 창밖으로 괜히 돈을 내밀었다가 그만 지폐가 바람에 휙 날아가버리고 말았다. 엉엉 우는 내게 담임선생님이 1달러를 건넸다. 이 친절한 선생님은 어려운 가정생활로 내가 힘들어한다는 걸 잘 알고 있었던 게 분명하다. 정작 본인도 여윳돈이 별로 없었을 텐데.

방과 후 우리 남매는 컴컴하고 지저분한 트레일러 안으로 들어가 아버지가 돌아오기만을 기다렸다. 하루는 밤에 식료품이 다 떨어졌는데 아버지가 돌아오지 않았다. 우리는 모든 걸 운명에 맡긴 채 동굴 침실에 누워 있었다. 배에서 계속 꼬르륵 소리가 났다. 그러다 막 잠이 들려는 참에 그레이스 고모가 문을 두드리더니 우리를 집으로 초대했다. 우리는 식사를 하러 컴컴한 잔디밭을 가로질러 고모네 부엌으로 갔다. 고모네 식구는 이미 식사를 마쳤지만, 고모는 우리 접시에 프라이드치킨과 비스킷, 매시트포테이토, 베이컨을 곁들인 그린빈을 잔뜩 쌓아줬다. 음식은 맛있었고 우리는 굶주린 아이들처럼 먹었다.

그날 밤 가장 기억에 남는 것은 그레이스 고모네 부엌의 환한 빛이었다. 바닥에는 붉은 체리색 타일이 깔려 있고, 정찬용 식탁 대신 식당의 칸막이 자리 같은, 광택이 나는 노란색 인조 가죽으로 꾸민 식사 공간이었다. 모든 게 반짝반짝 빛났고 전등 불빛이 부엌을 밝게 비췄다. 그레이스 고모가 다른 때에도 분명 우리를 집으로 불렀을 테지만 그날 밤은 특별히 기억에 남았다. 노란 부스석과 에디슨의 전등, 프라이드치킨으로 구원받았다고 느낀 어느 특별한 밤.

여름에 아버지는 우리 남매를 데리고 낚시도 가고, 버섯도 따러

가고, 크리스천 카운티 곳곳에 흩어져 사는 친구 집에도 놀러 갔다. 가끔은 우리를 차에 태우고 제임스강에 있는 돌이 많은 여울로 갔다. 아버지가 세차를 하는 동안 우리는 가재를 잡았다.

그러다 제이크와 나에게 거머리 떼가 왕창 들러붙은 적이 있다. 물 밖으로 나와 보니 다리와 배가 커다란 보라색 포도 알처럼 보이는 뭔가로 뒤덮여 있었다. 우리는 아버지에게 그게 뭔지 물었고 아버지의 대답을 듣고서는 비명을 지르기 시작했다. 나는 있는 힘껏 소리를 지르며 제이크보다 나를 먼저 도와달라고 애원했다. 아버지는 라이터 불을 들이대 거머리를 하나씩 하나씩 차례로 떼어냈다. 내겐 끔찍하기 짝이 없었지만 아버지는 침착하고 차분했다.

트레일러에는 전화가 없었다. 어머니가 아버지와 우리 남매에게 편지를 썼을 텐데, 기억이 나지 않는다. 그토록 길고긴 한 해였건만 크리스마스나 다른 휴일도 기억에 없다. 친척들은 우리에게 친절했지만 대부분 자기 나름의 바쁘고 복잡한 삶을 살고 있었다. 그해를 놓고 가장 좋았다고 말할 수 있는 건 그해가 끝났다는 것이었다.

엄마 없이 지낸 그해가 내 삶을 형성했다. 그 이후로 나는 밀폐되거나 어두운 곳을 견디지 못하게 되었고, 트레일러 안에서는 불안 발작을 일으키며, 가족이나 사랑하는 사람들과 닿아 있지 못하면 시들어버린다. 초기의 그 트라우마를 다시 겪을 때면 또 '흐물흐물한' 느낌이 든다.

어머니가 없던 그해는 그늘로 가득했지만 빛은 마음씨 고운 선생님의 모습으로, 뽕나무 잎 사이로 아른거리는 햇빛 속에 앉아 있던 차분하고 한결같은 사촌 스티브의 모습으로, 그레이스 고모네 부엌의 노란빛 식사 공간의 형태로, 글레시 할머니의 너그럽고 넉넉한 사랑으로 찾아왔다. 그해에 나는 살아남는 요령 하나를 배웠다. 언제나 빛을 찾으라는 것이었다.

Golden Light

황금빛

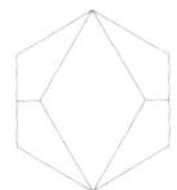

6월에 학기가 끝나자마자 아버지는 우리가 어머니와 남동생 존 그리고 새로 태어난 여동생 토니와 다시 함께 지낼 거라고 말했다. 그날 아침이 기억난다. 봄날의 토요일이었다. 제이크랑 목초지를 지나 오티스 고모부의 농장 연못으로 향했다. 보라색 토끼풀 꽃과 푸른 아마 꽃에서 이슬이 반짝였다. 거미줄은 햇빛을 받아 만화경으로 변했다. 새들은 나처럼 신바람이 나서 노래하는 것 같았다. 우리는 기쁨에 들떠 빙글빙글 돌면서 환호성을 질렀다. 곧 가족을 만난다. 여동생도 생겼다. 악몽에서 깨어나 화창하고 상쾌한 날의 새벽을 맞이하는 기분이었다.

며칠 뒤 아버지는 제이크와 나를 차에 태우고 오자크(미주리주 남부와 아칸소주 북부에 걸쳐진 드넓은 고원 지대 – 옮긴이)에서 캔자스주의 한 작은 마을로 여섯 시간을 달렸다. 우리 가족은 거기서 상봉한 다음, 자동차에 이동식 주택을 연결해 다 같이 네브래스카주 도체스터로 이동할 계획이었다. 그곳은 어머니가 의사로서 처음 일하게 될 마을이었다.

어머니와 동생들을 만날 장소에 도착하니 이미 날이 저물어 있었다. 가게도 전부 문을 닫았다. 아버지는 조용한 중심가에 차를 세우고 담배에 불을 붙였다. 제이크와 나는 배가 고팠지만 별로 신경 쓰지 않았다. 배고픔에 익숙하기도 했고 더군다나 어머니를 기다리는 중이니까. 우리는 뒷좌석에 얌전히 앉아 있었다. 나는 아버지가 피우는 담배 끝부분의 빨간 불빛을 바라보다가 까무룩 잠이 들었다.

그다음 기억은 어머니가 내 어깨를 톡톡 두드리며 "메리, 엄마 왔어"라고 얘기하는 장면으로 이어진다.

어머니를 껴안자 따스한 기운이 스며드는 것 같았다. 내 안에서 적외선등이 켜졌다. 1년 동안 꽁꽁 얼어붙었던 마음이 녹기 시작했다.

어머니와 남동생 존을 다시 만난 건 사랑하는 이들과의 재회 그 이상이었다. 이를 계기로 나는 1년 동안의 겨울잠에서 깨어났다. 그해에는 신체적으로 거의 자라지 않았고 최대한 잠만 잤다. 하지만 이제는 동굴에서 나와 어딘가 더 좋은 곳으로 가는 중이었다.

심지어 여동생도 생겼다. 여동생 토니는 태어났을 때부터 쭉 플래글러에 있는 애그니스 이모랑 살았다. 어머니는 외가에서 지내던 존도 데려오고 토니도 차에 태워서 왔다. 생후 3개월이 되어가는 토니는 회색 눈동자에 머리카락은 밝은 금빛이었다. 토니가 내 엄지손가락에 손을 감고서 자기 얼굴 쪽으로 잡아당겼다. 토니는 예쁜 아가였지만 내 관심은 온통 어머니에게 쏠려 있었다.

어머니를 만나면 기쁘리라는 건 알았지만 어머니와 내가 낡은 자가용 뒷좌석에서 황금빛에 둘러싸일 줄은 예상하지 못했다. 비유가 아니라, 빛이 눈앞의 어머니만큼이나 생생하게 보였다. 내 몸 안팎에서 빛을 느꼈다.

황금빛은 어머니와 내가 서로 안고 있는 동안 우리 곁에 머물렀다. 그 빛은 뒷좌석의 절반을 감쌌다. 이런 현상을 도무지 이해할 수도 말로 표현할 수도 없었지만 빛의 존재를 인식하는 동시에 환희를 느꼈다. 살아가는 동안에 이 황금빛이 수차례 돌아올 줄은 더더구나 몰랐다.

그날 밤, 살면서 겪을 수 있는 가장 힘든 일을 견뎌냈다는 생각이 들었다. 하지만 나는 겨우 여섯 살짜리 꼬마였고 그 후로도 놀라운 일이 한가득히 펼쳐졌다.

My Father's Shirt

아버지의 셔츠

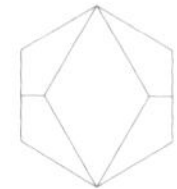

네브래스카주 도체스터는 주민이 400명쯤 되는 마을이었는데 대다수가 체코인었다. 마리스카스, 흐르드바스, 발렌첸스키스, 제르크스는 어머니의 환자이자 나의 2학년 동급생이었다. 우리 반 여자애 넷은 둘씩 사촌지간이었고 그 애들은 쉬는 시간이면 체코어로 말을 했다. 우리 삼남매는 운동장에서 따로 떨어져 놀았다.

그해 우리 집은 가정부를 한 명 두었는데 그분은 토니를 돌보며 우리에게 시나몬 롤과 파이를 구워줬다. 나는 부모님 얼굴을 매일 봤고 존과 다시 함께 지내서 기뻤다. 선생님은 내가 원하는 책은 뭐든 빌려줬다. 나는《알프스 소녀 하이디》,《쌍둥이 남매 봅시the Bobbsey Twins》 시리즈,《페퍼스가 오남매 이야기Five Little Peppers and How They Grew》,《초원의 집》을 탐독했다.

하루는 배가 심하게 아파 학교에서 조퇴했다. 가정부는 나를 어머니의 진료소로 보내서 진찰받게 했다. 어머니는 내 배를 만져보고 피를 좀 뽑아보더니 금세 맹장염이라는 진단을 내렸다. 일을 마친 어머니는 나를 차에 태워 크리트에 있는 가까운 병원으로 데려갔다.

여태껏 환자가 되어본 적이 없었기에 상당히 겁이 났다. 어머니가 그 병원에 특권이 있었던 덕에 입원 수속은 빠르게 진행되었고 나는 이내 사방이 하얀 커다란 방의 침대에 눕혀졌다. 창문이 하나 있긴 했지만 블라인드를 쳐놓아서 방에 불이 켜져 있는데도 어둑어둑한 느낌이었다. 간호사 한 명이 소변 샘플을 받고 혈액을 다시 채취하려고 잠깐 들렀다.

그새 어머니는 진료소에서 긴급 호출을 받았다. 내게 작별 인사로 뽀뽀를 해주고는 수술이 끝난 뒤 아침에 보자고 말했다. 그리고 용감한 아이가 되어 의사와 간호사들이 하라는 대로 잘 따르라고 일렀다.

어머니 없이 혼자 있어야 하는 상황에서 다음 날을 상상하니 공포가 밀려왔다. 더군다나 수술에 대해 내가 아는 거라곤 의사가 큰 칼로 몸을 갈라서 신체 기관을 꺼낸 뒤 도로 꿰매놓는다는 게 전부였다. 상상력의 고삐가 풀린 여덟 살짜리 아이에게 이 얼마나 무시무시한 장면인가.

당장 책도 한 권 없었다. 게다가 텔레비전이 널리 보급되지 않은 시절이었고 휴대전화도 세상에 나오기 전이었다. 생각은 걷잡을 수 없이 뻗어나가고 배도 아픈데 나는 혼자였다.

마침내 간호사가 들어오더니 나더러 잠잘 시간이라며 잠이 드는 주사를 놓겠다고 했다. 불현듯 동물 '안락사'가 떠올랐다. 간호사가 날 죽일 계획이 아니라는 건 알았지만 그 주사가 수술 과정의 시작이 아닐까 싶었다. 이제 나는 곯아떨어져서 거의 발가벗겨진 채로 수술실로 옮겨져 커다란 칼로 절개될 거다. 부모님 중 한 분이라도 곁에 있다면 마음이 진정될 텐데, 현실은 그렇지 않으니 몹시 겁이 났다.

나는 간호사의 눈을 쳐다보면서 말했다. "안 돼요. 주사 안 맞을래요."

간호사가 놀란 듯 눈썹을 치켜올리고 내 쪽으로 다가왔지만 나는 간호사를 밀어냈다. 간호사는 나를 안심시키며 이제 다 컸지 않느냐고 꼬드겨보려 했으나 어림없는 말이었다.

나는 "안 돼요, 안 돼요, 안 돼요"라고 대꾸했다. 몸은 떨렸지만 태도는 단호했다.

간호사는 자리를 뜨더니 우리 어머니와 함께 일했던 의사와 돌아왔다. 나는 그 의사를 잘 몰랐지만 그는 나를 보며 반갑게 인사했다.

"꼬마 숙녀 분, 주사를 거부한다고 들었는데 이게 무슨 소리죠?"

몸이 바들바들 떨렸지만 다시 한번 주사를 맞지 않겠다고 말했다. 의사는 얼굴을 붉히더니 어금니를 앙다물고 이렇게 선언했다. "약물을 투여하겠습니다. 간호사, 환자를 꽉 누르고 있어요."

두 사람은 겨우겨우 내가 힘을 못 쓰게 만들었지만, 의사가 주사기를 들고 다가오자 나는 겁에 잔뜩 질린 짐승이 되어 의사의 팔을 힘껏 물었다.

의사는 놀라서 '으악' 하고 외마디 비명을 지르고는 내 팔에 황급히 주삿바늘을 찔러 넣었다.

나는 몸이 축 늘어져서 침대 위로 털썩 쓰러졌다. 그제야 내가 무슨 짓을 했는지 깨달았다. 도저히 믿을 수 없었다. 나는 누구보다 유순한 아이였고 여태껏 벌레 한 마리도 해치려 하지 않았다. 베개에 머리를 파묻은 터라 의사는 내가 우는 모습을 보지 못했다.

화가 나서 목소리가 거칠어진 의사가 방을 나가면서 말했다. "네 어머니한테 이 일에 대해 말씀드릴 거야."

이튿날 아침, 간호사가 맥박과 체온을 재러 와서 잠에서 깨어났다. 간호사에게 오늘이 무슨 요일이냐고 물었다.

간호사는 "목요일이야. 그리고 수술은 잘됐단다. 일어날 때가 되면 도와줄 테니까 그때까지 침대에 누워 있어"라고 대답했다.

간호사가 자리를 뜨고 나서 또 스르르 잠이 들었다. 잠에서 깨어나 보니 이번에는 병실에 온 가족이 몰려와 있었다. 토니는 엄마 품에 안겨 방긋방긋 웃었고 존은 티셔츠 앞뒤를 거꾸로 입은 채 엄지손가락을 빨았다. 삐쩍 마른 제이크는 내가 괜찮은 걸 보고는 기뻐서 마냥 실실 웃었다.

간호사가 블라인드를 걷어 올리자 빛이 방으로 쏟아져 들어왔다. 아버지가 입은 흰 셔츠가 햇빛에 반짝였다. 정말 반짝반짝했다.

아버지는 포도 맛 막대 아이스크림 한 상자를 가족에게 돌리면서 내게도 하나 먹어도 된다고 했다. 남동생들이 내 볼에 뽀뽀하니 포도 향이 났다. 내가 아이스크림을 맛있게 혀로 핥자 아버지가 우스갯소리를 했고 모두 크게 웃었다. 웃으니 수술받은 부위가 아파서 아버지의 첫 농담을 듣고 나서는 내내 배를 움켜잡고 있었다.

어머니는 흰 가운을 입고 청진기를 목에 걸고 있었다. 막대 아이스크림은 사양했지만 우리가 맛있게 먹는 모습을 지켜보다가 아버지를 보고 빙그레 웃었다. 아버지는 진짜 너무 재미있다.

모두가 방을 나간 뒤 어머니가 내게 나직이 말했다. "의사가 그러는데 네가 그 사람을 물었다더구나." 그러고는 잠시 말을 멈추고 고개를 절레절레 젓고는 말을 이었다. "메리, 너한테 실망했다."

수치심으로 몸이 타들어가는 것만 같았다. 고개가 절로 떨어졌다. 어떤 벌도 어머니의 그 말보다 가혹할 순 없었다. 우리가 1년 동안 헤어져 있을 때 나는 그게 내 탓이라고 단단히 믿었고 내가 추방당할 만한 끔찍한 잘못을 저지른 게 틀림없다고 여겼다. 그 후로는 실수를 하거나 나쁜 아이가 될까 봐 두려웠다. 지금까지 했던 어떤 행동보다 훨씬 나쁜, 의사를 무는 짓을 했으니 분명 또다시 추방되리라는 생각이 마음 한구석에서 스멀스멀 올라왔다.

어머니는 한참을 말없이 문 옆에 서 있었다. 나는 어머니를 쳐다보지 못했다. 그러던 중 나를 향해 걸어오는 어머니의 하이힐 소리가 들렸다. 어머니는 내 머리맡으로 와서는 이마에 짧게 입을 맞췄다. 어머니가 좀처럼 하지 않는 행동이었기에 몸의 긴장이 스르르 풀렸다. 어머니가 말했다. "오늘 밤에 일 끝나면 다시 와서 집에 데려다줄게."

2부

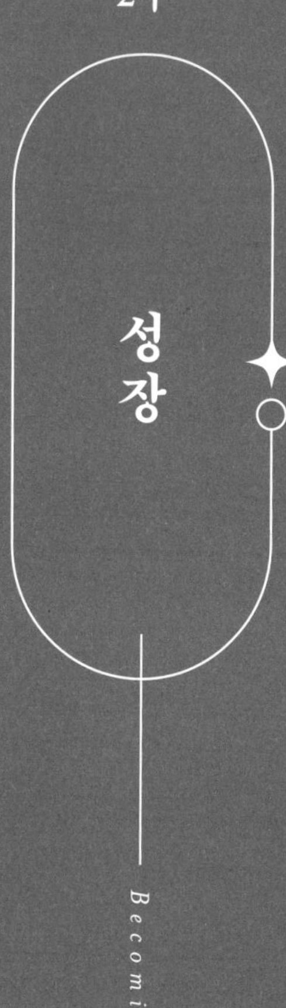

성장

Becoming

Light Filtered Through Water

물에 걸러진 빛

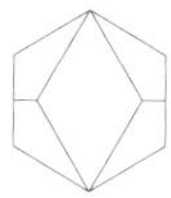

4학년을 마치고 난 여름에 우리 가족은 네브래스카주 비버시티로 이사했다. 마을의 북쪽 변두리에 있는 우리 집은 외벽에 녹색 빛이 도는 벽토를 바른 자그마한 주택이었다. 추운 날이면 나는 거실에 있는 침대 겸용 소파에서 잠을 잤다. 봄과 여름에는 야외 테라스에 있는 간이침대에 누워 잠을 청했다.

나는 여름에 야외에서 자는 것을 좋아했다. 밤이 되면 코요테가 우는 소리와 아메리카 수리부엉이가 '우우' 하는 소리가 들렸다. 근처 농장 연못에서는 개구리가 신나게 개굴개굴 울어댔고 초원과 들판에는 귀뚜라미와 매미의 합창이 울려 퍼졌다. 밖이 안보다 훨씬 시원했다. 바람에 나뭇가지가 흔들리는 모습과 더불어 밤하늘의 별도 볼 수 있었다.

아버지를 제외하고 모두가 이곳으로 이사한 것에 만족했다.

비버시티에서 사는 동안 아버지는 힘들어했다. 오자크에 있는 가족과는 멀리 떨어진 반면 처가와는 더 가까워졌기 때문이다. 외가에서는 아버지의 욕설과 음주, 저속한 농담을 못마땅하게 여겼다. 그분들은 어머니가 품성과 지성 면에서 아버지보다 훨씬 우월하다고 생각했다. 게다가 어머니는 가정의 주 소득자였고 지역사회에서 지위도 있었다. 그때가 1950년대였으니 아버지는 그런 상황을 부끄러워했다. 아버지는 어머니가 근무하는 병원에서는 절대로 일하지 않겠다고 맹세했다. 임상 병리사로 일하는 동안에는 그 맹세를 지키려고 집에서 160여 킬로미터나 떨어진 일터까지 운전해 가기도 했다.

아버지는 자유분방하고 칠칠치 못한 자식들, 늘 집에 없는 아내, 정리정돈이 전혀 되지 않는 가정에 불만이 많았다. 당시 아버지는 40여 킬로미터 떨어진 캔자스주 노턴의 결핵 요양소에서 근무했는데 주중에는 그곳에서 묵었다. 그러다가 주말에 집에 오면 테킬라를 마시고 어머니와 말다툼을 했으며 어린 우리에게 소리를 질렀다. "빌어먹을, 대체 무슨 짓을 한 거냐? 썩 나와서 얼른 이 난장판을 치우지 못해?"

친구들은 우리 아버지를 무서워했다. 아버지는 내게는 너그러웠지만 두 남동생에게는 엄했다. 때때로 나는 그 중간에 껴서 아버지에게 남동생들을 그냥 내버려두라고 애걸했다. 어떤 때는 그런 간청이 통했다.

어느 날 밤, 침대 겸 소파에서 책을 읽고 있는데 부모님이 부엌에서 말다툼을 벌였다. 혀가 꼬인 아버지가 별 말도 안 되는 소리를 늘어놨다. 아버지는 난로 가까이에 있었고 어머니는 건너편 냉장고 옆에 서 있었다. 아버지는 소리를 질러댔고 어머니는 조용히 자신을 변호했다. 어머니는 누구에게도 언성을 높인 적이 없다.

아버지가 점점 더 흥분하자 어머니의 두려움이 느껴졌다. 어머니는 움직이지도 못하고 입도 벙긋하지 못했다. 나도 심장이 마구 뛰고 얼굴이 굳는 것 같았다. 급기야 아버지가 커다란 무쇠 프라이팬을 집어 들어 부엌 건너편에 있는 어머니를 향해 던졌다. 프라이팬이 어머니 머리 옆을 휭 스치듯 날아갔고 그 바람에 어머니의 짧은 머리카락이 헝클어졌다. 그 무거운 프라이팬이 바닥에 덜커덩 소리를 내며 떨어지자 눈이 휘둥그레진 부모님은 말문이 막힌 채로 서로를 쳐다봤다. 하마터면 아버지가 어머니를 죽일 수도 있었다는 걸 우리 모두 직감했다. 잠시 모두가 급속 냉동이 된 것만 같았다. 아무도 움직이지 않았고, 시간이 멈췄다.

방금 무슨 일이 벌어졌었는지 깨닫는 동시에 논쟁은 끝이 났다. 아버지는 뒷문으로 나갔고 어머니는 부엌을 치우고 나서 잠자리에 들었다. 어머니는 나에게 눈길 한번 주지 않았다. 아마 무슨 말을 해야 할지 몰라 아무 말도 하지 못했을 것이다. 나는 어둠 속에 누워 한참 동안 뜬눈으로 몸이 해동되기를 기다렸다.

현충일Memorial Day(5월 마지막 주 월요일—옮긴이)부터 노동절Labor Day(9월 첫째 주 월요일—옮긴이)까지 개장되는 수영장은 내게 구원이었다. 아침마다 동생들과 수영 강습을 받았다. 물은 따뜻하고 공기는 시원했다. 선생님이 학생 한 명 한 명에게 차례로 자유형이나 배영 동작을 시킬 때 우리는 수영장 한쪽에서 한기에 몸을 떨었다. 해가 뜨고 몸이 서서히 따뜻해지면 수영장 물은 짙푸른 색으로 빛났다. 그러다가 낮에는 옅푸른 빛깔이 되고, 밤에는 불빛 아래에서 빛줄기를 받아 청록색을 띠었다.

오후가 되면 우리 삼남매는 수영장 문이 열려 있는 동안 그곳에 가서 저녁 식사 시간이 될 때까지 살다시피 했다. 저녁을 먹는 동안에도 수영복을 계속 입고 있었고 허구한 날 집에서 허기진 배를 주유하듯 채운 다음, 자전거를 타고 다시 수영장으로 가서 수영장 문이 닫힐 때까지 그곳에 있었다. 그런데도 물속에 있는 시간이 모자란다는 듯 문이 닫힌 뒤에도 수영장으로 잠입해 몰래 수영하는 공상에 잠겼다.

해마다 여름이면 내 피부는 구릿빛으로 그을렸다. 긴 머리는 색이 바래 상앗빛 금발이 됐고, 염소 섞인 수영장 물 때문에 살짝 녹색 빛이 돌면서 약간 끈적였다.

오후가 되면 아이들은 다이빙을 하고, 물속에서 얼음땡 놀이도 하고, 헤엄치기 경주도 했다. 우리는 숨 오래 참고 떠 있기 대회도 만들었다. 그리고 물속에서 몸을 세워 제자리 헤엄을 치며 이야기를 나눴다. 이따금 남자애들이 수영 솜씨를 뽐내는 동안 여자애들은 일광욕을 했지만 나는 주로 물속에 머물렀다.

그 시절에 나는 물안경을 쓰지 않았다. 물속에 있을 때면 눈을 뜨고 가끔 하늘을 바라봤다. 시야에 불쑥 들어온 햇살은 마치 훌라후프만 한 해바라기 같았다. 이 눈부시게 환한 빛이 너무도 아름다운 나머지 무아지경에 빠졌다. 가슴 깊이 사랑과 안전함, 행복감을 느겼다.

햇빛과 더불어 시원하고 맑은 물은 내게 기쁨과 희망을 선사했다. 수영은 내 안에 활력을 불어넣었다. 물은 치유의 묘약이자 슬픔의 치유제였고, 햇빛은 눈물을 말려주었다.

A Best Friend

단짝 친구

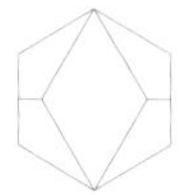

비버시티는 여러모로 나를 성장시켜주었다. 동네에서 같이 놀 친구도 생겼다. 지니라는 친구의 아버지는 마을신문 편집장이었는데, 우리 집에서 한 블록 떨어진 넓은 테라스가 있는 3층 주택에 살았다. 지니는 붉은 곱슬머리와 귀여운 들창코, 장난기 어린 반짝이는 파란 눈을 지닌 소녀였다. 나는 키가 크고 말라빠진 체형이었던 반면, 지니는 키가 작고 부드러운 곡선미가 있었다. 그래도 우리는 거의 모든 면에서 매우 비슷했다.

둘 다 직설적이면서도 자기주장이 강했다. 지니는 성미가 급하고 나는 상처를 잘 받는 성격이었지만 서로 다투다가도 금방 화해했다. 우리는 재미없는 일로 시간을 낭비하고 싶어 하지 않았다.

껌을 사러 둘이서 종종 드러그스토어까지 걸어갔다. 나는 블랙

잭 감초 맛을 좋아했는데 지니는 풍선껌을 즐겨 씹었다. 풍선껌을 잘 불지 못했던 나는 지니의 훌륭한 솜씨에 혀를 내두르며 감탄했다. 한번은 지니가 자기 얼굴만큼 커다랗게 풍선을 불었는데 풍선이 터져서 껌이 지니의 머리카락과 눈썹, 귀에까지 들러붙었다. 지니는 내게 그 모습을 사진으로 남겨달라고 했고 나중에 우리는 분홍색 풍선껌이 지니의 눈, 코, 입을 덮고 곱슬곱슬한 머리카락까지 감싼 모양을 보면서 한바탕 웃었다.

또 한번은 지니네 집 냉장고에서 지니 아버지의 오래된 모겐 데이비드 와인 병을 발견했다. 우리는 작은 유리잔에 술을 따르는 시늉을 하고서 술에 취한 척 혀 꼬부라진 소리를 내고 바닥에 쓰러지며 최대한 바보처럼 지껄이며 놀았다. 그러고는 우리가 매우 웃긴다고 생각했다.

지니가 장난치는 데 소질이 있던 반면, 나는 책 읽기에 재주가 있었다. 둘 다 데이나 자매나 낸시 드루 같은 10대 소녀 탐정이 등장하는 추리소설 시리즈부터 읽기 시작했는데 나는 금세 역사물과 자서전, 어른들이 읽는 소설로 옮겨갔다. 8학년 무렵에는 러시아 소설을 읽었다. 《닥터 지바고》에는 특별히 지니를 위해 주석을 달아 건네며 "긴 러시아식 이름과 애칭이 나와도 낙심하지 마. 이 책은 노력해서 읽을 만한 가치가 있어"라고 말해줬다.

우리는 지니네 집에서 많은 시간을 보냈다. 나무로 된 그네 벤치에 나란히 앉거나 잔디밭에 드러누워서 낮에는 햇빛과 구름을 보고 밤에는 총총한 별 사이에서 북두칠성을 찾았다. 별똥별을 헤아리고 별자리 이름도 익혔다.

겨울에는 레이스 침대보가 깔린 지니의 침대에 같이 누워 학교생활에 대해 이야기하거나 각자 꿈꾸는 미래의 모습을 그렸다. 나는 뉴욕시에 살면서 편집자로 일하고 싶었다. 지니는 소녀들을 위한 모험소설 시리즈 주인공인 체리 에임스처럼 이곳저곳을 여행하는 간호사가 되고 싶어 했다.

하루는 지니에게 내 소원은 사실 우리 어머니가 다른 어머니들처럼 집에 있는 거라고 털어놨다. 우리 집에는 보호자가 없고 동생들에 대한 책임감이 너무 크게 느껴진다는 말도 했다. 아무에게도 꺼낸 없는 이야기를 하려니 목소리가 떨렸다. 지니는 무슨 말을 해야 할지 몰라 했지만 그래도 내 이야기를 가만히 들어줄 수는 있었다.

그러고 나서 우리는 같이 울었다.

젊은이들이 내게 행복한 삶에 대한 조언을 구할 때면 늘 이렇게 대답한다. "주변에 좋은 친구를 두고 그들과 가까이 지내세요." 나는 평생에 걸쳐 많은 친구를 꾸준히 사귀었다. 그 친구들은 나를 지탱해주고, 내게 기쁨을 주며, 나를 정의해줬다. 그래도 내 삶이 바뀐 건 아홉 살 때 속마음을 터놓을 수 있는 단짝 친구가 생기면서부터였다. 나는 농담을 하고 까불며 약간 버릇없이 구는 법까지 배웠다. 이상한 가족의 의사 딸이라는 정체성은 여전했지만 새로운 정체성이 더해졌다. 나는 친구가 있는 소녀였다.

Animal Companions

동물 친구들

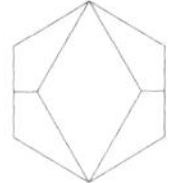

어린 우리는 원한다면 반려동물을 얼마든지 기를 수 있었다. 부모님은 아무렇지도 않게 금방 결정을 내렸다. 어머니는 늘 서둘러야 했고 일에 정신이 팔려서 그랬다. 아버지는 충동적이었고 결과를 전혀 걱정하지 않았다. 반려동물에 대한 부모님의 태도는 자식들에 대한 그것과 별다르지 않았다. 그냥 길러보고 무슨 일이 일어나는지 보자는 식이었다.

어느 해에 네브래스카주 박람회에 갔을 때 아버지는 우리에게 카멜레온을 사 줬다. 나는 동물의 특성이나 생태에 대해서는 무지했지만 호기심이 강해서 뭔가 실험해보고 싶은 마음이 컸다. 그래서 카멜레온을 당장 격자무늬 점퍼스커트 위에 올려놓고 색깔이 빨강, 초록, 검정, 하양으로 한꺼번에 변할 수 있는지 지켜봤다. 안타깝게도 카멜레온은 그러지 못했다. 나는 이미 혹사당한 카멜레온을 분홍색, 파란색, 보라색으로 바꿔보려고도 시도했다. 하지만 실망스럽게도 녀석의 색깔은 갈색에서 초록으로, 초록에서 갈색으로 바뀌는 정도였다.

어느 해에는 텍사스주 파드리섬에서 집으로 돌아오는 길에 아버지가 충동적으로 잠시 들른 댈러스에서 치와와를 한 마리 샀다. 이 암컷 강아지에게 '픽시 로사리타(Pixie는 장난꾸러기 작은 요정-옮긴이)'라는 이름을 붙여줬다. 픽시는 멍멍 짖어대고 긴 발톱으로 피가 날 정도의 상처를 입히기도 했지만 그래도 멋진 친구였다. 나를 몹시 사랑했고 그건 나 역시도 마찬가지였다. 언제나 나를 바라보는 픽시의 까맣고 촉촉한 눈이 참 좋았다. 픽시의 수세미 같은 짧은 털을 손가락으로 쓸어내리는 촉감도 좋아했다. 내가 걸어가면 픽시는 그게 어디든 거의 늘 내 옆에서 나란히 걸었다. 내가 자전거를 탈 때조차 따라오려고 무진 애를 썼지만 그 조그맣고 짧은 다리로는 무리였다.

어느 여름에 아버지는 내게 파란 앵무새 한 마리와 초록 앵무새 한 마리를 사줬다. 나는 둘의 이름을 '어니'와 '이브'라고 지었다. 새장 청소만 빼면 앵무새와 관련된 모든 것이 즐거웠다. 어니와 이브는 내 손가락에 앉아서는 내가 말을 건네면 작은 머리를 갸웃거렸다. 그런데 우리 집은 중앙난방이 되지 않았고 앵무새들이 지내는 북향 방은 겨울이 되자 추워졌다.

1월의 어느 날 학교를 마치고 돌아와 앵무새가 있는 방으로 들어갔는데 어니와 이브가 새장 바닥에 벽돌처럼 딱딱하게 굳은 채로 누워 있었다. 두 눈을 뜬 채 날개가 옆으로 펼쳐져 있고 아래쪽의 조그만 발가락은 동그랗게 말려 있었다. 나는 새를 한 손에 한 마리씩 들고 몸을 따뜻하게 해서 어떻게든 되살려내려고 했다. 하지만 이미 때가 너무 늦어버렸다. 그 차가운 방에서 울고 또 울었다. 이후에 제이크와 함께 어니와 이브를 밖으로 옮기고 단단한 땅에 구덩이를 파서 그 안에 묻어주었다.

해마다 봄이면 아버지는 토끼를 열두 마리씩 사 와서 골목 옆 허름한 차고 안에 있는 우리에 넣었다. 동생들과 나는 토끼 이름을 지어주고 여름 내내 함께 놀았다. 토끼는 가장 껴안고 싶은 동물이고 가장 부드러운 귀와 가장 따뜻한 눈을 지녔다. 우리는 토끼들을 마당으로 데려가 온갖 잡초를 먹이고 깡충깡충 뛰어다니게 했다. 아직 수영장 문을 열기 전 늦은 아침에는 그늘에서 토끼들을 꼭 껴안고 있었다.

하지만 가을이 되면 아버지는 어김없이 토끼를 우리에서 꺼내 망치로 머리를 내리치고는 뒷마당의 나무에 매달아놓고 가죽을 벗겼다. 그다음에는 깨끗이 씻어서 고기를 얼렸다. 토끼를 사 온 첫해에 나는 아버지의 그런 행동을 받아들일 마음의 준비가 전혀 되어 있지 않았다.

내가 흐느껴 울며 비명을 질러도 아버지는 아랑곳하지 않았다. 동생들도 같이 화를 냈지만 울지 않는 법을 일찌감치 배운 터였다. 토끼에게 자비를 베풀어달라고 아버지에게 간곡히 매달렸지만 아버지는 우리 말을 듣지 않았다.

어렸을 때 굶어 죽을 뻔했던 아버지에게는 음식을 마련하는 데

있어 인정을 베풀 여유가 없었다. "현실 세계에 대비하고 싶다면 마음을 강하게 먹는 편이 좋아." 아버지는 그렇게 말했다.

어린 우리로서는 키가 180센티미터가 넘는 단호한 남자를 막을 도리가 없었다. 그 대신 겨울이 왔을 때 그 토끼 고기를 먹는 걸 거부했다.

수년 동안 우리는 별의별 동물을 다 먹었다. 아버지는 당신이 자라면서 먹었던 고기, 예를 들면 다람쥐, 방울뱀, 개구리 다리, 거북이 따위를 요리했다. 그뿐 아니라 곱창 수프, 옥수수죽을 곁들인 돼지족발, 골을 넣은 달걀 스크램블, 소나 돼지나 양의 혀, 췌장, 불알이 들어간 음식도 만들었다. 전쟁 기간에 일본과 한국에서 먹었던 불고기, 김치, 스키야키, 야키토리 같은 요리도 만들어줬다. 손님들은 우리 집에서 식사를 할 때마다 새로운 음식을 맛본다고 말했다.

60년 전 네브래스카 시골에는 야생동물이 많았다. 우선 도랑에 가득한 올챙이가 개구리가 되어 개굴거리는 소리를 새벽녘과 저물녘에 들을 수 있었다. 봄이면 우리 집 문에는 네군도단풍 노린재가 수없이 몰려들어 문으로 드나들기가 무서웠다. 6월에는 반딧불이가 집 잔디밭을 가로질러 강물처럼 흘러들어 와 머리카락과 옷에 내려앉았다.

주[州] 고속도로나 시골길을 운전할 때는 자동차 앞 유리가 죽은 곤충으로 금세 뒤덮였다. 바람에 굴러다니는 커다란 실 뭉치 모양의 덤불도 몇 분마다 도로를 가로질렀다. 귀가 아주 긴 산토끼가 차 앞으로 깡충깡충 뛰며 쉴 새 없이 지나갔고 남쪽의 오자크 고원으로 갈 때면 고속도로가 거북이 천지였다. 그렇게 많은 동물을 몇 마리라도 차로 치지 않기란 불가능했으나 우리가 강력히 주장하는 바람에 아버지는 운전대를 이리저리 틀어가며 동물을 피해야 했다.

오자크 고원에서 집으로 돌아올 때 아버지는 길가에 차를 세우고 우리에게 거북이를 한 마리씩 고르라고 했다. 우리는 그 거북이들을 네브래스카로 데려와 반려동물로 키웠다. 어느 해에는 거북이 이름을 어머니가 우리에게 들려준 그리스 신화의 인물 이름을 따서 아킬레스, 파리스, 헥토르라고 지어주기도 했다. 스포츠머리를 하고 지저분한 청바지와 티셔츠를 입은 동생들이 맨발로 거북이들을 따라 잔디 위를 기어 다니던 모습이 아직도 생생하다. 우리는 여름내내 거북이와 함께 놀다가 가을이 오면 거북이 머리를 남쪽으로 향하게 하고서 모두 풀어줬다.

해마다 봄이 되면 이웃집에 사는 앨빈 로저스 아저씨는 굴속에 있는 새끼 코요테를 찾으러 다녔다. 아저씨는 커다란 바구니에 새끼를 담아 집으로 데려와서는 죽인 다음 그 귀를 농촌지도원에게 보냈다. 동생들과 나는 로저 아저씨네 집에 자주 갔다. 아저씨의 딸 졸린은 다운증후군이었고 집 밖으로 나온 적이 한 번도 없었다. 어머니는 일주일에 몇 번씩 우리를 그 집으로 보내 졸린을 만나게 했다. 우리는 졸린에게 가장 최근에 태어난 병아리를 보여주기도 하고 초코 막대 아이스크림을 가져다주기도 했다.

어느 봄날 로저스 아저씨네 집에 갔더니 코요테 몇 마리가 낑낑거리는 소리가 들렸다. 소리를 따라 뒤쪽 테라스로 가는데 코요테를 보지 못하게 하려고 아저씨가 나를 막아섰다. 하지만 나는 전속력으로 달려 아저씨보다 문을 먼저 통과했다. 꼬물대는 새끼 코요테로 가득 찬 바구니 두 개가 뒷문 옆에 놓여 있었다. 새끼들을 쓰다듬으면서 귀엽다고 감탄하자 아저씨가 평소답지 않게 짜증을 냈다. 그 새끼들을 데리고 뭘 할 거냐고 계속 물어보자 아저씨는 그것들의 귀를 팔아서 현상금을 받을 거라고 마지못해 대답했다. 귀 한 쌍에 1달러가 걸려 있었다.

까무러치게 놀란 나는 그 집에서 뛰쳐나와 우리 집 부엌으로 갔다. 어머니는 스파게티 소스를 만들고 있었다. 나는 울음을 터뜨리며 로저스 아저씨가 벌이려는 일에 대해 얘기했다. 어머니는 "아저씨는 좋은 분인데 돈이 필요해서 그러는 거야"라고 대답했다. 그러고는 새끼 코요테 세 마리를 구할 수 있도록 동생들과 내게 1달러씩 줬다.

우리 셋은 바구니 안에서 서로 올라타고 기어오르면서 어미를 찾아 작은 소리로 낑낑거리는 새끼 코요테를 내려다봤다. 딱 한 마리만 고르기가 어려웠다. 우리 선택을 받지 못한 새끼들의 운명을 어느 정도 알고 있었기 때문이다. 그래도 결국 각자 키울 새끼 한 마리씩을 골라서는 꼬물거리는 새 친구를 집으로 데리고 왔다.

코요테는 여름 내내 우리 집 안에서 살았고 우리가 데리고 나가 놀 때만 외출했다. 녀석들은 매트리스 바닥을 찢어 속을 뜯어내고는 그 안에서 잠을 잤다. 우리는 코요테에게 햄버거나 식사하고 남은 고기를 먹였다. 아주 재미있는 녀석들이었지만 가을이 되자 더욱 공격적으로 변해갔다. 우리는 코요테를 비버크리크로 데려가 놓아주었다. 갈아놓은 쇠고기 450그램 정도를 곁에 남겨놓고는 부디 녀석들이 스스로 잘 살아남기를 빌었다.

내게는 시간이 많았고 마을과 인근 시골을 원 없이 쏘다녔다. 어느 봄날 오후에는 학교를 마치고 집으로 돌아오다가 배수로에서 아기 다람쥐가 올망졸망 든 둥지를 발견했다. 두 마리만 빼고 아직 살아 있어서 나머지 다람쥐를 집으로 데려가 구하기로 마음먹었다. 아직 털도 나지 않은, 내 새끼손가락만 한 어린 다람쥐를 구조하자니 흥분되고 행복했다. 신발 상자를 하나 찾아서 부드러운 천으로 채우고 그 안에 아기 다람쥐를 넣었다. 그런 다음에는 면으로 된 천 조각을 우유에 적셔 한 마리도 빠짐없이 그 천을 빨게 했다. 난방기 옆 선반에 그 상자를 놓아두고 낮 동안 한 시간에 한 번 정도 우유를 먹였다.

그때부터 내가 찾을 수 있는 동물은 모조리 구조하겠노라 결심했다.

비가 오고 바람이 부는 날이면 도랑과 배수로 속, 쓰러진 나무의 가지 아래에 깔린 새끼 동물을 찾으러 다녔다. 그렇게 찾은 동물은 집으로 데려와 신발 상자와 부드러운 천으로 만든 내 작은 병원에 두었다. 수년간 생쥐와 주머니쥐, 다람쥐, 새를 많이 구조했다. 아주 작은 포유동물에게는 천 조각으로 우유를 한 모금씩 먹였고, 아기 새에게는 스포이트로 오트밀 부스러기를 입안에 뿌려 생명을 이어가도록 했다.

그렇게 구한 새 가운데 한 마리인 매기는 멋진 어른 까치가 되어 해마다 여름이면 우리 집 마당으로 돌아왔다. 그리고 내가 자전거를 타고 수영장에 갈 때면 나를 따라왔다. 매기는 높은 담장 위에 앉아서는 나와 다른 아이들이 수영하는 모습을 지켜보다가 다시 집까지 따라왔다.

동물의 눈은 대개 짙은 갈색이나 검은색인데 반짝이는 그 빛이 예사롭지 않다. 아주 드물게 야생동물과 눈이 마주칠 때가 있는데 이는 엄청난 선물이다. 그럴 때면 어떤 깊고 원초적인 관계를 맺고 인간의 경계 너머를 본 것처럼 경이로움이 느껴진다.

나는 운이 좋게도 야생동물과 몇 번이나 눈을 마주쳤다. 네브래스카 삼림 지대에서는 사슴과, 홈스 호수 근처에서는 코요테와, 와이오밍의 눈 덮인 산맥에서는 족제비와 눈이 마주쳤다. 족제비를 우연히 만났을 때는 화강암 지대에서 예쁜 돌을 찾으며 하이킹을 하다가 되돌아오는 길이었다. 어린 족제비가 커다란 바윗덩이에 앉아 눈을 반짝이고 있었다. 걸음을 멈추고 족제비의 눈을 들여다보면서 부드러운 목소리로 말을 건넸다. "꼬마 친구, 안녕? 만나서 정말 반갑다. 족제비를 만난 건 이번이 처음이거든."

족제비는 나를 빤히 쳐다보며 꼬리를 앞뒤로 휘둘렀지만 무서워하지는 않았다. 내가 궁금해하는 것만큼이나 족제비도 나를 궁금해하는 것 같았다. 다시 말을 걸었다. "꼬마 친구, 오늘은 정말 좋은 하루야. 너한테도 그랬으면 좋겠다. 걱정하지 마. 난 곧 집에 갈 거야."

말을 더 걸어보려는데 족제비가 앞발을 입으로 갖다 대더니 하품을 했다. 그 모습이 너무나 사람처럼 보여서 그만 웃음이 터져버렸다. 그 소리에 족제비가 소스라치게 놀라는 바람에 우리가 함께한 시간은 그렇게 끝나고 말았다. 그래도 족제비를 지루하게 만든 사람은 내가 알기로 이날 이때까지 나밖에 없다.

오늘 새벽에는 잠에서 깨어나 우리 집 차 진입로에서 붉은여우를 봤고 정원 소나무에 사는 아메리카 수리부엉이의 울음소리를 들었다. 이 글을 쓰는 지금도 테라스에서 구슬피 우는 산비둘기와 검은 방울새가 보이고 내 옆에는 나이 든 삼색 고양이인 우리 글레시가 가르랑거리고 있다. 캐러멜색 눈동자로 나를 가만히 바라보는 글레시의 존재는 내가 혼자가 아님을 일깨운다.

The Library

도서관

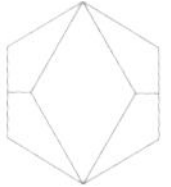

비버시티는 도체스터에서는 누리지 못한 호사를 누릴 수 있을 만큼 충분히 컸다. 그 호사란 바로 마을 광장에서 얼마 떨어지지 않은 작은 벽돌 도서관을 말한다. 우리 집에서 자전거로 5분이면 갈 수 있었다.

비버시티로 이사 오기 전에는 도서관에 가본 적이 없다. 외갓집이 있는 플래글러에 금요일 아침마다 들어오는 이동도서관을 찾아간 게 전부였다. 작은 밴 안에 어린이 책이 꽂힌 책꽂이가 두 개 있었는데 할머니와 나는 거기까지 겨우겨우 비집고 들어갔고, 할머니는 내가 외가에 머무는 동안 재미있게 읽을 수 있는 책을 몇 권 고르도록 도와주셨다.

비버시티는 '진짜' 도서관이 있는 축복받은 곳이었다. 도서관은 장엄하고 고요한 가운데 조심스러운 발소리와 이따금 속삭이는 소리만 들렸다. 사서의 책상에는 밝은 백색 램프가 켜져 있고 서가의 각 통로 천장에 매달린 알전구에서는 책 제목을 알아볼 정도의 빛만 흘러나왔다. 독서 책상 위에 놓인 공 모양의 램프는 둥그런 레몬빛을 뿜어냈다.

희미한 조명과 침묵 그리고 가죽 냄새와 바닥의 왁스 냄새, 오래된 종이 냄새가 어우러져 도서관이 온통 거룩해 보였다. 그중에서도 다른 곳과 확연히 구분되는 신성한 구역이 있었다. 바로 도서 목록 카드가 꽂힌 두 개의 나무 진열대가 있는 곳이다. 그 앞에 선 방문객은 색이 바래고 부들부들해진 도서 목록 카드를 휘휘 넘기면서 훑어보았다. 거기에는 새 책이거나 인기가 많은 오래된 책이라고 짐작할 수 있는 깨끗한 카드도 몇 장 끼어 있었다. 펄 벅의《대지》 항목에서는 새로운 카드가 잇따라 나왔다. 그 책은 서가로 돌아오기 무섭게 마을 여성들이 대출해갔기 때문이다.

무거운 나무 책상은 마을 주민이 나란히 앉을 수 있는 형태였다. 듀이 십진분류법에 따라 책을 정리해둔 서가는 이용자가 쉽게 통로를 걸어 다니며 책 제목을 읽고 책을 꺼내서 독서 책상으로 가져가 열람할 수 있도록 구성되었다.

주민 누구나 도서관에서 책을 살펴보거나 오마하, 캔자스시티, 덴버의 신문을 읽으며 반나절을 보낼 수 있었다. 텔레비전도 없고 갈 곳도 거의 없는 마을이다 보니 책 읽는 사람이 많았고 비 오는 날 오후에는 도서관이 붐볐다.

책 대출은 내가 가장 좋아하는 일상의 의식이었다. 책 뒤표지 안

쪽에 붙어 있는 황갈색 종이 꽂이에 꽂힌 대출 카드를 보면 누가 이 책을 읽었는지, 책이 구입된 이후 얼마나 자주 대출됐는지를 알 수 있었다. 나는 모든 사람의 서명을 살펴본 다음, 그 카드에다 여학생다운 나만의 꼬부랑 필체로 서명을 추가했다.

사서인 셰이퍼 부인은 아담하고 단정한 분이었는데 당시 내 눈에는 나이가 많아 보였지만 아마 마흔다섯쯤이었던 것 같다. 셰이퍼 부인은 도서관에 오는 사람을 모조리 알았고 언제나 공손하고 전문가다웠다. 내가 매번 무더기로 쌓아놓은 책의 규모에 대해 때로 언급하기도 했고, 내가 좋아할 만한 책을 추천하기도 했으며, 책이 재미있었는지 작은 소리로 물어보기도 했다. 내가 도서관을 나설 때면 대출 카드에 적힌 내 이름 옆에 반납 날짜를 표시하는 스탬프를 찍고는 미소 띤 얼굴로 이렇게 말했다. "메리, 곧 또 오렴. 그럴 거라는 거 알아."

해가 쨍쨍한 날이든, 찌푸린 하늘에 비가 오는 날이든 나는 얼른 읽고 싶어서 견딜 수 없는 책을 한 보따리 안고서 도서관을 나섰다.

이 마을에 이사 온 첫해에 어린이 코너에 있는 흥미로운 책은 모조리 읽었다. 《블랙 뷰티》에 등장하는 말이 받는 심한 처사에 격분했고, 《내 친구 플리카My Friend Flicka》에 나오는 것 같은 작은 야생마를 한 마리 갖고 싶었다. 《작은 아씨들》, 《나를 있게 한 모든 것들》 그리고 지금은 《소공녀》라는 제목으로 나오는 《세라 크루Sarah Crewe》 같은 소설은 특히 좋았다.

당시 많은 어린이 책이 영웅적 행위를 선망하도록 가르쳤다. 나는 사람들이 역경에 맞서고 영웅으로 성장하는 과정에 매료되었다.

헬렌 켈러, 에이브러햄 링컨, 엘리너 루스벨트, 퀴리 부인, 토머스 둘리 박사(동남아시아에서 의료 구호 활동을 펼친 미국인 의사－옮긴이), 알베르트 슈바이처 박사에 관한 책을 읽었다. 그리고 내게 인종 문제를 처음으로 가르쳐준 책인 부커 T. 워싱턴Booker T. Washington(흑인 인권운동가이자 교육자－옮긴이)의 《노예의 굴레를 벗고Up From Slavery》와 조지 워싱턴 카버George Washington Carver(흑인 노예 출신의 식물학자이자 교육자－옮긴이)의 자서전도 읽었다. 이런 책은 선한 사람은 다른 이들을 대신해 행동하고, 대의를 위한 헌신이 최고의 만족을 준다는 어머니와 이모들, 외할머니의 가르침을 더욱 굳건하게 해주었다.

어린 나이에 암에 걸린 용감한 아들의 죽음에 대해 쓴 존 건서의 회고록 《죽음이여 뽐내지 마라Death Be Not Proud》는 영감을 줬다. 건서는 《인사이드 아프리카Inside Africa》나 《인사이드 유럽Inside Europe》처럼 '인사이드'라는 단어가 들어간 제목의 책을 여러 권 쓴 작가이기도 했다. 그는 미국인이 머나먼 나라 사람의 관점에서 세상을 이해하기를 바랐다. 나는 건서의 안내가 참 좋았다. 그래서 그가 쓴 《어린이 세계지리A Child's Geography of the World》와 《어린이 미술사A Child's History of Art》, 《어린이 세계사A Child's History of the World》도 읽었다.

마거릿 이모는 많은 사람이 자기 친구와 이웃만 알고 살지만 책을 읽으면 동서고금을 막론하고 수많은 이의 삶을 경험할 수 있다고 했다. 나는 그런 경험을 갈망했다. 다른 사람이 어떻게 느끼고 생각하고 행동하는지 알고 싶었다.

독서는 내게 미래로 가는 길을 비춰주었다. 나는 가족의 범위를 넘어 정체성을 구축하고 있었다. 그리고 세상이 정말 얼마나 크고 복잡하고 놀라운지 이해하기 시작했다.

지구본 게임이라고 이름 붙인 놀이를 하기 시작한 것도 이 무렵이다. 일단 두 눈을 감고 지구본을 빙그르르 돌린 다음, 어느 한 지점에 손가락을 갖다 대고서 눈을 뜬다. 그런 다음 내 손가락이 닿은 장소가 어디든 간에 내가 거기 있다고 상상했다. 그곳의 나무와 하늘, 새, 물을 보려고 했다. 아이들이 입은 옷, 가지고 노는 장난감, 먹는 음식도 상상해보았다. 어른들이 일하며 외치는 소리나 딸랑딸랑 종소리도 들어보려고 귀를 기울였다. 어른이 되면 세계 각지를 두루 다녀보고 싶다는 바람이 생겼다.

사서 선생님의 안내에 따라 마침내 마크 트웨인과 찰스 디킨스의 소설을 읽었고《오만과 편견》,《전쟁과 평화》,《레미제라블》을 비롯해 다른 소설도 숱하게 읽었다. 이런 책 덕분에 나를 둘러싼 세계와는 매우 다른 세계에서 살 수 있었고 인간이 얼마나 폭넓은 경험을 할 수 있는지에 대한 인식이 커졌다. 많은 사람이 어렸을 때 고통을 겪는다는 것을 이해하게 되었다. 나는 혼자가 아니라, 인류 대부분이 속한 고통받는 사람들로 이루어진 공동체의 일원이었다. 그런 깨달음은 묘하게 위안이 되었다.

시간이 흐르면서 내게 도서관은 교회가 되었고 독서는 세상을 이해하는 방식이 되었다. 나는 책으로 나를 형성해갔다.

독서는 희망을 줬고, 힘든 순간에 나를 달래줬으며, 인간 정신의 엄청난 복잡성을 알게 해주었다. 세상에는 온갖 종류의 빛이 있다. 행복과 경외의 순간에 하늘에서 내려오는 빛도 있고, 비버시티 도서관 책상 위에서 빛나는 둥그런 레몬빛도 있다.

House Calls

왕진

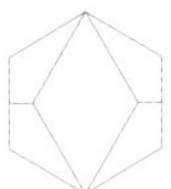

우리 어머니는 어깨가 넓고 다리가 튼튼했으며 머리카락을 적갈색으로 염색했다. 사람들은 그런 어머니에게 프랭크 시나트라의 여동생이냐고 종종 물었다. 시나트라를 닮은 어머니는 평생 똑같은 질문을 받았다. 표정이 풍부한 편은 아니었지만 나는 어머니의 눈빛을 읽을 수 있었고, 어머니가 턱에 힘을 주고 입을 앙다문다는 것을 알아챘다.

어머니는 평소 실크 블라우스와 몸에 꼭 맞는 긴 치마를 입고 하이힐을 신었다. 그리고 이런 우아한 차림에 흰 의사 가운을 걸쳤다. 언제나 청진기를 목에 걸고 있었으며 디기탈리스(심장 기능을 회복시키는 강심제의 약재 – 옮긴이)와 모르핀, 아스피린, 혈압계 압박대, 가위, 붕대, 지혈대 등이 든 검은색 왕진 가방을 들고 다녔다.

어머니는 퍼나스 카운티에서 의사에게 요구되는 모든 일을 했다. 학교에서 신체검사와 예방접종을 수행했고, 모든 자동차 경주와 미식축구 홈경기에 참석해 응급 상황에 대비했다. 아울러 매주 카운티 전역의 요양원을 순회 진료하면서 그곳 직원과 이야기를 나누고 모든 환자를 관찰했다. 당신의 진료소에서는 편도 절제술과 탈장 수술을 했고, 부러진 뼈를 맞췄으며, 아기를 받았고, 방울뱀에 물린 상처에서 독을 빨아냈다. 게다가 법률상 우리 카운티에서 발생하는 모든 사망 건에 대해 부검을 해야 했다. 자살이나 자동차 사고 현장에는 검시관으로서 보안관과 동행했다. 우리 카운티에서 의료와 관련된 일이 발생하면 무엇이든 그 일을 처리하는 게 어머니의 직무였다.

어린 우리는 밤이고 낮이고 어머니를 보지 못할 때가 허다했다. 아마도 어머니는 늦게 들어와 몇 시간 눈을 붙이고는 우리가 일어나기 전에 다시 집을 나섰을 것이다. 나이 많은 농부들이 새벽 4시 30분에 전화를 걸어 "의사 선생님, 제가 밤새 아파서 고생했는데 선생님을 깨우지 않으려고 아침까지 기다렸다가 전화했어요"라고 말해도 어머니는 웃어넘겼다.

집에 있을 때조차 어머니는 거실 한쪽에서 작은 진료소를 운영했다. 그래서 필요하면 근무 시간 이후에도 환자들이 들러 진료를 받았다. 그 공간은 사실상 마을의 응급의료센터이자 응급실이었다. 어머니는 우리 카운티의 모든 주민을 돌보는 게 자신의 의무라고 생각했다. 그들이 치료비를 낼 수 있고 없고를 떠나서 말이다. 나는 어머니가 자랑스러운 한편 외로웠다.

어머니를 몹시 그리워했지만 원망하지는 않았다. 어머니에게는 선택의 여지가 없었다. 추수감사절이라고 해서 누군가의 맹장이 그냥 터지게 놔두거나 자녀들과 스크래블(알파벳이 적힌 정육면체 조각으로 단어를 완성하는 보드게임 – 옮긴이)을 하는 중이라 자동차 사고 현장에 같이 가지 못한다고 보안관에게 말할 순 없는 노릇이었다.

나는 5학년 때부터 어머니의 진료소에서 일하며 고무장갑과 주사기, 주삿바늘을 소독했고 가능하면 어머니 차에 동승해 가까운 병원에도 같이 갔다. 어머니는 거의 매일, 어떤 때는 하루에 두 번씩 회진을 돌았다. 그런 날 나는 낮에는 차 안이나 병원 대기실에서 책을 읽었다. 병원 안으로 들어가 신생아실 창문 너머로 나란히 줄지어 누운 아기들을 바라보는 것도 좋아했다. 밤에는 차에서 어머니를 기다리며 잠을 자다가 어머니가 돌아오면 깨어나 집으로 돌아가는 동안 함께 이야기를 나눴다.

어머니가 농가로 왕진을 다닐 때도 동행했다. 보통은 죽음을 눈앞에 둔 어르신이 거동을 할 수 없을 때가 많았다. 어머니는 환자가 숨을 거둘 때까지 그 가족과 함께 자리를 지켰다. 그 시절에는 위로 말고 의사가 할 수 있는 일이 별로 없었고 사람들이 기대하는 바도 그게 전부였다. 하지만 이런 방문에는 몇 시간이 걸릴 수도 있었다.

어느 날 오후, 어머니와 나는 자기 자식들을 방치하는 한 농부의 집 마당에 차를 세웠다. 그 집 아이들은 깡마른 데다 머릿결이 푸석푸석하고 창백한 얼굴에 슬픈 표정을 짓고 있었다. 그 집 아버지는 자녀가 예방접종을 하거나 다른 아이들과 노는 걸 허락하지 않았다. 어머니는 그 가족을 무료로 진료해줬는데 내게 침울한 목소리로 상황을 설명해주었다. "그러지 않으면 이 사람들은 아무런 보살핌도 못 받을 거야."

그런데 이날 어머니가 그 농가로 왕진을 요청받은 까닭은 농부의 부인이 유산을 겪는 중이어서였다. 그곳에 도착한 우리는 으르릉거리며 침을 흘리는 개들에게 둘러싸였다. 그 개들이 우리를 죽이려 들 것 같았다. 그러자 농부가 나와서 개들을 불러들여 사슬을 두르고 장대에 묶어놓았다. 그제야 어머니는 안전하게 집 안으로 들어갈 수 있었다.

어머니는 내게 "차에서 내리지 마. 개들이 힘이 세서 사슬을 끊을 수도 있으니까"라며 주의를 주었다.

집으로 돌아오는 길에 어머니는 그 농부에게 들은 말을 곱씹었다. 그는 이런 이야기를 했다고 한다. "저는 어렸을 때 개를 키우고 싶었는데 아버지가 사 주지 않았어요. 그래서 아버지를 미워했죠. 우리 아이들은 개를 키울 수 있게 해줘야겠다고 다짐했어요."

어머니는 좋은 부모가 되는 법에 대한 사람들의 생각이 천차만별이라고 했다. 그리고 부모는 대개 자기가 한 번도 가져보지 못한 것을 자녀에게 주고자 하는데 그게 꼭 아이가 원하거나 아이에게 필요한 것이 아닐 때도 있다고 짚어냈다. 나는 며칠 동안 그 대화에 대해 생각해봤다. 우리 부모님은 스스로를 좋은 부모라고 생각했다. 왜냐하면 우리는 먹을 것과 입을 것을 비롯해 장난감도 가졌고 더 먹고 싶은 게 있으면 무엇이든 가게에서 사 먹을 수 있었기 때문이다. 부모님은 우리를 데리고 여행도 가고 외출해서 아이스크림도

사 줬다. 두 분 다 어렸을 때 이런 것들을 누리지 못하고 자랐다. 나는 부모님이 주신 것들에 대해 감사하면서도 어머니에게는 더 많은 관심을 받고 싶었고 아버지에게는 더 평온한 모습을 바랐다. 그리고 어떤 아이도 자기가 원하는 것을 모두 얻지는 못한다는 사실을 깨달았다.

가끔 농가에 가면 같이 놀 아이들이 있었다. 나는 헛간에서 노는 걸 무척 좋아했는데, 그곳은 내게 있어 가장 즐거운 놀이 공간이었다. 그곳에 있으면 창문과 여기저기 갈라진 틈으로 빛이 들어왔고, 그 빛은 내가 마치 전래동화 〈룸펠슈틸츠킨Rumpelstiltskin(독일 민화에 나오는 난쟁이 이름으로, 짚을 자아 금을 만들어 주인공에게 준다–옮긴이)〉에 나오는 아가씨인 양 짚을 금으로 만들어주었다. 차에 혼자 남아 있을 때면 언제나 곁에 책이 있었다. 밤에는 뒷좌석에 늘 놓아두는 베개를 베고 담요를 덮고 잠을 잤다. 그러다가 어머니가 차로 돌아오면 일어났고 우리는 집으로 가는 길에 이야기를 나눴다.

밤에 하는 시골길 드라이브는 참 좋다. 하늘에는 별이 낮게 총총히 떠 있고 그 자리에 붙박인 별자리는 아름다웠다. 반딧불이가 빛나는 옥수수밭이나 하늘을 긋고 지나가는 별똥별, 달이 뜨는 모습 같은 경이로운 광경도 자주 봤다.

드넓은 지대에 농장이 점점이 흩어져 있었는데 대개 헛간 쪽에서는 불빛이 하나만 보였고 집 창문에서는 불빛 몇 개가 새어 나왔다. 이 불빛은 우리가 거대한 지평선 위의 작은 존재이면서도 혼자가 아님을 일깨우며 위안을 주었다.

차를 타고 병원에 가거나 왕진을 다니는 동안 어머니는 1930년대에 불어닥친 경제 대공황과 가뭄과 강한 바람이 덮쳤던 시기에 목장에서 자란 이야기를 연이어 들려주었다. 우리 외할아버지는 그 카운티에 트랙터가 들어오자 말들을 포기하지 않으려고 최후까지 버티다가 나중에야 결국 단념한 인물이었다고 한다. 어머니의 첫 번째 말은 '펠릭스'라는 이름의 회색 말이었고, 두 번째 말 이름은 '블레이즈'였다. 어머니는 목장의 소를 확인하기 위해 말을 타고 달렸다. 그리고 끝에 30센티미터쯤 되는 철사가 달린 기다란 가죽 채찍을 늘 가지고 다녔다. 말이 우뚝 멈춰 서면 어머니는 방울뱀을 찾아야 한다는 신호라는 걸 알았고, 채찍으로 방울뱀을 죽였다.

어머니가 들려주는 역사 이야기를 통해 엄청난 참극도 알게 됐다. 마리 앙투아네트, 러시아 혁명, 힌덴부르크 비행선 대참사와 도너 일행the Donner Party의 비극(서부 개척시대에 캘리포니아로 가던 도너 일행이 눈 덮인 시에라네바다산맥에 갇혀 먼저 죽은 이들의 인육을 먹으며 일부가 살아남은 사건 – 옮긴이), 타이태닉호 침몰, 린드버그Lindberg 부부 아기의 유괴 사건(세계 최초로 대서양 횡단 비행에 성공한 찰스 린드버그의 20개월 된 아들이 유괴되어 끝내 살해된 사건 – 옮긴이)까지. 어머니는 운명과 숙명이라는 개념을 참 좋아했다. 우리는 자신에게 닥치는 상황에 과연 어떻게 대처할까?

어머니는 사람들이 궁지에 몰렸을 때 어떻게 행동하는지에 관심이 많았다. 그때가 바로 인격이 드러나는 순간이기 때문이다.

어머니와 나는 타이태닉호 갑판 위에 있던 사람이나 도너 일행 중 일부가 내린 도덕적 선택을 함께 살펴봤다. 어머니가 얘기한 여러 교훈 가운데 기억에 남는 것이 있다. 상황과 상관없이 우리에겐 언제나 올바르게 행동할 수 있는 선택권이 있다는 것이었다.

나는 그런 이야기가 너무나 좋았다. 질문을 만들어내기 때문이다. 내 인격이 시험에 들지 궁금했다. 나는 용감하고 희생적인 사람일까? 내 운명은 무엇일까?

어머니에게서 의학의 역사도 배웠다. 어머니는 과학자 이야기에서 능숙하게 도덕적 교훈을 이끌어냈다. 예를 들면 이그나즈 제멜바이스Ignaz Semmelweis라는 헝가리인 의사 이야기가 그랬다. 제멜바이스가 일하는 병원에서는 출산 중에 목숨을 잃는 여성이 많았다. 그러던 어느 날 의사들이 부검을 하던 방에서 나와 곧장 분만실로 들어간다는 사실을 알아챘다. 그래서 그들에게 아기를 받기 전에 손을 씻으라고 제안했다. 아니나 다를까, 신생아와 산모의 사망률이 떨어졌다. 하지만 그가 소독 절차에 대해 언급하자 멸시가 돌아왔을 뿐 아니라 직장을 잃고 감옥에까지 가는 신세가 됐다. 교도관에게 구타를 당한 제멜바이스는 급기야 그로부터 8일 후 사망하고 말았다. 손 씻기와 청결에 관한 그의 이론을 의사들이 받아들인 것은 그로부터 50년이 훌쩍 지난 뒤였다.

이 이야기의 교훈은 이렇다. 우리가 옳을 때조차 아무도 우리 말을 믿어주지 않을 수 있다. 그래도 자신이 옳다는 것을 안다면 진실을 말해야 한다.

어머니는 내게 적정滴定에 관한 얘기도 들려주면서 디기탈리스를 예로 들었다. 아주 소량의 디기탈리스는 심장병 환자에게 도움이 되지만 조금이라도 필요량을 넘어서면 목숨을 앗아갈 수 있다고 한다. 어머니는 적정에 대해 우리가 알고 있는 것이 삶의 모든 면에

널리 적용되며 그 적정 비율을 알아야만 행복과 성공을 얻을 수 있다고 말했다.

어머니는 환자들 이야기도 해주었다. 일찍이 환자의 비밀 유지에 대한 교육을 철저히 받은 나는 어머니의 신뢰를 한 번도 저버리지 않았다. 어머니는 인간에 대한 드라마와 교훈이 가득 들어차는 방식으로 이야기를 들려주었다. 그리고 결말에 이르러서는 그 이야기를 심오하고 놀라운 핵심과 단단히 묶어 매듭지었다.

예를 들어 농약 살포기로 살충제를 뿌리다가 어머니의 진료소로 찾아온 노인이 있었다. 그 노인은 접수원에게 숨쉬기가 힘들다고 말했지만 접수원은 의사 선생님이 너무 바쁘니 차례를 기다려야 한다고 대답했다. 노인은 몹시 고통스러웠지만 자기 차례를 가만히 기다렸다. 그러다 결국 피부와 옷에 묻은 유독 물질이 퍼지는 바람에 그 자리에서 쓰러져 죽을 뻔했다. 이 노인에 대해 어머니는 이렇게 말했다. "그 환자는 너무 예의 바른 나머지 새치기를 하느니 차라리 죽음을 무릅쓰겠다고 결정한 셈이지."

한번은 어떤 나이 든 농부가 온 가족을 데리고서 예방접종을 받으러 어머니에게 찾아왔다. 그러고는 어머니에게 보험 가입 신청을 도와달라고 부탁했다. 어머니는 농부를 검진하고 가입서를 작성해 주었다. 그런데 한 달 뒤 생명보험 가입이 승인되자 농부는 저녁 식사 후 헛간으로 들어가 총으로 자기 머리를 쐈다. 그 후로 어머니는 생명보험 가입을 위해 신체검사를 하러 온 남성에게는 경제적 상황과 우울증에 대해 물었다.

어머니가 치료하고 보살핀 한 소녀에 관한 이야기도 있다. 그 소녀는 화가 난 어머니가 머리를 감기면서 일부러 뜨거운 물을 붓는 바람에 머리에 화상을 입었었다. 1962년 이전에는 아동 학대를 금지하는 법이 없었기에 1950년대만 해도 의사들이 그런 행위에 달리 조치할 방법이 없었다. 사실 그 시절에는 자식을 때리는 사람이 많았다. 딸을 학대한 그 여자의 행동에 대해 어머니가 할 수 있는 일은 거의 없었다. 대신 어머니는 그 소녀에게 또 위협을 받거나 다치는 일이 생기면 우리와 같이 살아도 된다고 말해주었다.

정말로 우리와 잠시 같이 산 여자아이도 있었다. 버니스라는 이름의 그 소녀는 조용하고 슬픈 얼굴을 하고 있었다. 우리와 설거지도 하고 카드놀이도 함께 했지만 가족 활동에는 좀처럼 참여하지 않았다. 누렇게 뜬 피부와 거친 눈빛, 겁에 질린 듯한 태도를 보면서 나는 그 애에게 뭔가 나쁜 일이 있었음을 어렴풋이 감지했다. 당시 어머니는 버니스가 왜 우리 집에서 지내는지 솔직하게 밝히지 않았는데 몇 년 뒤 내게 그 애가 자기 아버지에게 성적 학대를 받았다는 사실을 말해주었다. 버니스는 우리 집에서 몇 달간 같이 지내다가 다른 마을에 사는 친척 집으로 떠났다.

어머니는 1992년에 돌아가셨지만 아직도 내 곁에 머물고 계시다는 느낌이 든다. 왕진하러 가셨거나 진료소에 계실 수도 있다. 어머니를 기다리는 건 내게 자연스러운 일이다. 어머니는 생전에는 자주 안 계셨지만 돌아가신 지금은 종종 여기에 계신다. 잠결에 어머니가 찾아오면 꿈처럼 느껴지지 않고 내가 차 뒷좌석에서 자고 있었던 것만 같다. 차 문이 열리고 어머니의 부드러운 목소리가 들린다. "메리, 엄마 왔어." 어머니가 차에 올라타면 우리는 작은 농장에서 뿜어내는 반짝이는 불빛을 지나며 달린다. 어머니는 내게 이야기를 들려준다.

Storytelling

이야기 들려주기

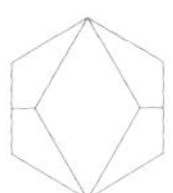

동네 아이들 가운데 나이가 가장 많았던 나는 여섯 살에서 열두 살 사이의 아이들과 함께 놀기 위해 게임과 프로젝트를 만들어냈다. 내가 기획하고 연출한 모험에서 우리는 자신을 구해내야만 하는 고아가 되기도 했고, 허리케인을 만난 배의 선원이 되기도 했으며, 개척자 가족이나 시골 학교의 학생이 되기도 했다. 나는 늘 선생님이었고 철자 맞히기 대회를 열거나 지리 퀴즈를 내는 걸 좋아했다.

어느 해 여름에는 내내 이언 세레일리어Ian Serraillier의 어린이 소설 《은검The Silver Sword》을 바탕으로 연극 놀이를 했다. 이 책에는 진취적인 세 아이가 등장하는데 이 아이들은 부모가 나치에게 납치된 후 바르샤바에 버려지고 공장에서 일하는 신세가 된다. 그 와중에 맏이인 여자아이는 동생과 그 도시의 집 없는 아이들을 위해 학교를 연다.

역할극을 할 때 지하 저장고는 폭격을 받는 건물이 되었다. 나는 선생님이었고 두 남동생과 동네 꼬마들은 나의 학생이었다. 내가 '요리'를 하거나 수업을 준비하는 동안 나머지 아이들은 먹을거리나 땔감을 찾으러 다녔다. 제이크는 근처 나무에서 초록 사과를 몇 개 따 와서는 자랑스럽게 내밀었다. 존은 장작과 더불어 오렌지를 담는 나무 상자를 발견했는데 그 상자는 탁자로 사용했다. 우리는 진취적인 아이들이었기에 위험한 나치와 지뢰, 쥐를 피해 다니며 추위와 배고픔 속에서도 하루하루 살아남았다. 우리는 재난을 당한 상황에서도 서로 돌볼 수 있다는 사실에 자부심을 느꼈다.

나 혼자 놀 때는 시골길을 그냥 걸으면서 길에서 주운 나뭇가지로 땅을 탁탁 내리치며 머릿속으로 행복한 이야기를 지어내곤 했다. 빨래를 널 때는 양말 부부 또는 수건과 행주가 엄마와 아이들로 등장하는 이야기를 꾸며냈다. 설거지하는 동안에는 그릇과 접시 그리고 포크, 나이프, 숟가락 등의 식기가 나오는 이야기를 만들어냈다. 이런 상상의 세계를 창조하는 일을 정말이지 멈출 수가 없었다.

우리 부모님처럼 나도 가만히 있지 못하고 바쁘게 지내길 좋아했다. 아침에는 진흙 파이 빵집 놀이를 하며 시간을 보냈다. 그러면서 어머니에게 초콜릿 파이 세 개와 열두 개들이 오트밀 쿠키 두 상자, 열두 개들이 컵케이크 한 상자, 빵 두 덩어리 같은 대량 주문을 넣어달라고 졸랐다. 널빤지와 낡은 조리 기구를 이용해 만든 그 빵집 이름은 '블루버드 베이커리'로 정했다. 느릅나무 아래에서 나뭇잎 사이로 아른거리는 햇빛을 받으며 나는 빵을 만들었다. 요리법에 따라 자갈과 흙, 작은 돌, 모래, 나뭇잎 따위의 재료를 섞었고, 그다음에는 반죽을 평평한 널빤지 위에 올려놓고 햇볕에 구웠다. 그러고는 내가 구운 빵과 과자를 사람들이 맛있게 먹는 모습이나 파티나 화려한 만찬 장면을 머릿속에 그려보았다.

남동생과 동네 아이들은 여름밤이면 거의 매일 우리 집 잔디밭에 누워 별을 보며 내 이야기를 들었다. 가끔 제이크의 단짝 친구인 렉스가 찾아오기도 했고 우리 옷을 다림질해주던 아주머니의 아이들인 웨인과 리오나가 오기도 했다. 지니도 이 자리에 같이 있었고 쌍둥이 형제인 마이크와 스파이크도 함께했다. 이 쌍둥이는 아버지가 감옥에 있어서 할머니, 할아버지와 같이 살았는데 부모님 얘기는 거의 꺼내지 않았다. 하지만 스파이크는 자기 아빠가 네브래스카 최초의 연쇄살인범인 찰스 스타크웨더Charles Starkweather를 안다고 우리에게 말해줬다.

우리 뒷집에 사는 여자애인 라나도 왔다. 라나는 상상력이 그리 풍부하진 않았지만 우리가 만들어내는 게임은 뭐든 다 좋아했다. 그 애는 평발이었고 자기 머리카락을 씹어대는 버릇이 있었다. 같이 놀다가도 자기 부모님이 소 방울을 울리면 곧바로 일어나 집으로 가버렸다. 라나는 학교에서 끊임없이 문제에 휘말렸다. 그 애의 가족은 교회에 다니지 않았는데 그것도 이 작은 마을에서는 달갑지 않은 행위였다.

우리 집은 마을 변두리에 있어서 서쪽 하늘과 북쪽 하늘이 선명하게 보였다. 당시 밤하늘은 지금보다 더 까맸고 더 많은 별이 하늘을 수놓았다. 빛으로 가득 찬 은하수Milky Way는 정말로 우유가 흐르는 길 같았다. 그 시절에는 별이 층층이 있어 지금의 별보다 가깝게도 보이고 멀게도 보였다. 우리는 별똥별도 계속 헤아렸다. 하나둘 별똥별을 볼 때마다 별빛이 내 가슴속으로 들어와 여운을 남겼다.

유난히 아름다웠던 8월의 어느 날 밤, 제이크가 북쪽 하늘에서 초록빛을 발견했다. 우리 모두 집 잔디밭을 빙 둘러싼 자갈길로 달려 나가 그 빛을 유심히 봤다. 마이크는 비행접시라는 의견을 냈고, 라나는 원자폭탄을 목격하고 있는 건지도 모른다고 여겼다.

우리가 지켜보는 가운데 초록빛 기둥이 거의 하늘 끝까지 소용돌이치다가 희미해지더니 다시 번쩍였다. 그다음에는 분홍빛이 확 터지며 초록빛 꼭대기에서 너울거렸고, 파란빛과 보랏빛이 번쩍이며 은하수 속으로 치솟았다.

아무 말도 할 수 없었고 그저 기쁨의 탄성만 질러댔다. 곧이어 빛이 만화경처럼 너울거리고 소용돌이치자 지니는 그 빛에 맞춰 춤을 추기 시작했다. 모두가 금세 이 마법 같은 경험에 완전히 사로잡혀 북쪽 하늘을 바라보면서 춤을 추고 환호성을 질렀다.

빛의 공연은 쭉 이어졌다. 어머니도 이 광경을 보러 나왔고 지금 보이는 것이 북극광이며 이 북극광은 태양풍이 대기 중에서 이온을 만들어내면서 생겨난다고 설명해주었다. 이 무렵 우리는 춤을 추느라 녹초가 된 참이었다. 디즈니 만화영화보다 근사하게 채색된 거대한 빛기둥이 오르내리는 동안 우리는 다시 잔디밭에 벌러덩 드러누웠다. KOA 라디오 방송국의 분수에서 뿜어져 나오던 불빛을 바라봤을 때와 똑같은 경이로움이 파도처럼 밀려왔다.

북극광은 그때 그 장소에 일어난 기적이었다. 머나먼 곳에서 온 선물이라는 생각이 들면서도 마치 마법처럼 느껴졌다. 빛이 색깔을 띤 음악으로 변환된 듯했다. 그날 밤 나는 그 빛을 몇 번이고 다시 볼 수 있으리라 생각했다. 밤하늘을 무대로 춤추던 그 빛 구름이 내 인생에서 얼마나 희귀한 것이었는지 전혀 알지 못했다. 무상함을 배우기 전이었다.

나는 동네 아이들을 등장인물로 삼아 이야기 지어내길 좋아했다. 제이크와 렉스가 환자를 구하려고 불타는 병원으로 쏜살같이 달려가는 이야기를 지어내 들려주었다. 그런 이야기 속에서 마이크와 스파이크는 유명한 야구 스타가 되어 늘 친구로 북적이는 저택에 살았다. 웨인과 리오나는 세계 일주를 하며 숱한 모험을 했다. 지니는 암 치료법을 개발한 영웅적인 간호사가 되었다. 우리 무리에서 제일 못생긴 라나는 미스 아메리카가 되었다. 나는 이런 이야기를 즉흥적으로 만들어냈고 아이들은 이야기를 들으며 행복해했다. 아이들이 자신을 더 많이 믿고 더 밝은 미래의 가능성을 보았으면 했다.

어린아이는 자신을 보살펴주고 힘을 실어주는 이야기에서 큰 도움을 받는다. 이런 이야기를 들려주는 이가 곁에 있다면 운이 좋은 사람이다. 어른은 이런 이야기를 스스로에게 들려줄 수 있어야 한다.

Girl Scout Cookies

걸스카우트 쿠키

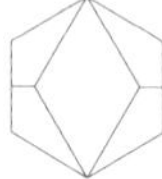

소녀 시절, 시간은 내 삶에서뿐만 아니라 우리 마을에서도 느릿느릿 흘러갔다. 마을 가게는 오전 8시에 문을 열고 오후 5시면 문을 닫았다. 일요일에는 엄격한 청교도적 법률blue laws(특정한 날, 특히 안식일인 일요일에 상거래, 음주, 춤 따위를 금지하는 법률로 현재는 대부분 폐지됨 – 옮긴이) 때문에 모든 영업을 쉬어야 했다. 호각 소리가 울리면 사람들은 아침 7시에 아침을 먹었고 정오에는 집에 가서 점심을 먹었으며 저녁 6시에 다시 귀가해 제시간에 저녁을 먹었다. 농부를 제외한 모든 이에게 여름은 특히 느긋한 계절이었다. 에어컨이나 TV가 있는 집이 없었기에 저녁 식사 후 어른들은 대부분 집 앞 테라스에 앉아 동네 사람들과 이야기를 나누며 시간을 보냈다.

한 학년은 현충일이 되면 끝나고 노동절 이후에 다시 시작되었다. 우리에게는 여름 캠프도 과외 활동도 없었다. 야구를 하는 남자애들이 더러 있었으나 내 남동생들은 야구를 하지 않았다. 몇몇 여자애들은 피아노 교습을 받거나 FHA(Future Homemakers of America, 가정과 직장의 여성 리더를 양성한다는 취지로 1945년에 설립된 전미 학생 단체 — 옮긴이)에 소속되어 활동했지만 나는 어머니의 진료소에서 일하고 책을 읽느라 줄곧 바빴다. 그리고 우리는 하나같이 네브래스카의 버터 같은 햇볕이 내리쬐는 수영장에서 시간을 보냈다.

나는 열한 살 때 걸스카우트에 가입했다. 하지만 걸스카우트 활동에는 무관심한 편이었다. 공예, 바느질, 꾸미기 따위를 아주 싫어했고 모닥불 피우기, 캠핑, 새 식별하기로 하나씩 얻는 자연 활동 배지에만 관심이 있었다. 그래도 쿠키 팔기는 무척 좋아했다.

1차 쿠키 판매 기간이 시작되었고, 마을에서 판매왕이 되어야겠다고 결심했다. 매일 오후 흰 블라우스에 초록색 단복을 갖춰 입고 배지가 주렁주렁 달린 띠를 한쪽 어깨에서 반대쪽 허리로 두른 다음 노란색 스카프를 매고서 환한 햇살을 받으며 자전거로 마을을 누볐다. 그렇게 걸스카우트 단원이 없는 집에 하나하나 들러서는 얘기를 들어주는 모든 사람에게 민트 초코 쿠키와 땅콩버터 초코 쿠키를 꺼내놓았다.

혼자서 이리저리 돌아다니며 사람들이 사는 모습을 관찰하는 일은 교육적으로 훌륭한 경험이었다. 어르신들은 대개 외로운 처지였기에 나를 집 안으로 초대했다. 한 할머니는 이렇게 말했다. "내가 사랑하는 사람은 지금 모두 땅속에 있단다."

나는 사람들과 이야기를 나눴고 그들은 마음껏 대화한 것에 고마워했다. 그렇게 질문하는 법과 듣는 법을 배웠다. 결혼식이나 어머니에 대해 물어보는 건 괜찮지만 아버지에 대한 질문은 위험할 수도 있다는 사실을 알게 됐다. 아버지와 사이가 썩 좋지 않거나 아버지에게 학대를 당해 화나거나 슬픈 기억이 있는 사람이 많았다.

나는 어른들이 어떻게 느끼고 행동하는지 알 수 있는 이야기와 교훈이 참 좋았다. 과거에 로데오 선수였던 안짱다리 할아버지는 주피터라는 이름의 자기 말을 타고 있는 젊은 시절 사진을 보여주었다. "로데오를 하면서 뼈가 열 개나 부러졌지만 하나도 후회하지 않아. 할 수만 있다면 지금도 계속하고 싶은걸."

그레이버 할아버지는 작은 집 현관에서 나를 반갑게 맞아주며 류머티즘과 개에 대해 한참을 얘기했다. 집 밖으로 거의 나올 수 없는 할아버지는 내가 그 주의 첫 방문객이라고 했다. 할아버지를 정기적으로 찾아오는 사람은 식료품점 배달원뿐이었다. 그 집에는 불릿('총알'이라는 뜻—옮긴이)이라는 이름의 작은 갈색 퍼그가 한 마리 있었는데 그 개는 할아버지가 흔들의자에 앉자 할아버지 무릎으로 뛰어들었다. 할아버지는 불릿이 재주는 못 부려도 할아버지 생각은 기가 막히게 알아챘다고 했다. "내가 말할 필요도 없다니까. 그냥 생각만 하면 불릿이 내 뜻을 알아."

나는 불릿을 쓰다듬으며 그레이버 할아버지의 건강을 걱정했다. 그리고 할아버지의 강인함을 존경한다고 했다. 대화를 마쳤을 때 쿠키에 대해서는 거의 잊고 있었는데 할아버지가 쿠키를 열 상자나 사주셨다. 나는 그 마을에서 이사하기 전까지 한 달에 한 번 할아버지를 뵈러 갔다.

그레이버 할아버지 집에서 길을 따라 내려가다가 다섯 아들을 둔 집에 들렀다. 오형제 가운데 둘은 고등학교 미식축구팀에서 활동했다. 그 집 아버지는 우리 시에서 냉동 창고를 운영했는데 대부분의 가정이 그곳에 고기를 보관했다. 장시간을 일하는 아저씨는 집에 오면 너무 피곤해서 가사를 별로 돕지 못했다. 지친 기색이 역력한 아주머니는 쿠키를 열 상자 샀다. 그 쿠키가 빵을 굽는 아주머니의 노고를 좀 덜어주길 바랐다.

어느 작고 하얀 집의 문을 두드리자 학교 동급생이 얼굴을 내밀었다. 프랜시스는 내가 좋아하는 친구였지만 교회 이외의 장소에서는 한 번도 본 적이 없었다. 그 애는 나더러 들어오라고 하더니 거실로 안내했다. 프랜시스의 아버지가 침대 겸용 소파에 누워 있었다. 베이커 아저씨는 몇 년 전에 일하다가 다쳐서 침대에 눕거나 앉아 있을 수밖에 없었다. 아저씨는 프랜시스에게 셋이 먹을 아이스크림을 그릇에 각각 담아 오라고 했다.

프랜시스와 나는 아저씨 곁에 앉아 이야기를 나누며 웃었다. 아저씨는 프랜시스를 칭찬하며 이렇게 말했다. "우리 딸은 열한 살밖에 안 됐는데도 요리와 청소를 도맡아 한단다. 자기 옷도 직접 다림질하고 내 머리도 잘라주지."

프랜시스는 나를 배웅하면서 이렇게 말했다. "이렇게 좋은 아빠가 있으니 얼마나 다행인지 몰라. 아빠가 너무 바빠서 내 이야기에 귀 기울이지 못할 일은 없으니까."

쿠키 판매 기간이 끝났을 때 나는 자랑스럽게 시상식 무대에 섰다. 우리 어머니 진료소의 간호사이기도 한 걸스카우트 단장에게서

1등 상장과 함께 하얀 꽃잎에 붉은 줄무늬가 있는 카네이션 꽃다발을 받았다. 시상식에 어머니가 참석했는데 무엇보다 그게 가장 좋았다. 어머니는 학교 행사에 오는 일이 거의 없었기 때문이다. 물론 상을 받는 것도 좋았지만 결과가 아니라 과정에서 진정한 만족을 느꼈다. 이 쿠키 판매는 내게 필요한 세 가지를 채워주었다. 나는 매일 밖에서 오후의 햇살을 받았고, 일을 했으며, 사람들과 이야기를 나누었다. 걸스카우트에서 1년 내내 쿠키를 팔면 얼마나 좋을까 싶었다.

3부

또 다른 빛 속에서

In Another Light

Shelling Peas

완두콩 꼬투리를 까며

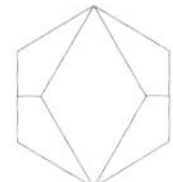

우리 외가는 콜로라도주 플래글러였는데 그곳은 캔자스시티부터 덴버까지의 철도 구간에 대략 11킬로미터 간격으로 만든 비슷비슷한 마을 중 하나였다. 11킬로미터는 증기 기관차가 석탄과 물을 보충하지 않고 갈 수 있는 최대 거리였다.

할아버지는 처음에 말을 타고 그 지역으로 가서 뗏장 집을 짓고 그곳이 쓸 만한 땅인지 몸소 '입증'해냈다. 할머니는 1년 뒤에 그곳으로 가서 할아버지와 함께 살았다. 모래와 세이지브러시로 뒤덮인 40만 5,000제곱미터 넓이의 그 목장은 1900년대에 접어들면서 잠시 녹지가 되었다가 1930년대에 이르러서는 완전히 말라버리고 말았다.

이웃의 도움을 받아 할아버지와 할머니는 이층집과 큰 헛간, 훈

제실, 얼음굴, 지하 저장고를 지을 수 있었다. 할아버지는 밀을 심고 소를 키웠다. 할머니는 큰 정원을 가꾸면서 소젖을 짜고 닭을 길렀으며 청소, 요리, 빨래 등의 집안일을 도맡았다. 두 분 다 1907년에 네브래스카주의 퍼루 주립 교육대학Peru State Teacher's College을 졸업했지만 그 땅에서 노동으로 삶을 일구며 다섯 자녀를 키우고 간신히 생계를 꾸려나갔다.

내가 어렸을 때 할아버지와 할머니는 목장을 팔고 마을 모퉁이에 있는 작은 벽토 집으로 이사했다. 할아버지는 복숭아나무를 심고 마당 한가운데에 장작을 때는 시멘트 그릴을 만들었다. 여름이면 우리는 복숭아 과수원에서 핫도그와 콩 그리고 집에서 만든 아이스크림을 마음껏 먹었다.

참으로 맛있는 경험이었다. 콜로라도 동부는 밤공기가 시원한 데다 산에서 불어오는 바람처럼 상쾌하다. 복숭아나무는 저녁을 나려고 자리를 잡는 새들이 지저귀는 소리로 가득했다. 할아버지의 그릴에서 피어오르는 장작불 연기가 나무 꼭대기까지 휘감았다. 특별 제작한 소시지 꼬챙이에 꽂힌 핫도그는 지글지글 소리를 내며 구워졌다. 근처에서는 어머니가 아이스크림 만드는 기구를 돌렸고 할머니는 토마토와 오이를 썰어서 접시에 내오셨다.

할아버지는 여러모로 쓸모 있는 사람이었다. 그 시대에는 운전할 줄 모르는 여성이 많아 할아버지는 운전을 해서 할머니의 과부 친구들을 교회나 식료품점, 진료소로 데려다주었다. 게다가 할아버지는 그런 여성들이 재정과 금융을 이해하도록 도왔다. 보통은 남성이 돈을 관리해서 여성은 대부분 그 분야에 능숙하지 않았기 때문이다.

할아버지는 마을 바로 외곽에 있는 목장에서 소를 몇 마리 길렀다. 또 커다란 양배추를 재배해서는 양배추 절단기로 잘게 썰어 사우어크라우트(채 썬 양배추를 소금에 절여 발효시킨 독일식 김치 –옮긴이)를 만들었다. 그 밖에도 마당과 과수원을 관리하고, 복숭아를 땄으며, 남은 음식물을 정원에 묻어 퇴비를 만들었다.

할아버지와 할머니는 겨울을 대비해 모든 음식을 병조림했는데 할아버지와 함께 지하 저장고에 내려갔던 때가 기억난다. 벽에 달린 선반에 보석 빛깔의 복숭아, 자두, 비트, 피클이 가득 담긴 병이 줄지어 있었다. 선반 두 개는 쇠고기 병조림 자리로 남겨두었고, 집에서 만든 케첩과 토마토 주스가 훨씬 더 많은 빈 선반에 들어찰 예정이었다. 지하실 구석구석에는 감자와 순무 따위로 꽉 찬 마대가 있었고, 천장에는 양파가 길게 매달려 있었다. 이 지하 저장고는 풍요의 상징이었다.

매일 오후 할아버지는 시내까지 걸어가 우편물을 확인하고 당구장에서 체커 게임(체스판에 말을 놓고 움직여 상대편 말을 모두 잡거나 움직이지 못하게 하면 이기는 보드게임 –옮긴이)을 했다. 할아버지는 어디든 휴대용 체커 세트가 든 회색 가죽 케이스를 가지고 다녔다. 친척 집에 갔을 때도 당구장을 찾아내어 그 동네 최고수에게 도전장을 내밀었다.

나이 많은 농부인 할아버지는 대머리에 체격이 다부졌고 평소 멜빵바지를 입고 펠트 모자를 썼다. 목덜미에는 우리 어머니가 피지낭종이라고 부르는 커다란 혹이 나 있었다. 할아버지는 할머니를 사랑했고 당신이 학교 선생님과 결혼한 게 얼마나 큰 행운이었는지를 곧잘 언급했다. 할아버지의 휘파람은 행복한 남자임을 보여주는 참된 징표였다.

그런데 할아버지에게는 평생토록 이어진 특이한 습관이 하나 있었다. 문 앞까지 가서는 자기 집인데도 "누구 있어요?"라고 외치는 것이었다. 아무도 대답하지 않으면 다른 식구가 돌아올 때까지 바깥에서 할 허드렛일을 찾았다.

시를 사랑한 할아버지는 당신이 좋아하는 시, 예를 들면 테니슨의 〈경기병대의 돌격The Charge of the Light Brigade〉, 롱펠로의 〈하이어워사의 노래The Song of Hiawatha〉, 세이어의 〈타석에 선 케이시Casey at the Bat〉 등을 암송했다. 직접 시를 쓰기도 했는데 시풍은 로버트 서비스Robert Service(영국계 캐나다 시인이자 작가로 '유콘의 음유시인'이라 불림-옮긴이)와 닮았다. 나는 아직도 할아버지가 쓴 시를 모아놓은 책을 한 부 갖고 있는데 터키석 빛깔의 두꺼운 표지에 '나의 시'라고 써서 꾸며 묶은 수수한 시집이다. 여기에는 〈우리 애들 엄마〉와 더불어, 〈컨트리클럽〉처럼 토요일 밤마다 같이 밥을 먹고 카드놀이를 하는 친구들 모임 이름을 따서 제목을 붙인 시 등이 들어 있다.

할아버지는 농담도 좋아했다. 이를테면 이런 농담을 즐겨 했다. "내 코는 로마(Roman) 스타일이야. 온 얼굴을 돌아다닌다니까(roam)." 할아버지는 마술과 익살스러운 오행시, 수수께끼로도 아이들을 즐겁게 해줬다. 매일 저녁 식사 후에는 카드놀이용 테이블을 준비해 다 같이 다양한 카드놀이를 했다. 나는 할아버지를 사랑했다. 물론 할아버지도 나를 사랑했지만 나는 할아버지의 열다섯 손주 가운데 한 명일 뿐이었다.

그래도 할머니는 언제나 내가 가장 중요한 손님인 것처럼 느끼게 해주었다. 나는 깡마르고 단정하지 못한 데다 세련된 예의범절도 잘 모르는 아이였다. 더구나 할머니가 커피를 끓여주고 요리를 해줘야 할 사람이 집 안에 바글바글한데도 할머니만은 나를 진정으로 보아주었다.

할머니는 평소 레이온 원피스를 입고 두꺼운 스타킹과 앞코가 네모진 검은 구두를 신었다. 숱이 적은 은발은 뒤로 넘겨서 동그랗게 말아 망을 씌웠다. 맑은 푸른색 눈은 웃을 때 반짝였지만 할머니는 정직하고 올곧기로 소문난 위엄 있는 여성이었다. 만약 할머니가 후대에 태어났다면 목사나 영어 교수나 철학 교수가 됐을 거라고 생각한다. 하지만 1920년대와 1930년대에 농부의 아내가 그랬듯이 할머니는 쉴 새 없이 등골이 빠지게 일하면서 세월을 보냈다.

할머니 댁에 도착하면 대개 나는 돼지 모양의 도자기 단지로 직행했는데 거기엔 갓 구운 생강 쿠키가 가득했다. 내가 "이거 제가 제일 좋아하는 쿠키예요"라고 말하면 할머니는 "나도 알아. 그래서 만든 거야"라고 대답했다.

할머니는 나만큼이나 책을 무척 좋아해서 할머니 댁에 갈 때마다 나를 위한 책을 도서관에서 빌려놓았고 추가로 〈리더스 다이제스트 선집Readers' Digest Condensed Books〉 최신호도 준비해놓았다. 할머니는 〈리더스 다이제스트〉도 구독했는데 나는 그 잡지를 읽으면서 리지 보든Lizzie Borden(1892년 아버지와 새어머니를 도끼로 살해한 혐의로 기소됐으나 무죄를 선고받은 미국 여성—옮긴이) 사건과 어밀리아 에어하트Amelia Earhart(1928년에 여성으로서 최초로 대서양을 횡단한 비행사이자 작가—옮긴이)

의 운명적인 비행, 사코와 반제티Sacco and Vanzetti 사건(1920년대에 사코와 반제티가 이탈리아계 이민자이자 무정부주의자라는 이유로 강도 살인 누명을 쓰고 사형당한 사건 – 옮긴이), 로젠버그 부부Julius and Ethel Rosenberg(1950년대 매카시즘 광풍이 불던 때 미국의 원자폭탄 기밀을 소련에 넘겼다는 혐의로 사형당한 부부 – 옮긴이) 간첩 사건에 대해 알게 됐다. 할머니와 나는 나란히 앉아 책을 읽고 나서 그 내용을 놓고 이야기했다. 어머니와의 대화가 그랬던 것처럼 할머니와의 대화도 도덕적 교훈으로 이어졌다.

할머니는 내 손을 잡고서 "우리 메리"라고 불렀다. 식사가 끝나면 늘 나에게 설거지를 같이 하자고 했다. 다른 사람들은 식탁 치우는 일을 도왔다. 남향 창이 있고 개수대가 두 개 달린 싱크대 앞에 서서 할머니는 그릇을 씻고 나는 그것을 헹궈서 건조대에 올려놓았다. 이렇게 하기 시작한 지 얼마 지나지 않았을 때 한번은 할머니에게 이렇게 귓속말을 했다. "우리, 설거지 천천히 해요."

할머니는 빙그레 웃으며 그러자고 했다. 할머니와 대화할 시간이 많았으면 하는 내 마음을 아신 것이다. 할머니는 내 친구 그리고 내가 읽고 있는 책에 대해 전부 이야기해달라고 했다. 그렇게 내 이야기를 만족스레 듣고 나서는 이렇게 말씀하셨다. "책을 고를 때처럼 친구도 신중히 골라야 한단다."

그다음 번에 우리가 같이 설거지를 할 때는 할머니가 내게 물었다. "우리 천천히 할까?"

할머니는 내게 처음으로 별명을 지어준 분인데, 그 별명은 '초롱눈Bright Eyes'이었다. 당시에는 눈이 어두워진 할머니 대신 바늘귀를 꿰어드릴 수 있어서라고 생각했다. 아울러 할머니가 잃어버린 작은 물건을 찾아드리는 일의 공식 담당자가 나여서 그렇다고 생각했다. 그런데 이제 와 생각해보니 할머니가 내게 그런 별명을 붙여 준 데는 더 깊은 뜻이 있었던 것 같다. 할머니는 내가 호기심 많고, 관찰력이 있으며, 모든 정보와 경험을 최대한 흡수하고 싶어 하는 사람이라는 걸 눈치챘는지도 모르겠다. 초롱눈은 초롱눈을 알아보는 법이니까.

할머니와 함께하는 활동 가운데 나는 우리가 '야외 요리'라고 부르던 일을 가장 좋아했다. 할머니는 앞치마를 두르고서 간단한 도구와 하얀 그릇, 오래되어 낡아빠진 소쿠리를 들고 밖으로 나왔다. 우리는 물푸레나무 아래에 의자 두 개를 끌어다 놓고 앉아 구스베리 꼭지를 따거나 완두콩 꼬투리를 까며 오후를 보냈다. 같이 재료를 다듬으며 나는 내 일상에 대해 이야기했다. 할머니는 내 이야기를 귀담아듣고 종종 이런 중요한 말씀을 해주셨다. "우리는 어떤 목적을 위해 이곳에 왔단다. 우리가 할 일은 세상을 우리가 발견한 것보다 더 좋은 곳으로 만드는 거야." "인기가 많은 것보다 진정한 친구 한 명이 있는 게 나아."

더운 여름 오후에 바깥에 앉아, 사랑과 지성으로 충만한 빛을 내뿜는 할머니의 얼굴을 보는 게 참 좋았다. 머리 위로는 잿빛이 살짝 도는 푸른 물푸레나무 잎사귀가 쉼 없이 불어오는 바람에 바스락거렸다. 나뭇잎 사이로 비치는 아른아른한 빛은 춤을 추면서 잎사귀 한 장 한 장의 테두리를 은빛으로 세공했다. 그 빛은 우리 옷과 팔에도 뿌려져 우리도 같이 축복하는 듯했다. 빛은 우리를 끌어안고 받아들였다.

물푸레나무 아래에서 아른거리는 빛을 받던 그때보다 행복한 순간이 지금껏 있었나 싶다. 할머니는 내가 얼마나 많은 관심이 필요한 아이인지를 감지했고 내게 관심을 기울여주셨다. 내 안의 선함을 이해한 할머니의 눈을 바라보면서 나는 나 자신을 보기 시작했다. 할머니의 이해 덕분에 내 안에서 뭔가 파릇파릇하고 진실한 것이 자랄 수 있었다. 할머니는 사랑으로 존재감을 일깨우는 그 어려운 일을 내게 처음으로 해주신 분이었다.

The Coffin and the Chenille Bedspread

관 그리고 셔닐 침대보

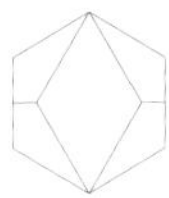

우리 가족은 한 달에 한 번 정도 외갓집에 갔다. 그 집에는 작은 침실 두 개, 거실 겸 식당, 주방이 있었고, 주방 바로 옆에 욕실이 붙어 있었으며, 현관에는 외출에서 돌아와 흙 묻은 신발이나 비에 젖은 외투 따위를 벗어놓는 공간이 있었다. 플래글러는 주민이 몇백 명에 불과한 조용한 마을이었다. 대부분이 할머니와 할아버지의 친구였고 집마다 문에 자물쇠가 없었다.

할아버지는 정원이나 소를 돌보다가 지저분해진 신발과 작업복을 현관에 벗어두고 주방을 지나 욕실로 갔다. 그러고는 목욕을 하면서 아주 가까이서 저녁을 준비하는 할머니와 대화를 했다.

우리 식구가 외가에 가면 부모님은 막내 여동생 토니를 데리고 손님용 침실에서 잤다. 나는 소파에서 잤고 두 남동생은 내 옆의 마룻바닥에서 잤다. 나는 가족들과 친밀감을 느끼는 순간을 좋아했는데, 내 잠자리에서 9미터 정도 떨어진 곳에서 주무시는 할머니에게 느끼는 친밀감은 각별했다.

어느 날 할아버지가 새로운 잠자리를 하나 고안해냈다. 예전에 냉장고를 구입한 이웃에게서 배송에 사용된 커다란 나무 상자를 받아놓았던 할아버지는 그 상자에서 긴 직사각형 뚜껑은 떼어내고 나머지 통 부분을 청소했다. 그리고 나무 표면을 매끄럽게 다듬고 니스를 칠한 다음, 매트리스 역할을 할 폼 패드를 안쪽 바닥에 깔아 그것을 내 침대로 결정했다.

어느 여름날 아침, 외갓집에 도착하니 할아버지가 당신의 창작품을 내게 자랑스럽게 보여주셨다. 안에는 할머니가 마련한 침구까지 깔려 있었다. 그 잠자리를 부모님 침실 한쪽 벽에 붙여놓았는데, 그 방은 내가 그 집에서 가장 좋아하지 않는 곳이었다. 그곳은 창문이 하나밖에 없었고 작은 데다 북향이었다. 벽도 어두운 녹색이고 육중한 가구는 칙칙한 황갈색을 띠었다.

내가 이 '침대'를 내려다보며 서 있자 할아버지는 기뻐하는 반응을 기대하며 내 얼굴을 살폈다. 가슴에서 불덩어리 같은 게 느껴지면서 답답하고 숨 쉬기가 힘들었다. 예의 바르게 행동하고 싶었고 할아버지의 기분을 상하게 하고 싶지도 않았지만 나는 이 '관'을 감당할 수 없으리라는 사실을 알았다. 겁을 집어먹은 나는 무심결에 "저는 그 안에서 못 자요"라는 말을 내뱉고 말았다.

할아버지는 나를 쳐다보지도 않고 급히 방을 나갔다. 나는 그 자리에 서서 한꺼번에 올라오는 두 가지 감정과 씨름했다. 예전에 병원에서 의사의 팔을 물었을 때 그랬듯 내가 나쁜 아이였다는 걸 깨달았고 그와 동시에 어머니가 나를 그 상자 안에서 자게 할까 봐 두려웠다.

아니나 다를까, 어머니가 그 어두운 방으로 들어왔고 우리는 침대에 나란히 앉았다. 어머니가 말했다. "메리, 넌 새 침대에서 자야 해. 할아버지가 그걸 무척 자랑스러워하시잖니."

나는 고개를 가로저으며 대답했다. "저는 거기서 안 잘 거예요."

어머니는 입을 앙다물고 눈을 가늘게 뜬 채 나를 쳐다보다가 말했다. "착한 아이가 돼야지. 이건 너답지 않구나."

나는 관 같은 작은 공간에 들어갈 수 없다고 설명했다. 폐소공포증이라는 말은 몰랐지만 어머니가 나를 그 상자 안에서 자게 하면 아마 죽을 거라고 말했다.

내 말이 어머니의 마음을 움직이리라고 기대하진 않았는데 역시나 그랬다. 어머니는 이른바 신경증에는 관대하지 않았다. 어머니가 날마다 대하는 사람들은 신체적으로 아프거나 죽어가거나 진짜 무서운 상황에 직면한 환자였다. '정신적 문제가 있는 환자'는 어머니의 관심을 끌 만한 대상이 아니었다.

어머니는 말했다. "어서 침대로 들어가. 한번 누워보면 괜찮다는 걸 알 거야."

선택의 여지가 없었다. 우리는 평소 부모님 말씀을 거역하지 못했다. 나는 어머니가 시키는 대로 하면서도 살아남을 방법을 재빨리 생각해봤다. 결국에는 어머니에게서 등을 돌린 채 눈을 감고 상자 안으로 들어갔다. 내가 어디에 있는지 보지 않으면 어떻게든 해낼 수 있지 않을까 기대했다.

그러나 나는 내가 어디에 있는지 정확히 알았다. 설상가상으로 지하에 있는데 누군가 내 위로 뚜껑을 닫는 장면이 상상됐다. 관 뚜껑 위로 흙이 떨어지는 소리가 들릴 정도였다. 가슴에 통증이 느껴지면서 숨을 쉴 수가 없었다. 마치 불이라도 난 듯 그 상자에서 폴짝 뛰어나왔다.

"자꾸 여기서 자라고 하면 저 집에서 나갈 거예요."

어머니의 얼굴을 보니 나만큼 혼란스러운 듯했다. 어머니는 할아버지의 기분이 상하지 않기를 바랐다. 어머니 역시 착한 딸이었다. 평소 정신병을 무시했지만 그럼에도 마침내 내 말을 믿어주고는 이렇게 말했다.

"할머니 할아버지 침대로 가서 누워 한 시간 동안 네 행동에 대해 생각해보렴."

내가 얼마나 안심했는지 어머니는 알지 못했다. 조금 전 일을 떠올려도 이젠 아무렇지 않았다. 그 일을 이해하고 싶었다. 어머니는 내가 할머니, 할아버지의 침실을 얼마나 좋아하는지도 알아차리지 못했다. 그 방은 손님용 침실보다 크지는 않아도 창문이 두 개였고 동향과 남향에서 빛이 가득 들어왔다.

하얀 셔닐(실을 꼬아서 부드럽게 만든 후 다시 짜서 만든 원단으로 도돌도돌하면서도 곱고 아늑한 느낌을 주는 소재 –옮긴이) 침대보가 아침 햇살을 받아 빛났다. 나는 침대에 누워 오돌토돌한 침대보에 두 볼을 비비면서 행복에 젖었다. 동녘의 따사로운 햇살을 느끼며 복숭아 향이 나는 상쾌한 공기를 들이마셨다. 문득 더없는 행복에 휩싸였다. 환한 빛과 침대보, 얇고 투명한 커튼 사이로 살랑살랑 불어오는 산들바람, 이 모든 게 거룩했다. 스르르 긴장이 풀린 내 몸은 따스한 하얀 빛으로 가득 찼다.

이런 행복감에 고취된 상태로 얼마나 오래 머물렀는지 모르겠다. 그 느낌이 사라지지 않기를 바라며 꼼짝하지 않으려 했던 기억이 난다.

어느 순간 어머니가 들어오는 바람에 마법이 풀렸다. 어머니는 말했다. "점심시간이야. 새 침대에서는 제이크가 자기로 했어. 할아버지께 사과 드려야지."

나는 일어서서 몸을 툭툭 털었다. 황홀경에서 깨어났지만 내 안에는 행복의 여운이 감돌았다. 슬며시 주방으로 가서 할아버지에게 죄송하다고 말씀드렸다. 할아버지는 목청을 가다듬으며 시선을 돌렸지만 "괜찮다. 네가 불행한 건 싫어"라고 말씀하셨다.

나는 진심으로 죄송했다. 누구의 기분도 상하게 하고 싶지 않았다. 하지만 한편으로는 자랑스러웠다. 평소에는 다른 사람을 기쁘게 하고 올바른 일을 하고 사람들 기분을 상하지 않게 하는 쪽으로만 신경을 썼다. 그러나 이번만큼은 나 자신을 옹호했다.

제이크는 내게 양배추 샐러드를 건네주었다. 할머니는 버터밀크 한 잔을 주셨고 나는 서로 교감하는 일상의 세계로 서서히 돌아왔다. 식탁에 둘러앉은 모두의 얼굴을 바라보며 함께 있음에 감사했다. 나의 관심사는 복숭아 과수원에서 놀며 할머니와 요리하는 긴 오후로 자연스레 옮겨갔다.

Harbor Lights

항구의 불빛

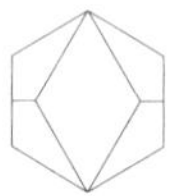

크리스마스가 다가오던 어느 날, 아버지가 이렇게 선언했다. "너희 어머니에게는 휴식이 필요해. 그래서 우리는 파드리섬으로 여행을 간다."

며칠 뒤 우리는 커다란 올즈모빌(오래된 미국 자동차 브랜드 – 옮긴이)에 올라타 남쪽으로 향했다. 아버지는 말했다. "1,600킬로미터가 넘는 거리지만 그래도 내일이면 도착할 거야."

그 시절에는 주州 간 고속도로가 없었기에 우리는 네브래스카주 비버시티에서 텍사스주 포트이저벨까지 작은 마을을 하나하나 쭉 통과해 지나갔다.

캔자스주와 오클라호마주의 작은 마을을 지나는데 크리스마스 불빛 위로 폭설이 내렸다. 큰길 건너편의 전선에는 크리스마스 화환이 매달려 있었고, 식료품점과 철물점 창문 너머로 화려하게 장식된 크리스마스트리가 반짝반짝 빛났다. 교회 앞 잔디밭에는 아기 예수 탄생 장면을 재현한 크리스마스 장식이 눈으로 덮여 있었다.

캔자스주 커피빌에서 아버지는 한 카페 창문에 '1달러에 햄버거 20개'라고 쓰인 팻말을 발견하고는 차를 한쪽에 세웠다. 그리고 카페로 들어가서는 이내 햄버거가 가득 담긴 기름진 봉투를 들고 차로 돌아왔다. 아버지는 자기 몫으로 햄버거 두 개를 꺼내고 어머니에게도 두 개를 건넨 뒤에 나머지는 뒷좌석에 있는 우리 사남매에게 던졌다. 우리는 마치 아마존강의 식인 물고기 피라냐처럼 햄버거를 먹어치웠다.

텍사스주에는 속도 제한이 없었는데 밤에 차에서 자다 깨보니 속도계가 거의 시속 180킬로미터를 가리키고 있었다. 아버지는 담배를 피우며 라디오에서 흘러나오는 컨트리 음악을 듣고 있었다. 운전석의 열린 창문으로 공기 중의 먼지 냄새와 메스키트(멕시코 북부와 미국 남서부 지역에서 자라는 콩과 식물 – 옮긴이) 향이 났다. 이제 추운 지역에서 멀리 벗어난 것이다.

나는 뒷좌석과 뒤쪽 유리 사이의 비좁은 선반에 누워 있었다. 내 침상에서는 밤하늘의 별이 보였고 광활하게 펼쳐진 풍경을 가로지르며 멀어져가는 길도 보였다. 자동차의 움직임에 따라 흔들리는 가운데 바다를 상상하면서 다시 스르르 잠이 들었다.

이튿날 이른 오후 무렵, 우리는 멕시코만 연안에 도착했고 바다 바로 옆에 있는 방갈로식 별장을 숙소로 잡았다. 난생처음 바닷가에서 보내는 휴가인지라 우리 사남매는 흥분에 들떴다. 이층침대 옆에서 작은 여행 가방을 열어 수영복을 꺼냈다.

물가에서는 모든 게 신기하고 놀라웠다. 12월에도 빨갛게 타오르는 텍사스의 태양과 발밑의 따뜻하고 부드러운 모래, 공기 중의 짠내음 등. 우리 사남매는 물속으로 뛰어 들어가 소금기를 가득 머금은 파도 속에서 첨벙거리며 놀았다. 제이크와 존은 머리 윗부분을 평평하게 이발했고 팔다리가 길고 비쩍 말랐다. 그 둘이 높이 솟구치는 파도 속으로 재미 삼아 뛰어들던 모습이 아직도 눈에 선하다. 막내 토니는 훨씬 어렸지만 역시 용감하게 물속에 들어갔다. 얼마 지나지 않아 우리는 맨몸으로 파도 타는 법을 알아냈고 그 엄청난 즐거움을 위해 남은 여행을 몽땅 바쳤다. 우리는 기운이 넘쳤고 족제비처럼 날뛰며 신나게 놀았다.

눈부시게 아름다운 날의 연속이었다. 감자칩과 쿠키를 먹으러 수시로 숙소를 들락날락할 때만 빼고 해가 뜰 때부터 질 때까지 밖에 있었다. 어머니는 긴 낮잠을 잤고, 해안에서 멀리 떨어진 곳까지 헤엄쳐서 왕복했으며, 우리와 함께 파도 속에서 놀았다. 아버지는 우리가 있는 해변에서 90여 미터 떨어진 곳에서 낚시를 했다. 주로 상어가 잡혔지만 고등어와 민어, 송어도 잡혔다. 무엇이 잡히든 아버지는 깨끗이 손질해서 저녁 식사로 튀기거나 쪘다. 그렇게 요리한 생선을 커다란 접시에 담아 아무리 많이 내놓아도 매번 배가 고파 죽을 지경인 우리는 언제나 싹싹 비웠다.

사나흘 정도는 오후에 아버지가 싱싱한 새우를 몇 킬로그램씩 사서 냄비에 쪘다. 부모님은 새우를 머리와 껍질까지 통째로 다 먹었다. 어린 우리는 머리만 떼어내고 나머지는 다 먹어치웠다. 나는 지금도 여전히 새우 껍질과 꼬리를 아작아작 씹어 먹는 맛을 좋아한다.

하루는 저녁 식사가 끝난 뒤 아버지가 1.5킬로미터쯤 떨어진 부두로 낚시를 하러 가려고 짐을 꾸렸다. 내가 따라가도 되냐고 묻자 아버지는 뜻밖에도 그러라고 승낙했다.

아버지는 도중에 가게에 들러 미끼와 맥주를 샀고 내게는 오렌지맛 탄산음료를 사 주었다. 너무나 감사해서 시원한 유리병을 계속 들고 있었다. 부두에 도착하자 아버지는 낚시할 준비를 마친 다음, 맥주병을 따고 담배에 불을 붙였다.

아버지는 별말이 없었고 뭔가 걸렸다 싶으면 낚싯줄을 잡아당겼다. 나는 그 과정을 쭉 지켜봤다. 그날 밤 아버지는 가자미를 잡고 있었다. 영롱한 진줏빛과 노란색이 뒤섞인 그 은빛 물고기는 내가 그때까지 본 물고기 중에서 가장 예뻤다. 아버지가 갓 잡은 물고기를 들어 올려 내게 보여주는데 마치 달을 보여주는 것 같았다.

나는 아버지와 약간 떨어진 곳에 서서 아래쪽 말뚝에 바닷물이 철썩철썩 부딪치는 소리와 해변으로 쏴 밀려온 파도가 쉭 하고 부서지는 소리를 온몸으로 받아들였다. 공기에서는 물고기와 해초 냄새가 났고 휘발유 냄새도 약간 섞여 있었다. 달이 없는 밤하늘에 낮게 걸린 별이 유유히 흘렀다.

해안 너머 저 멀리서 새우잡이 배가 파도에 흔들렸고 그 배들에서 붉은 불빛과 하얀 불빛이 까딱까딱 움직였다. 해안과 더 가까운 곳에서는 작은 배들이 가볍게 흔들렸는데 그중 몇 척은 파란 불빛을 달고 있었다. 작은 호텔과 집에서 나오는 불빛이 어두운 물결 위에 어리었다.

그 불빛을 바라보다가 문득 또 다른 깨달음에 이르렀다. 세상 모든 것이 옳았다. 뭘 얻으려고 애쓸 것도 없었고, 뭔가 바뀌어야 할 것도 없었다. 아버지가 낚시하면서 글렌 밀러의 곡을 콧노래로 흥얼거리는 소리, 내가 입고 있는 오돌토돌한 질감의 주황색 줄무늬 셔츠, 불빛, 냄새, 맑은 공기를 의식했고 이 모든 것을 들이마셨다.

고스란히 다 기억해서 머릿속에 깊이 저장해놓으리라 다짐했다. 사소한 것 하나도 사라지지 않게 하고 싶었다. 그날 밤, 계시와 환희의 순간을 저장하는 기술을 스스로 익혔다. 햇빛만큼이나 그늘로 가득한 세상에서 유용한 기술이다.

Prairie Dog Villages

프레리도그 군락

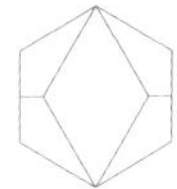

"내게 마을을 보여주면 당신에게 세계를 보여주겠소." 톨스토이는 그렇게 썼다. 비버시티는 내 세계였고 나는 혼자서 돌아다닐 만큼 자랐다. 단짝 친구가 있었고, 나를 따르는 동네 아이들 무리도 있었으며, 조그마한 시내와 어머니의 진료소에도 갈 수 있었다. 아울러 같이 어울릴 아이와 어른도 선택할 수 있었다.

앨빈 로저스 아저씨는 우리 학교의 수위이자 우리에게 코요테를 판 현상금 사냥꾼이었다. 스파이크와 마이크는 한 달에 한 번 주립 교도소에 있는 아버지를 면회하러 갔다. 렉스는 아버지가 은행가였지만 사치스럽지는 않았다. 그 집안의 부를 보여주는 증거는 창문에 설치한 에어컨뿐이었다. 렉스의 어머니가 천식을 앓는 데다 아버지가 그런 사치품을 들여놓을 만한 여력이 있었기 때문이다.

모든 다양성이 용인되지는 않았다. 인종 차별과 반유대주의가 만연했다. 아메리카 원주민은 독설의 대상이었다. 유색인은 우리 마을에서 모든 사람은 아니어도 일부 사람에게 시달리며 어려움을 겪었을 것이다. 동성애자 또한 외부인으로 여겨졌다. 이 지역 약사의 장애인 아들은 게이였다. 한번은 같은 반 남학생에게 뽀뽀를 하려는 엄청난 실수를 저질렀는데 그 후로 학창 시절 내내 잔인하게 놀림을 당했다.

세상에서 들려오는 소식이 제한적이다 보니 우리는 서로가 서로에게 세계였다. 아이들은 뛰어놀고 학교에 다녔으며 일요일에는 주일 학교에 갔다. 어른들은 교회와 저녁 사교 모임, 동창회에 나가고 커피를 마셨다. 대화는 일종의 기술이었다. 이야기를 잘하는 사람과 농담을 잘하는 사람이 높은 평가를 받았다.

친구들과 나는 자유로웠다. 여름에는 아침에 집에서 나와 식사 시간에만 다시 집으로 들어갔다. 우리는 자전거를 타고 어디든 가고 싶은 곳으로 갔다. 하지만 그러기가 늘 수월하지는 않았다. 어떤 때는 떠돌이 개 무리가 우르르 따라와 사납게 짖어대며 우리 발을 물어뜯으려고 했다. 그런 개에게 둘러싸일 때면 두 발을 자전거 핸들 위에 올려놓았다.

7월의 어느 더운 날 오후, 지니와 나는 '소녀단'을 결성해서 자전거를 타고 이웃 마을로 가 그곳 식료품점에는 어떤 종류의 막대 아이스크림이 있는지 살펴보기로 했다. 계획이 어설펐던 터라 물 한 방울 없는 뜨거운 아스팔트 위에서 열정이 급속히 식었지만 그래도 자전거 페달을 계속 밟았다. 아라파호에 겨우 도착해서는 분수대를 찾아 목을 축인 다음 가게로 들어가 막대 아이스크림을 맛봤다. 집으로 돌아오는데 햇볕이 한층 더 뜨거워진 데다 너무 지쳐서 더 나아갈 수가 없었다. 그렇게 마을에서 채 몇 킬로미터도 못 가서 멈춰 서 있는데 마침 빈 트럭을 몰고 가던 한 아저씨가 우리를 태워줬다.

어떤 날은 저녁 식사 후 부모님이 우리를 차에 태우고 프레리도그(북미 대평원 지대에 대규모로 서식하는 다람쥣과 동물 - 옮긴이) 군락으로 갔다. 주거지역 몇 구획을 합친 넓이와 맞먹는 엄청나게 큰 모래 지대였다. 프레리도그가 여기저기 파놓은 굴은 식량 창고와 탁아소, 작업장을 갖춘 지하 도시를 이루고 있었다. 프레리도그는 끊임없이 터널을 수리했다. 땅 위에서는 자그맣고 털이 복슬복슬한 수백 마리가 뒷다리로 서서 재잘거리기도 하고, 이리저리 서로 쫓아다니기도 하고, 주변에 뱀과 검은발족제비가 있는지 정찰도 했다. 방울뱀과 붉은꼬리매는 사방에서 프레리도그를 매일 포식했다.

우리 사남매는 자동차 보닛 위에 앉아 프레리도그가 끊임없이 일하고 노는 광경을 지켜봤다. 그곳의 하늘은 장관이었다. 태양이 레몬색에서 황금색으로, 오렌지색으로, 빨간색으로 바뀌면서 프레리도그 굴 입구에 그림자를 길게 드리웠다. 태양이 지평선에 닿을 무렵이면 프레리도그도 모두 잠자리에 들겠지.

우리는 해가 저문 뒤에도 종종 그곳에 머물렀다. 저녁노을은 무엇과도 비교할 수 없는 최고의 풍경이었다. 분홍빛 구름과 살굿빛 구름, 푸르스름한 언덕배기와 맞닿은 어슴푸레한 하늘빛, 대지에서 뿜어져 나오는 시원한 기운, 가장 먼저 반짝이는 샛별이 빚어내던 그 정경.

당시 자연 생태계는 여전히 풍요로웠고, 우리는 당연히 지구가 언제까지나 건강하게 지속되리라 여겼다. 우리 주변의 땅은 새와 곤충, 동물로 가득했다. 시내와 연못에서는 온갖 물고기를 쉽게 잡을 수 있었다. 봄에는 도랑에서 올챙이를 잡았다.

공장식 축산과 산업형 농업이 생겨나기 전인 그 시절, 내가 살던 그 맑고 깨끗한 곳이 물을 오염시키고 공기를 더럽혀 악취가 진동하는 양돈 농장 지역으로 바뀔 줄은 꿈에도 몰랐다. 프레리도그와 더불어 다른 모든 동물과 물고기, 곤충, 새가 영원히 거기에 있으리라 생각했다. 이제 그 동물들은 거의 멸절 상태다. 그들의 개체 수가 회복되기를 바란다. 그래서 우리 증손주들이 해 질 녘에 프레리도그 군락을 볼 수 있으면 좋겠다.

Ozark Summers

오자크 고원의 여름

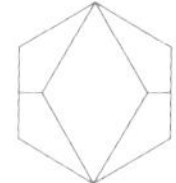

우리 가족은 언제나 오자크 고원으로 떠나는 캠핑 여행으로 여름 휴가를 보냈다. 우리는 테이블록 호수나 불숄스 호수 근처에 텐트를 쳤고 친가 친척이 우리가 있는 곳으로 놀러 왔다. 아버지는 고향으로 돌아와 사랑하는 사람들과 함께할 때는 딴사람이 되었다. 내면에서 뭔가가 깨어나는 듯했으며 더 젊고 느긋하고 자신 있게 행동했다. 여기서는 즐겁게 노느라 너무 바빠서 잠도 거의 자지 않을 정도였다.

아버지는 미주리주의 크리스천 카운티를 떠나지 말았어야 했다. 할머니와 고모들은 한평생 가까이 모여 살았고 그 지역에는 아버지의 친척이 수두룩했다. 브레이Bray 일가는 1840년에 그 일대로 이주해 그때부터 쭉 그곳에 자리 잡고 살았다.

대공황 시기에 아버지 가족은 가난 때문에 어쩔 수 없이 떨어져 지내야 했다. 1930년대 초 아버지가 열두 살이었을 때 할아버지가 정신 이상 증세를 보였다. 할아버지는 그길로 말을 타고 시데일리아에 있는 주립 정신병원으로 가 그곳에 몸을 의탁했다. 그리고 여생을 거기서 보냈다. 할아버지의 정신 질환으로 가족은 가장을 잃었고 엄청난 수치심을 느꼈다.

할머니와 그레이스 고모, 헨리에타 고모는 숙식이 제공되는 가정집으로 들어가 일했고 아버지는 여러 헛간과 강가의 동굴을 전전하며 살았다. 집 없는 아이로 살면서도 아버지는 고등학교까지 다니고 농구도 했다. 잘생기고, 인기 있고, 춤도 아주 잘 췄던 아버지는 어려운 환경에도 불구하고 그 시절을 잘 보냈다.

아버지는 호수나 강에서 몸을 씻고, 수영을 했으며, 버섯과 나무딸기를 채집하러 다녔다. 그 지역 사람을 다 알았고 사람들도 할 수 있는 한 아버지에게 도움을 줬다. 모두가 살아남으려고 허덕이던 때라 가난하고 집이 없는 것은 부끄러운 일이 아니었다.

미국이 일본과 독일에 전쟁을 선포했을 때 아버지는 입대해서 전장에 나갔다. 그 뒤로는 오자크 지역의 가족과 거의 평생을 멀리 떨어져 살았다.

친가 친척 집을 방문했을 때 어머니는 우리 집에서 멀리 떨어져 있을 때만 할 수 있는 방식으로 긴장을 풀었다. 캠핑과 수영, 수상스키를 무척 좋아하고 시댁 식구를 대체로 좋아했지만 오자크 지역은 마음에 들어하지 않았다. 어머니는 이 지방 음악이 끔찍하고 사람들의 태도가 촌스럽다고 여겼다.

어머니는 로스앤젤레스와 샌프란시스코, 호놀룰루에서 생활한 지적이고 세련된 여성이었다. 해군에서 암호 해독가로 일했고 생화학 석사 학위가 있었다. 어머니는 오페라와 클래식을 좋아했다. 일주일 정도의 휴가는 괜찮아도 이 지역에서 산다는 생각에는 몸서리를 쳤다.

남동생들과 나는 불숄스 호수와 커다란 오두막 텐트, 고모네 가족과 바깥에서 보내는 긴긴날을 참 좋아했다. 글레시 할머니는 우리가 그곳에 간 처음 몇 해에는 계셨지만 내가 아홉 살 때 돌아가셨다.

그레이스 고모와 오티스 고모부는 날마다 하우스보트(집처럼 거주할 수 있게 꾸민 배 —옮긴이)를 몰아 우리 야영지로 왔다. 호리호리한 체격에 머리가 검은 오티스 고모부는 깃털 달린 중절모를 쓰고, 허리에는 가느다란 흰색 혁대를 찼으며, 셔츠 주머니에는 항상 캐멀 담뱃갑이 들어 있었다. 고모부는 주유를 해주거나 자신의 잡화점 테라스에 앉아 보험을 판매하면서 돈을 벌었다. 고모는 잡화점과 그 내부에 있는 우체국을 운영했다. 육체노동을 싫어하는 고모부는 한평생 머리와 성격을 이용해서 몸 쓰는 일을 피했다. 이웃 주민과 공동으로 헛간이나 외양간 짓는 작업을 할 때면 고모부는 이리저리 돌아다니며 다른 이들의 노고를 칭찬하고 물이나 다른 연장이 필요하지는 않은지 물어봤다. 그 모습이 마치 격려를 전문으로 하는 사람 같았다.

오티스 고모부가 그레이스 고모를 만난 건 열여섯 나이에, 고모가 다니는 시골 학교에서 학생을 가르치던 때였다. 당시 그곳에서는 8학년까지만 마치면 누구나 선생님이 될 수 있었다. 두 분은 핼

러윈 축제 때 사랑의 도피를 했다. 그레이스 고모는 결혼식에서 검정 실크 드레스를 입었다. 고모와 고모부가 어린 세 자녀를 데리고 아주 작은 집으로 이사했을 때 아버지와 헨리에타 고모도 데려와 같이 살았다. 집 안이 너무 붐벼서 아버지는 식탁 아래 바닥에서 잠을 잤다.

오티스 고모부는 우리 아버지에게 거의 부모와 같은 태도를 보였다. 아버지의 짓궂은 장난이나 놀림도 참았다. 어떤 상황에서도 살며시 한쪽 입꼬리를 올리며 씩 웃기만 하고 모든 걸 흘려보냈다.

듣자 하니 오티스 고모부가 젊었을 때는 거칠고 욱하는 성격이었다는데 자식들이 다 자라고 우리 가족과 함께 있던 무렵에는 느긋하고 다정한 성향이 되었다. 나는 고모부가 언성을 높이거나 욕하는 걸 본 적이 없다.

오티스 고모부와 아버지는 작은 모터보트를 타고 밤새 메기 낚시를 했다. 그러다 해가 뜨면 돌아와서 생선을 깨끗이 손질하고 메기와 감자를 튀겨 아침 식사를 준비했다. 두 분은 친한 사이였지만 고모부는 이따금 아버지와 어린 우리 사이에 끼어들어 우리를 감싸줬다. 아버지가 술을 마시고 화를 내면 이렇게 말했다. "프랭크, 착한 애들이잖아. 좀 부드럽게 대해줘."

그레이스 고모는 젊었을 때 흑발의 미인이었지만 내가 고모를 봤을 무렵에는 그동안 일하느라 고생해서 얼굴이 초췌하고 손이 거칠었다. 고모는 우울증에 시달렸는데 자연이 훌륭한 치료제라는 사실을 깨달아 자리공(독성이 있으나 대안적 치료 약재로 쓰이기도 함-옮긴이)과 물냉이, 버섯 따위를 채취하러 다녔다. 고모는 야생 동식물 이름은 뭐든 다 알았다.

헨리에타 고모와 맥스 고모부는 거의 매일 차를 몰아 우리가 있는 호숫가로 왔다. 소화전 같은 체형으로 땅딸막하지만 다부진 맥스 고모부는 몹시 재미있는 분이었다. 처음에는 닥터페퍼 음료 판매원으로, 나중에는 육류 회사 판매원으로 일하며 생계를 꾸렸다. 고모부는 언제나 최고의 영업 사원이었다.

맥스 고모부는 헨리에타 고모를 여왕처럼 받들었다. 고모부가 곁에 있을 때는 고모가 자동차 문을 열거나 자기가 앉을 의자를 직접 빼낸 적이 없다. 고모는 머리를 매만지고 화장을 했다. 고모의 피부는 베개처럼 폭신했다. 누구에게나 다정하게 말했고 우리를 '자기'나 '아기'라고 불렀다. 고모는 엄청 수다쟁이였고, 농담을 곧잘 했으며, 요리를 기가 막히게 잘했다. 헨리에타 고모와 그레이스 고모 둘 다 맛있는 음식을 들고 나타났다. 프라이드치킨, 감자 샐러드, 얇게 썰어 사우어크림에 버무린 오이, 초콜릿 케이크 등.

어머니는 우리 야영지를 '뱀골'이라고 불렀다. 우리는 헨리에타 고모와 맥스 고모부의 두 아들과 함께 놀았는데, 물에서는 폴보다 여섯 살 위인 스티브가 공식 정찰병 역할을 했다. 쉽지 않은 임무였다. 수면 위로 올라온 뱀 머리는 거북이를 똑 닮은 데다 몸은 거의 물속에 잠겨 있었기 때문이다. 뱀이 우리 바로 옆을 스쳐 지나갈 때까지 눈치채지 못할 때도 있었다. 아무리 물이 따뜻해도 그런 일이 생기면 몸이 부들부들 떨렸다.

때때로 스티브는 "모두 나가!"라고 외쳤다. 그러면 우리는 뱀이 스르르 사라질 때까지 일제히 선착장으로 뛰어오르거나 호수 기슭으로 향했다. 만약 대가리가 크고 뭉툭하며 몸이 두껍고 어두운색을 띤 뱀이라면 그건 늪살모사다. 호수는 늪살모사로 가득했는데 그놈은 공격적일 수 있다. 호수 기슭에는 방울뱀과 독사가 있었다.

오자크 고원의 여름 공기에서는 모든 야생 식물과 무성한 나무에서 나오는 싱그러운 초록의 향기가 났다. 식물이 너무 빨리 자라다 보니 가만히 서 있으면 금세 잡초와 덩굴로 뒤덮일 것만 같았다. 호숫물은 녹조류 때문에 녹색을 띠고 미끈거렸으며 수프처럼 걸쭉했다.

우리는 탁구대만 한 선착장 주변 물에서 놀았다. 놀다 지치면 허술한 금속 사다리를 타고 올라와 선착장의 미끄러운 바닥에 벌러덩 누웠다. 물에 뜬 선착장은 대개 위아래로 부드럽게 흔들렸지만 쾌속정이 지나가면 좌우로 크게 출렁여서 물속으로 떨어지지 않기 위해 꽉 잡고 버텨야 했다.

우리는 선착장에 한참 동안 누워 하늘에 떠가는 구름도 보고, 나무에 찰싹찰싹 부딪히는 물소리도 듣고, 주변 습기 때문에 눅눅해진 감자칩도 와작와작 씹어 먹었다.

오후가 지나면서 태양은 호수 위에서 반짝반짝 빛났고 호숫물은 무지갯빛이 나는 에메랄드색으로 바뀌었다. 나무 선착장은 은빛으로 반짝였으며 어린 우리는 대가족, 태양, 물, 부드럽게 흔들리는 적당히 따뜻한 선착장 등 삶의 모든 풍요를 누렸다.

그 옛날 싱그러운 초록빛 여름을 같이 보낸 사람들은 여전히 나와 함께 존재한다. 그들이 나를 만들었기에 언제나 나와 함께 존재할 것이다. 그들은 내 갈비뼈나 내 어휘만큼이나 나의 일부다. 나는 겨자 잎과 거북이 고기와 뱀이 나오는 이야기다.

내가 세상을 떠나면 나는 우리 손주들과 아직 태어나지 않은 증손주들의 일부가 될 것이다. 우리 손주들은 산딸기와 자연 속 산책 그리고 내가 지어낸 용감무쌍한 아이들이 나오는 이야기로 만들어졌다. 우리는 모두 서로를 창조한다.

Shafts of Light

빛줄기

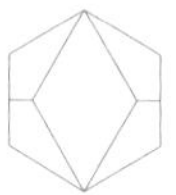

1950년대 겨울은 오늘날보다 춥고 눈도 많이 와서 우리 집 북쪽에 있는 학교에 가기 위해 가파른 언덕을 오르는 일은 시련이었다. 여학생은 학교까지 걸어갈 때는 방설 바지를 입을 수 있었으나 학교 건물 안에서는 원피스를 입어야 했다. 그런데 건물 자체에 외풍이 심해서 겨울 동안 다리가 트는 아이들이 많았다.

라디오에서 폭설로 인한 휴교령 안내 방송이 나와도 가족 중에 라디오를 듣는 사람이 없다 보니 어떤 때는 남동생들과 함께 터벅터벅 걸어서 마을을 가로지르고 그 언덕까지 다 올라가서야 교문이 닫혔다는 사실을 아는 일도 있었다.

4학년 때 훌륭한 선생님 한 분을 만났는데, 농부의 아내인 올리버 선생님이었다. 선생님은 검은 머리에 날씬했으며 학교에 다니는 어린 자녀가 있었다. 점심시간이 끝난 뒤에는 우리에게 모험 이야기책을 읽어줬는데 그동안에는 우리가 책상에 엎드려 있어도 괜찮다고 했다. 선생님의 목소리는 맑고 또렷하면서도 부드러웠다. 각 장의 끝부분에서 손에 땀을 쥐게 하는 상황이 펼쳐지면 선생님은 목소리를 낮춰 마지막 문장을 읽으며 극적 긴장감을 드높였다.

올리버 선생님은 문장을 도식화하는 법을 가르쳐줬다. 밤에 집에 들어가면 나는 재미 삼아 배운 것을 그대로 따라 해봤다. 지리 시간에는 세계의 모든 나라를 공부하며 각국의 수도와 큰 강, 주요 수출품 등을 배웠다. 시험 때는 대륙 지도에서 국가들의 경계선을 그리기만 하면 됐다. 그런 다음에는 쌀, 소, 면화, 중석 따위의 생산물을 상징하는 작은 기호를 해당 국가에 그려 넣었다. 나는 그 작업의 정확성과 명료함이 좋았다. 올리버 선생님의 지도 아래 영어와 전 세계가 쉽게 다룰 수 있는 것으로 정리되는 듯한 느낌이었다.

올리버 선생님은 비버시티에서 유일하게 내 관심을 계속 끄는 선생님이었다. 선생님은 배움의 재미를 일깨워줬고 아이들에게 무엇이 필요한지 직감으로 알아챘다. 크게 할 일이 없을 때는 내가 창가에 앉아 책을 읽을 수 있게 해줬다. 도무지 가만히 있지 못하는 한 남학생에게는 심부름꾼 역할을 맡겨서 그 아이에게 휴식이 필요하다 싶으면 잔심부름을 시켜 학교 건물을 두루 돌아다니게 했다.

선생님의 수업은 차분하고 질서정연했다. 교실에는 학생들이 그날의 과업에 공동으로 참여하면서 생겨나는 활기가 있었다. 교실 벽에는 동물과 꽃 같은 밝은 그림이 가득했고 창문 블라인드를 걷어놓아 바깥에서 무슨 일이 벌어지는지도 볼 수 있었다. 나의 가정생활은 무질서하고 혼란스러웠지만 올리버 선생님의 수업을 받으며 내 상황이 마냥 그런 것만은 아니라고 믿게 되었다.

쉬는 시간에는 지니와 함께 사방치기와 공기놀이, 줄넘기를 했다. 남동생들은 구슬치기를 했다. 그런데 그렇게 놀다가 운동장에서 마음에 안 드는 장면을 목격하기도 했다. 혼자서 슬퍼하고 있는 아이를 보거나 아이들이 누군가에게 세균이 있다고 놀리는 소리를 듣는 것이었다. 놀리는 아이들은 '병균이 있는' 아이와 닿으면 다른 아이에게로 달려가 그 아이의 몸에 '병균'을 문질렀다. 이 끊임없는 놀림의 불운한 희생양들은 이미 충분히 비참했다. 나는 이런 일을 볼 때마다 몹시 괴로웠지만 좀처럼 그 문제에 끼어들 용기가 나지 않았다.

학교에서의 나날이 너무나 강렬하고 감정의 기복이 심하다 보니 하루하루가 오페라 같았다. 어떤 날은 감정이 상하거나 내가 한 일에 기분이 나빴다. 학교에서 나올 때면 자주 피곤하고 배고프고 신경이 곤두섰다.

거의 매일 오후, 어머니의 진료소에서 일했다. 안쪽 방에서 혼자 의료 기기를 세척해 소독하거나 수술 도구 세트를 정리하면서 마음을 가라앉혔다. 그렇게 6학년이 됐을 때였다. 나이 지긋한 어떤 아주머니가 우리 어머니를 찾아와서는 내게 도자기 공예를 가르쳐주고 싶다는 제안을 했다.

그 뒤로 2년 동안 일주일에 두 번씩 길모퉁이에 있는 반 클리브 아주머니의 하얀 저택에 갔다. 반 클리브 아주머니는 네덜란드인 이민자였는데 그 나라 억양이 약간 남아 있었다. 작고 통통했지만 체격이 다부졌고 피부는 희고 부드러웠으며 은발을 땋아 올림머리를 했다. 그리고 집에서 입는 편안한 원피스 위에 헐렁한 흰 덧옷을 걸쳤다.

내가 도착하면 아주머니는 레몬 바(레몬을 넣어 만든 디저트 쿠키 –옮긴이)를 내오고 손수 그림을 그려 넣은 도자기 컵에 캐모마일차를 담아 대접했다. 그리고 나의 하루가 어땠는지 물었는데 그러면 나는 막을 도리 없는 간헐천처럼 금세 이런저런 이야기와 생각, 감정을 쏟아냈다.

차를 마신 뒤에는 그 집의 우아하고 고풍스러운 거실을 같이 돌아보곤 했다. 반들반들 광이 나는 검은 피아노 위에 벌거벗은 남자의 대리석 조각상이 놓여 있었는데 반 클리브 아저씨가 2차 대전이 끝난 뒤 이탈리아에서 가져온 것이었다. 나는 그런 음란한 조각상을 보지 않으려고 눈길을 돌렸다. 그 방은 다소 어두웠고 동쪽 벽면에는 커튼이 드리워져 있었다. 아주머니는 렘브란트와 페르메이르, 메리 카사트Mary Cassatt의 명화 복제품을 보호해야 하기 때문이라고 설명했다.

반면에 도자기 방의 빛은 더 바랄 나위가 없었다. 블라인드를 치지 않은 커다란 서쪽 창에서 늦은 오후 햇살이 쏟아져 들어왔다. 건조 중인 점토 도자기에서 나온 금빛 먼지와 티끌이 공중에서 춤을 췄고 빛줄기가 방을 가로질러 작업대 위로 떨어졌다.

이 빛의 성전에서 아주머니와 나는 나란히 앉아 도자기 점토를 밀어서 펴거나, 최근에 빚은 작품에 유약을 바르거나, 기념 접시의 테두리에 금박을 둘렀다. 내가 재잘거리면 아주머니는 가끔 고개만 끄덕일 뿐 거의 충고하거나 의견을 제시하지 않았다. 하지만 때때로 아주 간단하면서도 깊은 위안을 주는 말을 건네기도 했다. 이를테면 이런 얘기였다. "내일은 또 다른 날이 될 거야." "누구나 실수하기 마련이란다." "넌 훌륭한 학생이야."

아주머니는 내 학교 과제와 시험을 놓치지 않고 다 기억했으며 내 친구들 이름도 알았다. 가정생활에 대해서도 물었지만 꼬치꼬치 캐는 방식은 아니고 진심으로 걱정하는 마음에서 궁금해했다. 아주머니는 우리 어머니가 계속 바쁜지, 우리 아버지가 마을에 있는지 등을 물었다.

나는 아주머니에게 아버지와 나에 관한 이야기 하나를 들려줬다. 아버지는 당시 대도시의 고급 식당에 팔 수 있기를 바라며 우리 집 뒷마당에서 비둘기를 길렀다. 한번은 아버지와 우리 밖에서 비둘기 물통을 헹구면서 이야기를 나누다가 내가 영어 선생님이 될지도 모른다는 얘기를 했다. 그러자 아버지는 수도꼭지를 잠그고 나를 유심히 쳐다보더니 나더러 의사가 되는 공부를 하는 게 좋겠다고 충고하면서 이렇게 말했다. "큰 코와 몸매 때문에 아무래도 넌 결혼을 못 할지도 모르겠구나. 그러니 스스로 생계를 꾸려갈 수 있어야 해."

그 말에 어리둥절해진 나는 인상을 쓰고 얼굴을 찌푸렸다. 내가 예쁘지 않다는 생각은 한 번도 해본 적이 없었다. 나는 친구들 대부분과 다를 바 없이 날씬하고 햇볕에 그을렸으며 건강했다. 게다가 눈이 크고 파랬고 속눈썹이 길었다. 그래도 그날 나는 코를 만져보고 빈약한 가슴과 살이 없는 엉덩이를 내려다보았다. 결혼하지 못할 거라는 말을 아버지가 하지 않았다면 좋았을 텐데 싫으면서도 그 말을 믿었다.

아주머니는 내 이야기를 듣고 어안이 벙벙한 표정을 짓더니 마침내 이런 말을 꺼냈다. "아버지는 네가 경제적으로 안정되기를 바라는 게 분명해. 아버지는 굶주림과 가난을 많이 봤잖아. 그래도 그렇게 말한 건 잘못이야. 너의 아름다움을 보지 못한 게지. 메리, 넌 아름다워."

그 얘기를 듣고 나서 나는 아주머니의 손을 잡았고 조금 뒤에 우리는 다시 도자기 작업을 시작했다.

아주머니의 수업을 받으면서 손물레로 도자기를 빚고 도자기에 그림을 그려 넣는 법을 배우고 있다고 생각했다. 사실 나는 훌륭한 예술가가 되기에는 너무 어설프고 조급했다. 내가 빚은 도자기는 균형이 안 맞고, 표면에 바른 유약은 고르지 않았으며, 테두리에 두른 금박은 삐뚤빼뚤했다. 반 클리브 아주머니와 함께하는 동안 내가 받은 것은 사실 심리치료였다. 몇 년 뒤 아주머니의 조카 손녀에게 들은 바에 따르면, 우리 어머니를 찾아와 무료 수업을 제안하기 훨씬 전부터 아주머니는 나를 걱정했다고 한다. 아주머니는 내가 조금만 보살펴주면 되는 착한 아이라는 걸 알고 내게 관심이라는 선물을 하고 싶었던 것이다.

늦은 오후의 찬란한 빛이 비쳐드는 작업실을 나설 때마다 마음이 평온해졌고 보살핌을 받은 느낌이 들었다. 시끄러웠던 머릿속은 어느새 진정되어 있었다. 그리고 우리 가족에게 내어줄 것, 이를테면 듣는 귀와 평화로운 마음을 지니고 집 안으로 들어갈 수 있었다.

그 작업실에는 두 종류의 빛이 있었다. 늦은 오후 서쪽 창에서 들어오던 빛줄기와 선생님의 가슴속에서 흘러나오던 사랑의 빛. 우리 가족이 캔자스주로 이사하기 직전에 반 클리브 아주머니는 내 모습을 손수 그린 커다란 유화를 선물해주었다. 그림 속 나는 아름다워 보였다.

Heart Light

마음의 빛

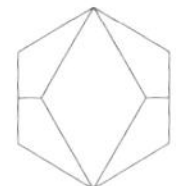

우리 어머니 집안의 여성들은 부지런하고, 극기심이 강하며, 회복력이 있었다. 외할머니는 셋째 아이를 낳을 때까지 투표권도 없었지만 직접 말을 타고 이 농장 저 농장을 돌아다니며 이웃에게 천연두 백신을 접종하라고 설득했다. 여름에는 내내 잡초를 뽑고, 열매를 따고, 우물물 펌프가 있는 더운 부엌에서 병조림을 만들었다. 외가 식구는 말린 쇠똥을 연료로 쓰고 커피나 차, 설탕 없이 살았다. 할머니는 일주일에 두 번, 그러니까 토요일에는 장을 보고 일요일에는 교회에 가기 위해 가족 마차를 타고 시내에 나갔다.

하지만 이런 온갖 거친 일을 하면서도 할머니는 교양 있는 숙녀의 위상을 이럭저럭 유지해냈다. 교육과 책, 클래식 음악을 중시하고 어떤 상황에서도 부드럽고 품위 있게 말했다. 《작은 아씨들》에 나오는 마치 부인처럼 분노와 좌절을 내면에서 다스리고 세상 사람을 친절하고 상냥한 얼굴로 대했다. 불평하지도 고상 떨지도 않으면서 오히려 매 순간 목적을 가지고 우아하게 살아가는 듯 보였다.

우리 어머니 에이비스는 1917년에 네 자매 중 셋째로 태어났다. 세 이모는 각각 1914년생, 1915년생, 1918년생이다. 마거릿 이모는 대단한 미인이었다. 우리 어머니는 예뻤지만 베티 이모와 애그니스 이모는 다소 평범했으며 골격이 크고 단단했다. 내가 어렸을 때 이모들은 제각기 다른 주에 살았지만 자주 왕래하며 서로의 집에 오래 머물렀다. 이모들은 하나같이 헌신적이면서도 자기주장이 강했으며 내가 현실 세계를 이해하는 데 막대한 영향을 미쳤다.

베티 이모는 애초에 할아버지와 함께 들판과 헛간에서 일할 일꾼으로 낙점됐다. 이모는 여느 남자 못지않게 열심히 일할 수 있는 자신의 능력에 큰 자부심을 느꼈다. 고등학교를 졸업하자마자 로이드라는 성을 가진 남자와 결혼했는데 그는 밀을 수확하러 온 일꾼 무리 중 한 명이었다. 두 분은 아이다호주 샌드포인트 근방, 캐나다 국경과도 멀지 않은 비터루트산맥 기슭에 정착해 다섯 아이를 낳아 기르며 살았다.

베티 이모는 교사가 되었고 나중에는 학교 교장이 되었다. 이모는 엄격하지만 공정했고 아이들을 깊이 사랑했다. 로이드 이모부는 소방관으로 일하면서 벌목과 사냥 안내 일도 겸했다. 그 지역의 보안관은 술집에서 벌어진 싸움을 말려야 하거나 경호원이 필요할 때면 이모부에게 도움을 청했다.

로이드 이모부는 결코 잘생긴 얼굴이 아니었는데 40대에는 말에게 얼굴을 걷어차이는 사고까지 당했다. 그런데도 병원 치료를 거부하는 바람에 이모부의 얼굴에는 귀에서 귀까지 그리고 턱부터 앞머리 선까지 말편자 모양의 흉터가 남았다. 근본주의 교회의 독실한 신자인 이모부는 자식들을 저녁 7시에 재웠다. 텔레비전이나 로큰롤도 금지했다. 그런 와중에 자기 자식들이 우리 레코드판으로 음악을 듣는 모습을 발견하고는 버드나무 가지로 된 회초리를 들었다. 하지만 그러고 나서는 우리에게 딸기 아이스크림을 만들어 줬다.

베티 이모는 농담을 좋아하고, 이야기하기를 즐겼으며, 카드놀이와 야외 게임도 좋아했다. 이모는 종종 내게 같이 산책하자고 했다. 한번은 산책길에 이모 입에서 섹스가 매우 재미있다는 말이 무심코 흘러나왔다. 나는 그때까지 어른이 그런 말을 하는 걸 들어본 적이 없었다. 섹스에 대한 이모의 태도는 그 밖의 모든 것을 대할 때와 똑같았다. "규칙을 따르되 명백히 금지되지 않은 것은 다 즐기렴."

네 자매 중 둘째인 마거릿 이모는 예술가적 기질이 있었다. 이모는 피아노도 치고 바이올린도 켰다. 가냘픈 체격과 예민한 성격 때문에 할머니를 도와 집안 살림을 하는 딸로 정해졌다. 열여섯 살 때는 말에서 떨어져, 할아버지가 이모를 찾으러 올 때까지 몇 시간이나 흙 속에 방치되는 사고를 겪었다. 심하게 부러진 팔은 결국 심각한 감염을 일으켰다. 마을 사람들은 이모를 메이오클리닉Mayo Clinic(미국 미네소타주 로체스터에 본원을 둔 종합병원 – 옮긴이)에 보내기 위해 모금을 했다.

이모가 기차로 미네소타주 로체스터에 도착했을 때 이모를 마차 택시로 병원까지 태워준 마부가 입원 기간 동안 병문안을 하겠다고 용감하게 청했다. 수술이 끝나고 2주간의 회복 기간이 지나자 마부는 이모에게 청혼했다. 이모의 팔꿈치는 직각으로 영구히 구부러졌다. 아울러 이모의 음악 활동 경력도 끝나고 말았다. 이모는 카리스마 넘치는 프레드 이모부와 결혼해 캘리포니아주의 휘티어라는 도시로 이사했다.

마거릿 이모는 내가 문학과 예술을 즐기는 호기심 많은 소녀라는 걸 일찌감치 간파했다. 우리는 함께 있을 때 어떻게든 긴 산책을 하거나 자동차를 타러 갔다. 이모는 우리 아버지의 보수적인 정치사상이 정상이 아니라고 생각했고 내게도 그렇게 말했다. 또한 인종에 대한 아버지의 남부적 관점도 비난했다.

이모는 내가 읽은 책에 대해 자세히 설명해줬고 조언도 해주었다. 제인 오스틴과 윌라 캐더, 로버트 프로스트, 존 스타인벡을 좋아하는 이모는 이렇게 말했다. "많은 사람이 오직 하나의 삶, 자신의 삶만을 경험하지. 그러나 책을 읽는 사람은 동서고금을 막론하고 수많은 삶을 경험할 수 있단다."

이모는 비버시티에서는 접하지 못한 거대한 이념의 세상이 있다면서 에밋 틸Emmett Till(1955년 한 백인 여성에게 추파를 던졌다는 이유로 백인들에게 잔인하게 살해당한 14세 흑인 소년 – 옮긴이)과 남부에서 일어나는 린치 사건, 일본인 포로 수용소, 조 매카시에 대해 얘기해줬다. 아울러 그림과 사진을 보는 법도 가르쳐줬다. 우리는 연극과 관련된 이야기도 나눴다. 이모는 내게 클래식 음악회는 절대 놓치지 말라고 강조했다. 우리 둘 다 '문화'라는 단어를 얼마나 사랑했는지 모른다. 텔레비전이나 인터넷이 보급되기 전, 도시에서 멀리 떨어진 작은 마을의 농가에서 자란 호기심 많은 소녀보다 그 개념을 더 사랑할 수 있는 사람은 없다.

어느 해 여름 우리 가족이 휘티어를 방문했을 때 마거릿 이모와 프레드 이모부는 아들라이 스티븐슨Adlai Stevenson(미국의 민주당 소속 정치인으로 1950년대 대선에서 아이젠하워에게 두 번 연달아 패함－옮긴이)을 후원하는 모금 행사를 주최했다. 아버지는 두 남동생을 데리고 바닷가로 낚시하러 갔지만 어머니와 나는 집에 남아 손을 보탰다.

이모는 내게 거실과 테라스를 오가며 슬라이스 치즈와 크래커, 올리브가 담긴 커다란 은쟁반을 나르는 일을 맡겼다. 몸이 마르고 얼굴이 슬퍼 보이는 한 남자에게 쟁반을 내밀었는데 그의 손목에 있는 색이 바랜 파란 숫자 문신이 눈에 띄었다. 이모에게 그 문신이 무엇을 의미하는지 물으니 이모는 아우슈비츠에서 나치가 그 남자에게 찍은 낙인이라고 대답했다.

홀로코스트에 대해 들어보긴 했지만 이 남자를 만나기 전까지는 매우 추상적이고 멀게 느껴졌었다. 나중에 그 남자를 떠올릴 때는 심장이 조여오는 것 같았다.

어느 해에 프레드 이모부는 자신이 운영하는 병리검사실 문을 닫고서 마거릿 이모와 함께 고대 세계 7대 불가사의 현장을 모두 방문했다. 두 분의 결혼 생활은 60년 가까이 이어졌지만 이모부보다 오래 산 이모는 나중에 재혼했다. 그리고 80대 초반에 독감에 걸려 돌아가시기 전까지 뮤지컬 무대에서 노래를 부르고 춤을 췄다.

네 자매 중 막내인 애그니스 이모는 8학년까지 교육을 받은 남자와 결혼했다. 이모는 콜로라도주 플래글러 외곽의 자기 농장에서 소와 돼지를 도살하는 일을 거들었고, 사과 과수원과 큰 정원을 관리했으며, 달걀 및 크림 사업을 꾸려나갔다. 또한 손바느질로 식구들 옷 대부분을 지었고 밭에서도 일했다. 나머지 시간에는 요리와 청소를 하고 세 자녀를 돌봤다.

클레어 이모부는 키가 크고 어깨가 넓은 독일인으로 머리가 새까맣고 발은 지금까지 내가 본 것 중에 가장 컸다. 경매사였던 이모부는 식사 기도를 할 때도 우렁찬 소리를 냈다. 우리 아버지와 마찬가지로 보수적인 분이었다. 이모부는 쉽게 흥분하는 성격이라 우리 가족은 이모부가 본인 못지않게 자기주장이 강한 마거릿 이모와 벌이는 논쟁을 숱하게 들었다. 아버지도 가끔 대화에 끼어들었으나 클레어 이모부가 너무나 바보 같은 주장을 펼칠 때는 아버지조차 그 말에 동의하길 주저했다.

어느 날 저녁, 종교에 관한 토론이 벌어졌을 때였다. 내가 신이 존재하는지 잘 모르겠다고 말하자 클레어 이모부는 이렇게 대답했다. "넌 신을 믿어야 해. 신이 존재한다면 믿어야만 천국에 갈 테니까. 그러면 넌 절대 지옥에 가지 않을 거야."

나는 속으로 자문해보았다. '대체 어떤 신이 나의 그런 이기적인 행동에 보상을 해줄까? 그리고 믿음은 어떻게 만들어질까?'

어렸을 때는 클레어 이모부를 좋아하지 않았다. 이모부는 어린 우리가 제발 그만하라고 애걸해도 우리를 간지럽혔다. 그리고 애그니스 이모에게 소리를 지르며 이모가 마치 자기 하인인 양 명령했다. 심지어 이름을 부르지도 않고 '여편네'라는 호칭을 썼다.

특히 이모가 용기를 내서 책 이야기를 하면 이모부는 잔인하게 이모 흉내를 냈다.

나는 애그니스 이모를 제일 많이 봤다. 이모네 집이 외갓집 근처여서 그곳에 가 과일과 채소 수확을 거들거나 요리와 설거지를 자주 도왔다. 밀을 수확하는 일꾼들이 왔을 때도 이모네 집에 머물며 일손을 보탰다. 우리는 푹푹 찌는 부엌에서 하루에 엄청난 양의 두 끼니를 준비해서는 식당의 원탁에 차려냈다. 정오에는 샌드위치와 레모네이드를 밀밭으로 날랐다. 이모는 식사 때마다 갓 구운 파이를 내놓았다. 그 시절에는 파이가 오늘날의 버터 바른 빵처럼 주식이었다.

애그니스 이모는 단순한 스타일의 원피스를 입고 튼튼한 신발을 신었다. 화장이나 머리 손질도 하지 않았다. 여윳돈이 생기면 아이들을 위해, 특히 딸 제타를 위해 썼다. 검은 머리의 제타는 언제나 예쁜 옷을 입고 에나멜가죽 구두를 신었다. 피아노는 이모네가 소유한 유일한 사치품이었는데 이모는 달걀 판 돈을 어떻게든 긁어모아 제타의 피아노 수업료를 냈다.

애그니스 이모와 나는 쉴 새 없이 대화할 수 있었고 그 주제도 지역 뉴스부터 가족 간의 역학 관계, 우리가 읽는 책에 이르기까지 온갖 것을 아울렀다. 이모가 내게 선사한 빛은 자연스러운 베풂이었고, 나라는 사람에 대한 단순한 사랑이었으며, 우리가 함께할 때 느낀 선명한 즐거움이었다.

클레어 이모부는 나이가 들면서 좀 부드러워졌다. 여전히 소리를 지르는 촌뜨기였지만 내게는 친절했다. 내가 집에서 만든 토마토 주스를 좋아한다는 걸 알고는 언제든 토마스 주스를 담아줄 병을 준비해놓았다. 애그니스 이모가 80대에 메니에르병(어지럼증과 이명, 난청 등의 증상이 나타나는 이비인후과 질환—옮긴이)에 걸리자 이모부는 이모에게 밀크셰이크를 만들어 주고 담요와 책을 가져다줬다. 이모가 이모부의 애정 어린 관심을 듬뿍 받는 모습을 보니 기분이 좋았다.

나는 어른들이 서로 이해하고 자녀를 양육하는 갖가지 방식을 관찰하며 자랐다. 이야기를 해주는 어른들이 있는 집안에서 이래저래 듣는 얘기가 참 좋았다. 가족 안에서 벌어지는 논쟁과 해결 방안을 보고 들으며 관점에 대한 조기 교육을 받은 셈이다.

나는 외가 쪽의 모든 여성과 특별한 관계를 맺었다. 그분들을 찾아가서 대화와 애정을 실컷 음미했다. 그런 가운데 열심히 일하고, 가족에게 충실하며, 세상을 더 좋은 곳으로 만들라는 도덕적 교훈을 흡수했다. 우리 집에 어떤 일이 생긴대도 외할머니와 이모들은 나를 사랑한다는 것을 알았다.

이모들은 나를 사랑하고 보살핌으로써 나 자신과 타인을 돌보는 법을 가르쳐줬다. 아울러 내가 가치 있는 존재고 오직 나만의 특별한 자질을 지니고 있다는 걸 이해하도록 도왔다. 세 이모 중 누구도 나를 추켜세우거나 과한 칭찬을 하지 않았다. 대신 내 말을 들어주고, 당신들의 삶에 대해 얘기해줬으며, 내 삶에 대해 크게 생각할 수 있도록 격려했다.

이런 선물을 주는 대가족이 가까이에 있다면 행운이다. 마음에서 나오는 빛은 우리 모두의 자아 형성에 도움을 준다.

4부

정체성

Identity

The Burning Tree

불타는 나무

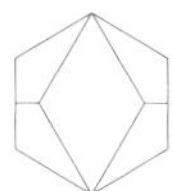

1961년 내가 열두 살 때 우리 가족은 주민이 8,000여 명인 캔자스 주의 어느 마을로 이사했다. 어머니는 업무량이 줄어들기를 바라며 병원 의사로 취업했다.

고등학교 1학년 때 나는 평범한 여학생이 되어 학교생활에 온전히 참여해보기로 결심했다. 그래서 학교 악단에서 클라리넷을 연주하고 학교 응원 동아리에도 가입했으며 심지어 고적대 선두에서 깃발을 빙글빙글 돌리는 기수 오디션도 봤다. 기수로 뽑히지는 않았지만, 학급의 회계 담당자였고 '눈의 여왕' 후보였다. 간단히 말하면 주류가 되는 데 잠깐 성공하긴 했지만 실제로 거기에 잘 맞지는 않았다.

미식축구 경기를 두어 번 구경한 뒤에는 내가 미식축구를 이해하지 못하고 이해하고 싶어 하지도 않다는 걸 깨달았다. 게다가 유니폼도 응원단의 환호도 마음에 들지 않았다. 치어리더들을 보면 주눅이 들었다. 내게는 없는 것만 떠올랐기 때문이다. 예를 들면 탄탄함, 생기발랄함, 미모 따위.

경기를 뛰는 남학생 중 몇 명은 노골적인 성적 농담을 던지며 나를 놀렸다. 얼굴이 쉽게 빨개지는 나는 좋은 표적이었다. 그런 학교생활은 대개 지루하기만 했고, 집에서 책을 읽거나 근처 개울가를 걸었으면 싶었다.

그래도 내게는 다양하고 멋진 친구들이 있었다. 모린은 등굣길에 함께 걷는 친구로 홀쭉하고 시무룩한 편이었다. 모린은 아버지를 못마땅해했다. 그 집에 놀러 가면 그 애 아버지는 내 쪽을 보거나 말을 거는 법이 없었다. 주로 거실 안락의자에 앉아 자신의 포르노 수집품만 바라봤다. 그런 게 세상에 있는 줄도 몰랐던 나는 모린의 아버지가 그런 불쾌한 사진을 거실에서 미안한 기색도 없이 들여다본다는 사실에 깜짝 놀랐다. 그분은 자기 딸이 난처해지거나 말거나 신경 쓰지 않는 게 분명했다.

모린은 책을 많이 읽는 진지한 소녀였다. 우리는 주로 책과 학업에 대해 이야기했지만 때로는 고차원적인 철학 사상을 논하기도 했다. 둘이 이런 대화를 너무나 좋아하다 보니 방과 후에 서로의 집까지 몇 번을 왔다 갔다 해야 비로소 작별하는 일이 다반사였다.

또 다른 친구인 수는 피아노를 대단히 잘 쳤는데 어머니가 피아노 선생님이었다. 수의 어머니는 창백한 흰 얼굴에 얼룩무늬 뿔테 안경을 써서 초록색 눈이 두드러졌다. 수의 아버지는 모린의 아버지처럼 조용했지만 쌀쌀맞지는 않았다. 그런데 어느 날 권총으로 생을 마감했다. 우리 어머니 말에 따르면, 당시 집에 혼자 있던 수가 세탁기를 돌리러 지하층에 내려갔다가 아버지의 시신과 터진 머리의 잔재가 창고 여기저기에 흩어져 있는 광경을 봤다고 한다.

자살로 인한 사망이었기 때문에 장례식은 없었다. 사람들은 아무 일도 없었다는 듯이 정중히 행동했다. 수는 일주일 동안 결석했고 다시 학교에 나왔을 때는 나를 비롯해 누구도 수의 아버지가 돌아가신 일에 대해 언급하지 않았다.

우리는 그런 암울한 사건에 대해 소통할 길이 없었다. 당시 의사는 대개 불치병에 걸렸다는 사실조차 환자에게 알려주지 않았다. 대신 이렇게 말했다. "집에 가서 주변을 정리하십시오." 자살과 마찬가지로 암도 금기어였다.

하지만 친구들의 가정환경이 다 불행한 건 아니었다. 아버지가 의사인 니나에게는 캐시미어 스웨터와 거기 어울리는 치마가 셀 수 없이 많았다. 마음이 따뜻하고 외향적인 니나는 치어리더이자 동창회에서 뽑힌 여왕이었다. 니나와 나는 아주 사소한 것에도 배꼽이 빠지게 웃었다.

이 세 친구를 비롯해 여자애들 여럿이서 친하게 지내며 파자마 파티를 하고 춤을 추고 여름 소풍을 갔다. 우리는 함께 있으면 즐거웠다.

과학 교사인 리언 선생님은 카리스마는 없지만 부지런하고 친절하며 유능했다. 선생님은 요일마다 다른 색깔 넥타이를 맸고 셔츠 주머니에는 넥타이와 어울리는 펜을 꽂았다. 나는 선생님의 지도를 받으며 생물학과 해부학, 물리학을 공부했다. 수업 시간에 실제로 해부를 했는데 개구리를 해부하는 첫 실습 이후로 선생님에게 그 수업에서 나를 빼달라고 요청했다. 죽은 동물을 공부하고 싶지 않았다. 개구리나 돼지를 이해하는 더 나은 방법이 있어야 할 것 같았다.

나비를 그물로 잡아서 클로로폼 용액이 담긴 병에 담아 수집하는 것도 거부했다. 그 수업에서는 종種을 식별해서 폼 보드에 붙여 놓은 표본 수에 따라 상이 수여됐다. 하지만 나비를 죽이는 걸 견딜 수 없었고 이런 식의 자연 공부는 뭔가 대단히 잘못되었다고 느꼈다. 리언 선생님이 그런 식으로 생각하면 과학자가 될 수 없다고 말했을 때 나는 과학자가 되고 싶지 않다고 대꾸했다.

교문을 나설 때는 맑은 공기를 깊이 들이마시고 나무와 하늘을 바라보며 안도감을 느꼈다. 하교할 때쯤이면 늘 마음을 진정시켜야 했다.

기억 속에 새겨진 어느 특별한 하루가 있다. 10월 말이었는데 그날 모린은 방과 후 모임이 있어서 학교에 남았다. 나는 혼자 집으로 걸어가다가 새파란 하늘을 넋을 잃고 쳐다봤다. 나뭇잎 빛깔이 바뀌면서 세상이 황금색과 적갈색과 주홍색으로 울긋불긋했다. 이 집 저 집 마당에서 낙엽이 가볍게 흩날렸다. 병원 근처에서 우리 집이 있는 남쪽으로 방향을 틀기 바로 전이었다. 붉게 물든 단풍나무 한 그루를 보고서 감탄하며 발걸음을 멈췄다. 바람의 품에 안긴 나무의 잎이 흔들리는 모습에서 반 고흐의 나무가 떠올랐다.

오후의 태양이 그 나무에 불을 붙였다. 그 광경에 놀란 나머지 그 자리에서 꼼짝도 못 하고 숨도 거의 못 쉬었다. 성경에 나오는 모세의 불타는 떨기나무 사건(광야에서 불이 붙은 떨기나무가 타지 않는 기이한 광경을 본 모세가 하나님의 음성을 듣고 계시를 받은 사건 – 옮긴이)의 캔자스 버전을 목격하고 있는 것 같았다. 이글이글 타는 듯한 단풍나무를 바라보면서, 이런저런 상념으로 어수선하지 않은 세상이 얼마나 환히 빛나고 기쁨을 주는지 깊은 영적 교훈을 얻었다. 우주의 완전성에 온전히 눈을 떴고, 우리가 실상이라고 부르는 세상보다 투명하고 아름다운 절대적 현실에 발을 디뎠다. 이렇게 '나무가 불타는' 순간이 오면 거듭 구원을 받았다.

Summer Solstice

하지

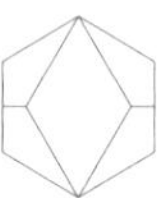

고등학교 시절 내가 가장 좋아한 장소는 마을에서 8킬로미터쯤 떨어진 넓은 모래 채취장이었다. 여름날 오후가 되면 우리 가운데 맨 먼저 운전면허를 딴 니나가 우리를 차에 태워 맑은 물이 있는 모래 사장으로 데려갔다. 그곳에는 좁은 물길로 연결된 두 개의 호수가 있었다. 호수는 깊었고 수면 아래쪽은 멀리 헤엄쳐갈수록 점점 차가워졌다. 일설에 따르면 이 호수는 무척이나 오래되어서 모래 채취장을 소유한 준설 회사가 선사시대 물고기 화석을 발견하기도 했다고 한다.

아마 이곳의 주인은 아이들이 있는 현지인이었을 것이다. 아니면 그저 소송이 덜한 시절이어서 우리를 그냥 뒀는지도 모르겠다. 이유야 어쨌든 우리는 무료로 얼마든지 그곳에 있어도 괜찮았고 어른의 감독을 받지 않아도 된다는 선물까지 받았다. 큰 기계가 보이고 흙을 퍼내 운반하는 장비 소리가 들렸지만 우리에게 와서 여기서 나가라고 하는 사람은 여태 없었다.

이런 관대함 덕분에 우리는 오래된 미루나무로 둘러싸인 호숫가를 유카탄반도(멕시코 남동부에 있는 중앙아메리카의 반도－옮긴이) 해변 수준으로 이용했다. 보통 종이봉투에 넣은 도시락과 물이나 레모네이드를 담은 보냉병을 챙겨서 점심때쯤 그곳에 도착했다. 오후를 보낼 장소를 신중히 고른 뒤에는 참치 샌드위치와 감자칩 또는 BLT 샌드위치와 쿠키로 식사를 했다. 그런 다음 필요한 만큼 휴식을 취하고 나서 윤슬이 반짝이는 물속으로 뛰어들었다.

친구들은 물속을 걸으며 더위를 식히려고 첨벙거릴 뿐이었지만 나는 호수를 가로질러 왕복 수영을 하고 깊이 잠수하면서 돌고래처럼 놀았다. 한없이 이어질 것 같은 여름 오후, 파란 하늘 아래 맑고 시원한 물에서 하는 수영은 인생 최고의 경험이다. 온도 변화와 물의 흐름, 부드러운 촉감이 느껴지는 호숫물은 마치 생물 같았다.

우리는 호숫가에 큰 수건을 깔고 그 위에 누워 남학생이나 책, 가족 이야기를 나눴다. 그 시절에는 거들 착용법을 배우는 것이 사춘기 통과의례 중 하나였다. 어느 날 니나가 우리 지역 봉마르셰Bon Marché 백화점에 신상품이 들어왔다는 얘기를 꺼내면서 우리 모두 거들을 사서 입고 토요일 밤에 영화를 보러 가자고 제안했다.

"우리한테 거들이 필요한지 잘 모르겠어." 내가 말했다.

"당연히 필요하지. 우린 이제 10대야." 수가 말했다.

그러자 모린도 끼어들었다. "메리, 우리 모두 뱃살을 집어넣어야 해."

이튿날 나는 매장에 가서 허리선부터 허벅지까지 몸을 감싸는 두꺼운 고무 튜브를 한번 입어봤다. 허리까지 어찌저찌 끌어올리긴 했는데 이건 너무 작지 않은가 싶었다. 하지만 점원은 거들을 입으면 원래 꽉 조이는 느낌이 든다고 말했다. 나를 억누른다는 게 바로 거들의 요지였다. 점원이 내 심정을 훤히 안다는 듯이 말했다. "아름다워지려면 고통이 따르는 법이지."

탈의실에 혼자 덩그러니 선 나는 바보가 된 기분이었다. 숨도 제대로 쉴 수 없었다. 거들이 철조망처럼 살을 파고들어 그 윗부분으로 작은 살덩이가 삐져나왔다. 몇 초도 안 되어 내가 이후 평생토록 고수한 결정을 내렸다. "내 마음에 들지 않으면 시대의 유행을 따르지 않겠다. 내 좌우명은 아름다움보다 편안함이 되리라."

이튿날 모래 채취장에서 친구들에게 내 결정을 얘기했다. 친구들은 나를 비판하고 싶어 하지 않았지만 니나는 이렇게 말했다. "그렇게 생각하면 남자친구가 안 생길지도 몰라."

수영복도 대화 주제로 올랐다. 친구들은 모두 수영복 스타일과 색상 그리고 어디서 수영복을 샀는지, 우리 모두 비키니를 사야 하는지에 대해 이야기했다. 나는 친구들에게 자기 수영복이 어떻다고 느껴지는지 물었다. 그러다가 그날 뒤늦게 한 가지 사실을 깨달았다. 나는 물건이나 외모에 거의 관심이 없었다. 오로지 감정만을 알고 싶어 했다.

우리 대부분은 이성 교제를 하고 있었고 거의 다 키스를 해봤다. 좀 예스러운 표현일 수 있지만 '진한 키스'도 했다. 나는 키스를 나누는 사람이 없었지만 그래도 친구들이 그에 대해 뭐라고 하는지 유심히 들었다. 남자와 육체적으로 관계를 맺는 이 신비로운 과정을 이해하고 싶었다. 남녀가 꾸준히 사귄다는 것, 육체적 관계로 점차 나아간다는 것이 어떤 느낌일지 궁금했다.

친구들은 내게 프렌치 키스, 자동차 뒷좌석에서의 레슬링, 남자가 여자와 '끝까지 가보려고' 하는 거짓말에 대한 단서를 줬다. 나는 남자와 키스하는 데는 몹시 관심이 갔지만 그 행위가 너무나 복잡하게 들려서 내가 해낼 수 있을지 의심스러웠고 감행하기가 두려웠다. 그래서 남자와 키스하는 것은 대학생이 될 때까지 기다리기로 했다.

데이트 전문성으로 따지자면 나는 우리 가운데 아기 수준이었지만 책에 관해서는 스승 격이었다. 나는 플로베르와 헤밍웨이, 싱클레어 루이스, 토머스 울프를 추천했다. 당시 우리 도서관에서 찾을 수 있는 작가는 대부분 남성이었다. 그러나 지금은 버지니아 울프, 마리 산도스, 진 리스, 시몬 드 보부아르의 책을 읽었으면 좋았겠다는 생각이 든다.

고등학교 졸업반 때는 캔자스 시골 농장의 일가족 살해 사건을 다룬 트루먼 커포티의 《인 콜드 블러드》를 읽는 끔찍한 실수를 저질렀다. 그 책 때문에 공포에 떨었을 뿐 아니라 아드레날린이 부추기는 불면증을 몇 년이나 겪었다. 친구들에게 그 책을 읽지 말라고 하면서 우리 가운데 누구의 삶에도 필요하지 않은 일종의 독이라고 얘기한 일이 기억난다.

화장이나 머리 모양, 옷에 관심이 없던 나는 때때로 내가 좋아하는 주제로 화제를 전환했다. 나는 친구들에게 가족들 간의 관계가 어떤지 물었다. 예를 들어 부모님이 싸우시는지, 어떤 가족 규칙이 있는지, 형제자매와 사이좋게 잘 지내는지, 저녁 식사 시간에 대화 분위기는 어떤지 등이었다.

돌이켜 보니 그 시절의 나는 어떤 것이 보통의 모습인지를 알고자 했던 것 같다. 우리 가족은 이상하고 뭔가 붕 뜬 느낌이었으며 부모님은 기질이 특이했다. 다른 친구네처럼 어머니가 전업주부고 일터에서 귀가한 아버지가 저녁 시간을 조용히 즐기면 어떤 기분이 들지 궁금했다.

우리는 늦은 오후까지 물릴 정도로 실컷 이야기를 나눴다. 다 같이 수건 위에 누워서 긴장을 풀고 편히 쉬었다. 친구들은 내가 미래에 대한 믿음을 품을 수 있도록 나를 보살피며 감싸주었다.

The Light from Ideas

생각의 빛

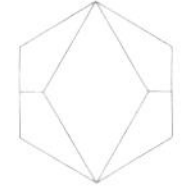

고등학교 시절 우리 학교에는 훌륭한 선생님이 두 분 계셨는데 마이어 선생님과 플레처 선생님이다. 중년의 비혼 여성이었던 두 분은 같이 살면서 영문학에 대한 깊은 애정을 공유했다. 둘 다 육중한 체형에 머리는 은발이었고 안경을 썼다. 옷차림은 1950년대 중년 여성 스타일로 원피스를 입고 어두운색 스타킹과 무거운 검은 구두를 신었다.

두 분은 엄격했지만 셰익스피어와 시 그리고 과거의 명작 소설에 대한 열정으로 영감을 줬다. 두 분의 수업 시간에 우리는 제프리 초서, 에드거 앨런 포, 조지 엘리엇, 토머스 하디, 제인 오스틴의 작품을 읽었다. 아울러 윌리엄 블레이크, 월트 휘트먼, 에밀리 디킨슨, 엘리자베스 배럿 브라우닝의 시도 공부했다. 나는 이들 가운데 에

드거 앨런 포만 빼고 다 좋아했다. 항상 겁을 너무 잘 집어먹어서 으스스하거나 무시무시한 것은 즐기지 못했다. 플레처 선생님은 일요일 자 〈뉴욕타임스〉 신문을 매주 학교에 가져와 내게 주었다.

스포츠, 패션, 경제 지면만 빼고 처음부터 끝까지 신문을 다 읽었다. 세계 뉴스와 신간 서평을 맨 처음 읽었지만 예술·레저 지면을 가장 좋아했다. 연극, 콘서트, 미술 전시회 소식을 보며 언젠가 그런 지적이고 세련된 문화 속에 있을 내 모습을 상상하기도 했다.

신문에는 《웹스터 사전》에서 찾아봐야 할 단어가 나왔다. 나는 그 철자와 의미를 외우고는 그 단어를 활용해 문장을 세 개씩 만들었다. 그렇게 내 나름대로 노력해가면서 《어휘력 향상법How to Build a Better Vocabulary》이라는 책도 참고했다. 머지않아, uxorious(아내를 끔찍이 위하는), intransigent(비타협적이고 고집스러운), termagant(고압적이고 잔소리가 심한 여자) 같은 온갖 어려운 어휘를 알게 됐지만 사람들 앞에서는 사용할 수 없었다. 그래도 언젠가는 이런 어휘를 아는 사람들이 주변에 있으리라 생각했고 그때를 대비하고 싶었다.

한번은 우리 학교에 '그레이트 북스 소사이어티Great Books Society(비영리 교육 기관 GBF(The Great Books Foundation)가 지원하는 독서 캠페인의 일환-옮긴이)'를 만들 결심을 했다. 그러면 세계적으로 중요한 사상을 놓고 학생들과 토론할 수 있을 터였다. 도서관 사서는 내가 그 독서 모임을 알리고 홍보할 수 있게 도와줬다. 시간이 흘러 모임 날이 되었고 나는 동료 학생들이 오기를 간절히 기다렸다. 그러나 안타깝게도 아무도 오지 않았다.

얼굴이 화끈 달아올랐다. 너무 창피해서 도서관 사서를 볼 낯이 없었다. 결국 그분은 내게 다가와 학교 문이 닫힐 시간이라고 알려 주면서 부드러운 목소리로 이렇게 말했다. "학생들이 다른 활동으로 바쁜가 봐요. 수고 많았어요."

우리 마을 도서관은 웅장한 카네기 도서관Carnegie Library('철강왕' 앤드루 카네기는 말년에 거금을 기부해 미국, 영국 등지에 공공 도서관을 2,500곳 이상 건립했다–옮긴이)이었다. 열 개 남짓의 넓은 계단을 올라가면 황동 손잡이가 달린 육중한 유리문이 나온다. 내부는 천장이 높고 바닥은 대리석이었으며 긴 나무 탁자가 있고 서가에는 가죽 장정의 책이 줄지어 있었다. 우리 키보다 높은 창문에서 들어오는 빛이 공간을 가득 채웠다.

고등학교 1학년 때는 찰스 디킨스와 마크 트웨인, 펄 벅, 제임스 미치너, 레온 우리스Leon Uris의 작품을 읽었다. 《보바리 부인》, 《마의 산》, 《돈키호테》 같은 고전 소설도 탐독했다. 논픽션으로는 레이철 카슨의 《침묵의 봄》, 빅터 프랭클의 《죽음의 수용소에서》, 버트런드 러셀의 《나는 왜 기독교인이 아닌가》 등을 읽었다.

톨스토이의 단편 〈두 노인〉에는 순례 중에 사람들을 만나고 사랑과 기쁨의 말을 퍼뜨리는 한 남자의 이야기가 나온다. 나도 그와 똑같이 할 계획이었다. 모든 유형의 사람과 모든 문화, 모든 관점을 알고 싶었다.

《죄와 벌》, 《카라마조프가의 형제들》, 《전쟁과 평화》를 비롯해 체호프와 고골, 투르게네프의 작품도 많이 읽었다. 특히 《안나 카레니나》에는 푹 빠져서 그 후로도 몇 번이나 읽었다. 내 마음은 '러시아의 혼'에 사로잡혔다. 이야기 속 러시아인의 비극과 황홀경은 내 감정의 폭에 딱 들어맞았다. 그들은 끊임없이 그리고 깊이 고통을 받았다. 삶은 언제나 힘들고 종종 잔인했다. 그러나 그런 와중에도 그들은 엄청난 열정이나 행복한 순간에 휩쓸렸다.

내가 무척 사랑한 책들은 거대한 질문을 남겼다. 어떻게 하면 모든 상황에서 좋은 삶을 살아갈 수 있을까? 신은 존재하는가? 그렇지 않다면 삶의 의미를 어떻게 찾을 수 있을까? 왜 전쟁을 하는가? 행운은 왜 이토록 불공평하게 분배되어 있을까? 이런 물음은 내 마음에 불을 밝혔고 나만의 삶을 넘어 곰곰이 생각해볼 거리를 안겨줬다.

캔자스주로 이사 온 뒤 첫 두 해 동안 아버지는 우리와 같이 살았다. 아버지는 생명보험 영업으로 생계를 꾸려보려 했지만 그 일을 싫어했다. 아버지의 괴로움이 그 집 벽에 스며들었다. 아버지는 밤마다 술을 너무 많이 마셨다.

아버지는 낮 동안에는 좋은 아빠가 되려고 노력했다. 어린 우리에게 작은 경주용 자동차와 암석 연마기, 금속 탐지기, 탁구대를 사 줬다. 또한 쾌속정을 구입해 우리에게 수상스키를 태워주며 긴 여름날을 보냈다. 우리는 각자 열대어 수조도 가지고 있었다. 나는 지느러미가 길게 뻗친 에인절피시와 작고 빛깔이 고운 테트라를 골랐다. 제이크의 수조에는 꼬리가 길고 화려한 구피가 있었고, 존은 꼬리지느러미 아래쪽이 검처럼 쑥 튀어나온 붉은 소드테일을 키웠다. 가끔 종류가 다른 열대어를 섞어놨다가 슬픈 결말을 보기도 했다. 시클리드가 암살범으로 밝혀진 적이 많았기에 이 녀석에게는 내가 아는 사람의 이름을 붙여주면 절대 안 되겠구나 싶었다.

우리 부모님은 둘 다 공감능력을 타고나지 않았다. 제이크는 아버지와 가장 많은 갈등을 겪었다. 그 애는 재능이 무척 뛰어났지만 극도로 수줍음을 타고 행동거지가 서툴렀다. 여러 과목에서 낙제했지만 하루에 몇 시간씩 책을 읽었으며 이야기할 때는 인용문을 구사하고 일화를 소개했다.

제이크가 A를 받아야만 한다고 생각한 아버지는 우수생이 되지 못했다며 그 애를 몽둥이로 때렸다. 제이크는 아버지에게 대들지는 않았지만 복종할 수도 없었다. 아버지는 수년간 제이크의 의지를 꺾지 못했으나 일시적으로는 그렇게 하기도 했다.

하루는 학교를 마치고 집에 돌아오니 제이크가 외출 금지 처분을 받고 지하실에 있었다. 나는 간식을 들고 제이크를 찾아가서 제발 부모님에게 협조하라고 간청했다. 제이크는 나를 쳐다보면서 어쩔 수 없다는 듯이 말했다. "도저히 못 하겠어."

제이크가 노출이 심한 여성이 나오는 영화 〈집시[Gypsy]〉의 광고 현수막을 훔친 혐의로 체포된 후 부모님은 제이크를 기숙학교로 보내버렸다. 그러지 말라는 나의 애원을 부모님은 듣지 않았다.

제이크가 떠나기 전날 밤 내내 곁에 앉아 그 애의 손을 잡고 울었다. 이제 열다섯 살밖에 안 됐는데 혹독한 켐퍼군사학교로 가야 한다니. 제이크가 걱정됐다. 어쩔 도리가 없다는 걸 알면서도 감정적으로는 도저히 동생을 보낼 수가 없었다.

이튿날 아침 식사가 끝난 뒤 제이크는 작은 여행 가방을 자동차에 실었다. 그러고는 뒷좌석에 올라타 내게 손을 흔들었다. 나는 손을 흔들지 않고 물끄러미 제이크의 얼굴을 쳐다봤다. 오랫동안 보지 못하리란 걸 알았기에 그 애의 얼굴을 기억해두려 했다. 아버지는 제이크를 태우고 떠났다.

우리 식구는 늘 집을 들락날락했다. 제이크가 떠난 지 얼마 안 되어 아버지도 떠났다. 아버지는 병원에서 일하기 위해 차로 세 시간 거리에 있는 마을로 이사했고 한 달에 한 번 정도만 집에 왔다. 아버지가 떠난 건 반가웠지만 제이크가 떠난 건 다른 문제였다.

나는 문학에 몰두했다. 계속해서 바쁘게 책을 읽으며 위안과 즐거움을 얻었다. 책을 통해 목적의식을 충만하게 채웠고 세상과 나 자신에 대해 배웠다. 독서는 분명 인생의 크나큰 선물 가운데 하나다. 읽을거리가 있는 사람은 결코 외롭지 않다.

주로 동쪽과 남쪽으로 난 창이 있는 2층의 내 침실에서 책을 읽었다. 침대 옆 마호가니 책상에는 종이와 펜, 일기장이 놓여 있었다. 내 방에는 책이 가득 꽂힌 책장이 두 개 있고 바닥에도 책 더미가 높이 쌓여 있었다. 날씨가 따뜻한 날엔 밖으로 나가 잔디 위에 담요를 깔고 그 위에서 책을 읽었지만 서늘한 달에는 침대에 누워 양손으로 두툼한 책을 잡고서 내가 사는 세상과 동떨어진 세계로 사라졌다. 그것은 빛이 한가득 들어찬 내 방에서, 책과 내가 더불어 만들어내는 빛이 가득한 공간에서 누리는 사치였다.

The A&W on Highway 81

81번 고속도로의 A&W

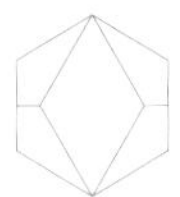

열네 살 때 81번 고속도로에 있는 A&W(1919년 미국에서 창립된 패스트푸드 레스토랑 체인-옮긴이) 드라이브 인 매장에서 일하려고 면접을 봤다. 멜빈 슌 사장은 이제 막 머리가 벗어지기 시작했고 뚱뚱했다. 그래서 나이가 많다고 생각했지만 아마도 50대였을 것이다. 사장은 내 나이와 평균 성적만 물어봤다. 면접을 보는 동안 나와 거의 눈을 마주치지 않았고 합격했다고 말하는 소리도 들릴락 말락 했다.

바로 다음 날부터 시급 55센트에 팁을 받으며 일을 시작했다. 5월부터 9월까지 일주일에 닷새 오후 4시부터 11시까지 근무하는 조건이었다. 현장에서 사장을 다시 보는 일은 거의 없었다. 사장은 집에서 일했고 그날그날의 매장 관리를 대부분 고등학생 점원들에게 맡겼다.

작은 건물 안에 자리 잡은 A&W 매장에는 차에서 기다리는 손님에게 서빙하는 직원들을 위한 턱 있는 창이 하나 있고 커피포트와 얼음, 아이스크림, 음료수 자판기를 이용할 수 있는 공간이 있었다. 그 공간 뒤에는 냉장고와 튀김기, 무더기로 쌓아놓은 빵 그리고 케첩과 머스터드 소스, 마요네즈, 양상추, 피클, 양파 따위를 담은 큰 통이 가득한 주방이 있었다.

우리 서빙 직원은 검은 바지에 주황과 검정 체크무늬 셔츠를 입고 주문서와 펜, 돈을 넣어두는 검정 가죽 앞치마를 둘렀다. 주차 공간은 스무 군데였는데 긴 활주로 모양의 통로 양쪽으로 열 자리씩 배치되었다. 각 자리에는 광택이 나는 메뉴판이 있어 튜나멜트 샌드위치부터 루트비어 플로트(갈색의 무알콜 탄산음료인 루트비어에 아이스크림을 띄운 디저트 - 옮긴이)까지 모든 메뉴를 볼 수 있었다. 차가 들어오면 우리는 손님에게 메뉴를 볼 시간을 몇 분 준 다음 통로로 씩씩하게 걸어가 주문을 받고 돈도 받았다.

잠시 후에는 샌드위치나 음료, 프렌치프라이, 어니언링이 가득 담긴 쟁반을 날랐다. 자동차의 열린 창문으로 쟁반을 넣어준 다음 물러나 있다가 운전자가 쟁반을 치워달라는 신호로 전조등을 깜빡거리면 다시 가서 쟁반을 받아왔다.

이 일을 하면서 인간의 행동에 대해 한층 더 잘 알게 됐다. 별의별 사람이 다 매장에 왔다. 피곤한 트럭 운전사, 외로운 노총각, 농장 일꾼, 근처 주 방위군 훈련장에서 훈련 중인 청년, 10대 청소년 등등. 10대 가운데는 간혹 데이트족도 있었으나 그냥 친구끼리 돌아다니는 무리가 더 많은 듯했다.

나는 추파를 던지는 남자와 인색하고 옹졸한 사람을 상대하는 법을 배웠다. 사람들을 설득하고 진정으로 알아가려고 애썼다. 얼마 지나지 않아, 다시 보고 싶은 단골손님도 생겼다. 보통은 웃음을 띠고 농담을 하거나 내게 편안한 방식으로 친근함을 내비치는 사람들이었다.

어떤 커플은 서로에게 너무나 다정해서 진정한 사랑이 존재할 수도 있겠다 싶었다. 한편 빈정거리고 잘난 체하는 남편과 함께 있는 시무룩한 부인도 봤고, 마치 얼음 틀의 양끝에 떨어져 있는 각 얼음인 양 서로 한마디도 하지 않는 커플도 봤다. 어떤 부모는 아이들과 농담하면서 행복한 분위기를 만드는가 하면, 어떤 부모는 아이들에게 이래라저래라 명령하면서 아이스크림을 먹으러 나온 나들이마저 망쳐버렸다. 하지만 또 어떤 가족을 보면 부모가 아이들을 철저히 통제하는데도 아이들이 "더 주세요, 더 주세요" 하며 떼를 쓰기도 했다.

때때로 내가 아내나 자녀를 학대하는 남자를 상대하고 있다는 걸 감지하기도 했다. 아내와 아이들의 겁먹은 얼굴을 보면 알 수 있었다. 어느 끔찍한 가족도 봤다. 거의 폐차 직전의 고물 차를 끌고 온 부모가 초코 아이스크림을 커다란 콘으로 두 개 주문했는데 앞좌석에 앉은 그들이 그 커다란 아이스크림콘을 먹는 동안 뒷좌석의 아이들은 너무나 먹고 싶다는 눈빛으로 말없이 그 광경을 바라보기만 했다.

나는 일하면서 관찰하는 게 좋았고, 단골손님들을 좋아했다. 사람들을 대하는 능력도 향상됐고, 흥미로운 대화도 했으며, 더 체계적인 사람이 됐다. 대학을 다니는 동안에도 내내 식당 일을 계속했다. 이 일을 하며 훗날 심리치료사로서 활용할 교훈을 많이 얻었다. 우유부단한 사람이나 짜증을 잘 내는 사람, 옹졸한 사람을 상대하는 연습을 했으며 어떤 유형이든 유쾌하게 대하는 법을 배웠다.

더불어 내가 일을 얼마나 사랑하는지도 알게 됐다. 어린 시절을 돌아보면, 어머니에게 진흙 파이를 구워 준다든지, 새로운 어휘를 익힌다든지 하면서 늘 스스로 일을 부여했고 방과 후에 어머니의 진료소에서 일하는 것을 매우 좋아했다. 하지만 일이 무척이나 좋아하는 삶의 일부분임을 깨달은 것은 A&W에서 일하면서부터였다.

열여섯 살 때 사장은 나를 주방장 겸 점장으로 승진시켰다. 서빙을 하면서 받는 팁이 상당했기에 승진 이후에 급여가 오히려 줄어든 꼴이 됐다. 하지만 짧은 시간 안에 많은 양의 음식을 만드는 데 필요한 다양한 기술을 익힐 수 있었다. A&W에서 일하는 여학생들은 감독하기가 어렵지 않았다. 우리는 자기 일을 좋아했고 사이좋게 잘 지냈다. 점장이 된 후로 사장은 누구를 고용할지 내게 추천도 받았다.

주방에서는 내가 총책임자였다. 바쁜 저녁에는 한두 명의 조수를 두어 냉장고에서 어니언링을 더 꺼내거나 양념통을 채우는 일 등을 맡겼다. 그러나 요리사로서 버거를 뒤집고, 돼지고기 안심살을 기름에 튀기고, 뜨거운 옥수수기름에서 프렌치프라이를 꺼내 기름을 빼는 일도 했다. 손님이 뜸해 한가한 저녁에는 음악을 틀고 춤 동작을 연습했다. 그리고 야식을 먹으며 밤을 지새웠다. 이제야 감히 고백하건대 종종 큰 통에 담긴 케첩에 피클을 바로 찍어 먹는 보건법 위반 행위를 저지르기도 했다. 게다가 커피에 소프트아이스크림을 얹은 음료를 직접 만들어 먹고 밤마다 생선 샌드위치를 보통 세 개씩 먹었다.

이쯤에서 내가 멜빈 슌 사장을 꽤 좋아했다는 얘기를 꺼내야겠다. 사장은 수줍음이 많은 남자였지만 매장에서 일하는 모든 여학생에게 친절하고 공손했다. 그의 사업 전략은 태평해 보였지만 실제로는 효과적이었다. 그는 평균 B학점 이상인 학생만 고용했고 그런 다음에는 직원들이 알아서 바른 일을 하도록 내버려뒀다. 현장에 좀처럼 나타나지 않았는데도 인사 문제가 거의 없었고 매장은 청결하고 효율적이었다. 유일한 보건법 위반 사항이라면 내가 큰 통에 담긴 케첩에 피클을 찍어 먹은 것이었다. 우리는 대우를 잘 받는다고 느꼈고 사장은 해마다 1월 한 달 동안 라스베이거스에 가 있을 만큼 돈을 충분히 벌었다.

나는 지독히 더운 토요일 밤에 서빙하는 일이 즐거웠다. 매장 앞에 서서 밝은 불빛을 받으며 81번 고속도로를 바라보노라면 우리 쪽으로 방향을 트는 자동차들이 보였다. 그러면 온 사방에 웃음소리와 말소리가 들렸고 자동차 전조등 불빛을 받아 수많은 곤충이 금빛으로 빛났다. 손님이 메뉴를 고를 수 있도록 적당히 기다렸다가 환한 통로를 걸어가면 내 주위로 온통 불빛이 번쩍거렸다. 그렇게 운전석 창으로 다가가서는 "주문하시겠어요?"라고 물었다.

A&W 드라이브 인 매장에서 일하며 세상과 나 자신에 대해 많은 것을 배웠다. 첫 번째 직업은 정체성 형성에 중요한 역할을 할 수 있다. 새로운 통찰을 얻고 세상의 평가를 숙고하는 과정을 거치며

우리는 내가 누구인지 인식하는 자아 정체감을 키워간다.

그 시절, 세상은 덜 복잡해 보였다. 나는 전 과목 A를 받는 우등생이자 캔자스대학교 장학생이었다. 친구도 있었고, 좋은 일자리도 있었으며, 내 미래가 흥미진진하리라는 믿음도 있었다. 꿈도 있었다. 모순이긴 하지만, 톨스토이 소설의 순례자처럼 세상을 돌아다니고 싶기도 했고 뉴욕시에서 편집자가 되어 샴페인을 마시고 싶기도 했다. 어쨌거나 꿈이 이루어지리라는 젊은이다운 확신에 차 있었다.

그러나 지금은 그 누구도 자신의 꿈을 다 이룰 순 없다는 사실을 안다. 우리에겐 그럴 만한 시간이나 재능, 행운이 충분하지 않다. 게다가 선택은 가능성을 열어줄 뿐만 아니라 닫아버리기도 한다. 나는 뉴욕시에서 살아본 적이 없고 오히려 거의 일생을 네브래스카주에서 보냈다. 하지만 A&W 드라이브 인 매장에서 자동차 전조등을 바라보며 꿈꿨던 것보다 풍요로운 삶을 살았다.

San Francisco

샌프란시스코

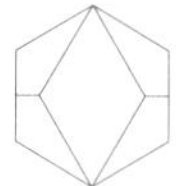

고등학교 졸업반이었을 때 부모님은 나를 자랑스러워했다. 나는 매사 잘하고 인정받는 여자애였다. 성적이 좋고, 동생을 잘 돌봤으며, 누구에게나 예의 바르고 친절했다. 게다가 아버지와 어머니가 흉금을 털어놓을 수 있는 믿음직한 딸이었다. 그해 12월에는 대학에서 우등생 특별 프로그램을 제안받고 장학금도 받았다. 부모님은 내게 샌프란시스코 여행이라는 상을 주기로 결정했다. 그곳은 두 분이 가장 좋아하는 장소였고 그 추억을 나랑 나누고 싶어 했다. 아버지는 평소처럼 목적지까지 쉬지 않고 차를 몰았고 캔자스에서 샌프란시스코까지 30시간 만에 주파했다.

샌프란시스코만 지역으로 들어서는데 파스텔톤 집이 즐비한 초록 언덕 위에서 반짝이는 빛을 보고 깜짝 놀란 일이 기억난다. 그날 늦게 안개가 파도처럼 밀려왔을 때는 그 광경을 보고도 믿을 수가 없었다. 운이 최고로 좋은 사람만 볼 수 있는 기적 같은 현상 같았다.

우리는 유니언 스퀘어에 있는 호텔에 묵었는데 나는 그곳에서 길거리의 사람들과 비트족(1950년대 미국에서 저항적인 문화를 추구했던 젊은 세대 –옮긴이)을 관찰하며 많은 시간을 보냈다. 그들은 북을 치고, 피리를 불고, 시를 낭독하며, 전단을 나눠 줬다. 나는 광장에서 시를 읽어주는 사람들 가운데 하나가 되길 갈망하면서 언젠가는 이곳으로 다시 돌아오리라 다짐했다.

대학생 친구 하나가 내게 부모님이 노스 비치와 시티 라이트 서점City Lights Bookstore(1953년에 설립된 독립 서점으로 비트 문화의 성지였음 –옮긴이)에 데려가는지 반드시 확인하라고 당부했다. 그래서 부모님에게 그곳에 가보자고 말씀드렸더니 여행 마지막 날에 들르자고 동의했다. 부모님은 당신들이 예전에 자주 가고 좋아했던 장소를 먼저 보여주고 싶어 했다. 그래서 우리는 샌프란시스코의 명물인 케이블카를 타고 피셔먼스 워프('어부들의 선착장'이라는 뜻으로 옛날에는 실제로 선착장으로 사용됐으나 지금은 관광 명소가 됨 –옮긴이)로 가서 프리시디오 공원 방향으로 부둣가를 산책했다. 부모님은 쉴 새 없이 이야기했고 신이 나서 얼굴이 발갛게 상기되었다.

우리는 잠시 벤치에 앉아 샌프란시스코만에 있는 요트와 작은 배들을 바라봤다. 금문교가 오후 햇살을 받아 빛났다. 우리 등 뒤에 있는 도시는 동화책에 나오는 도시이자 마법의 왕국 같았다. 그곳에서는 모든 꿈이 실현될 수 있었다. 부모님이 예전에 너무나 좋아했던 일을 지금 우리가 함께 하고 있듯이. 우리는 피셔먼스 워프에서 빨간색과 흰색의 체크무늬 비닐이 깔린 테이블에 차려진 바닷가재를 먹고, 노브힐로 소풍 가서 먹을 사워도 빵과 좋은 치즈를 산 다음, 시즈캔디See's Candies에 들러 어머니가 세상에서 가장 맛있는 단 것이라고 표현한 디저트를 샀다.

부모님은 예전에 둘 다 해군 소속이었다. 아버지가 어머니의 구두를 닦으러 어머니 사무실에 왔을 때 처음 만났다고 한다. 첫 데이트 날부터 아버지는 어머니와 결혼하고 싶다는 마음이 들었지만 세 번째 데이트 때까지 기다렸다가 청혼했다. 두 분 다 활력이 넘쳤고 쉬는 날에는 도시를 구경하고 재미있게 놀면서 시간을 알차게 보냈다.

둘째 날 저녁에는 전쟁 중이던 때부터 부모님이 좋아하던 식당에서 저녁을 먹었다. 오마르 하이얌스Omar Khayyam's라는 품격 있는 근사한 레스토랑이었는데 주인이 아르메니아인 집단학살(19세기 말에서 20세기 초에 걸쳐 튀르크인이 오스만 제국에 거주하는 기독교계 아르메니아인을 학살한 사건 – 옮긴이) 생존자였다. 전등이 낮게 달린 테이블에는 두꺼운 린넨 테이블보가 깔려 있고 그 위에 예쁜 접시와 포크, 나이프, 숟가락 등의 식기가 가지런히 놓여 있었다. 은색 꽃병에는 치자꽃이 한 송이 꽂혀 있었다. 처음으로 맡아본 치자꽃 향기에 정신이 아찔했다. 나는 물 잔이 너무 무거워서 내 힘으로는 도저히 들지 못할 것 같다고 농담을 했다. 우리는 내가 여태 맛본 적 없는 시시 케밥과 돌마(다진 고기와 쌀 등의 속재료를 포도 잎이나 양배추 잎에 싸서 쪄낸 음식 – 옮긴이), 필래프를 주문했다. 이국적인 식사를 함께 즐기는 동안 부모님은 거의 서로 사랑하는 사이 같아 보였다.

이 도시에서 종일을 보낼 수 있는 마지막 날에는 차이나타운에 갔다. 아버지는 거리 화가에게 돈을 주고서 내 목탄 초상화를 그려 달라고 했다. 나는 동생과 친구에게 줄 작은 선물을 샀다. 붉은색과 금색으로 꾸민 화려한 식당에서 밥을 먹었는데 이번에도 부모님은 에그푸영(달걀에 채소, 새우나 고기를 넣어 오믈렛 모양으로 튀겨낸 미국식 중국 요리 –옮긴이)과 춥수이(고기와 채소를 볶고 걸쭉한 소스를 넣은 요리 –옮긴이), 제너럴초스 치킨(청나라 장군의 이름을 딴 매콤 달콤한 닭튀김 –옮긴이)을 주문하며 세련됨을 과시했다. 어머니는 내게 젓가락 사용법을 가르쳐줬다.

이 멋진 점심 식사를 마친 뒤 부모님은 나를 노스 비치로 데려갔다. 길거리에는 머리를 기른 맨발의 남자와 검은 옷을 입은 마른 여자가 넘쳐났고 이들은 담배를 피우며 예술을 논했다. 보헤미안적인 환경에서 어떻게 행동해야 할지 모르는 부모님 때문에 나는 무척 당황했다. 마치 내가 그러기라도 한 것처럼! 부모님은 캔자스 작은 마을에서 온 통통한 시골 사람처럼 보였다.

그래도 시티 라이트 서점 안에서는 그런 일을 다 잊었다. 작은 출판사 시집을 차례로 집어 들어 펼쳤다. 앨런 긴즈버그의 시 〈울부짖음Howl〉과 더불어 로런스 펄링게티Lawrence Ferlinghetti의 시집 《마음속 코니아일랜드Coney Island of the Mind》에 실린 시 몇 편을 읽었다. 앤 섹스턴의 책도 있었고 게리 스나이더, 그레고리 코소Gregory Corso의 책도 있었다. 그전까지 비트 시를 접해본 적 없었지만 읽어보니 깊은 울림이 있었다. 부모님은 잠깐 내 옆에 있다가 밖으로 나가 벤치에 앉아서 사람들을 구경했다. 브로드웨이와 콜럼버스 거리를 따라 스트립 클럽이 늘어나는 걸 볼 수 있었다. 새로 발명된 유방 보형물을 삽입한 캐롤 도다(1960년대부터 1980년대까지 샌프란시스코를 기반으로 활동한 토플리스 댄서—옮긴이)는 새로이 확장된 콘도르 클럽Condor Club의 스타였다. 내가 시집 세 권을 들고 나오자 어머니는 "우리가 여기 살았을 때는 주변에 이런 게 없어서 다행이었어"라고 말했다. 그러자 아버지가 대꾸했다. "주변에 있었는데 당신이 몰랐던 거야."

그다음으로는 누군가에게 들었던 '커피 앤드 콘퓨전Coffee and Confusion'이라는 커피점에 갔다. 미니멀리즘을 추구하는 곳으로 콘크리트 바닥에 짚을 깔아놓았고 웨이터가 맨발로 돌아다녔다. 앞쪽에서는 다리미로 쫙쫙 편 듯한 긴 금발의 젊은 여성이 기타를 치면서 노래를 했다. 머리를 허리까지 기르고 멜빵바지만 입은 잘생긴 웨이터가 다가오더니 우리에게 무엇을 주문하겠냐고 물었다. 너무나 황당하고 어이없게도 아버지는 마티니를 주문했다. 나는 창피해서 이대로 녹아서 바닥으로 스며들고 싶었다. 웨이터는 약간 능글맞게 웃으며 여기서는 커피와 차만 마실 수 있다고 설명했다.

그날 밤 우리는 노스 비치에 있는 이탈리아 식당에서 마지막 저녁을 먹었다. 촛불을 켠 테이블에 같이 앉아 있는 동안 나는 부모님과의 관계를 곰곰이 생각해봤다. 어머니를 사랑했지만 어머니는 내 곁에 없는 것이나 다름없었다. 아버지도 사랑했지만 나쁜 행동이 기억에 많이 남았다. 부모님에게 어떤 결점이 있든 간에 부모님을 떠나 대학에 가면 힘들겠다는 생각이 들었다. 그건 부모님에게도 힘든 일이 될 터였다. 내가 우리 가족을 하나로 묶는 접착제 같다는 느낌이 들었다. 나는 부모님이 어떤 일을 해나갈 때 늘 의지하는 대상이었다.

넘치는 활력과 호기심 그리고 일을 사랑하는 성향을 부모님에게서 물려받았지만 나는 부모님과 매우 다르기도 했다. 내 장점은 공감이었고, 사람들의 감정에 호기심을 가장 크게 느꼈다. 자신이 부모님과 어떤 점이 비슷하고 어떤 점이 다른지 볼 수 있다면 집을 떠날 준비가 어느 정도 됐다는 뜻이다. 그리고 그 다른 점에 대해 판단하지 않을 때 떠날 준비가 훨씬 잘 되었다고 할 수 있다.

부모님과 저녁으로 라자냐를 먹으며 대화하면서 나는 한꺼번에 많은 것을 느꼈다. 우리 어머니와 아버지는 나를 만들었고 내 삶의 지형을 정해놓았다. 한편 나는 선택을 해왔고 그 지형을 대체로 행복하게 헤쳐 나갈 수 있는 기술을 배웠다. 저녁 식사가 끝날 무렵 라임에이드 잔을 들고 멋진 우리 부모님을 위해 건배했다. 그러자 아버지가 울었다.

5부

독립

Leaving Home

The Fiery Furnace

불타는 화덕

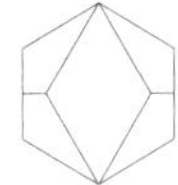

고등학교를 졸업하고 일주일 뒤, 부모님 차를 타고 캔자스대학교의 코빈홀에 있는 새로운 보금자리로 향했다. 내가 집을 떠나는 건 너무나 중대한 사건이었고, 로런스까지 가는 동안 아버지가 술과 혼전 성관계에 관해 몇 가지 주의를 준 것 말고는 셋 다 거의 말이 없었다. 나는 불안과 흥분으로 안절부절못했고 부모님은 슬퍼했다. 부모님의 일그러진 얼굴과 꽉 다문 입술을 보며 두 분이 진정으로 슬퍼한다는 걸 알 수 있었다.

기숙사로 가기 전에 차로 캠퍼스를 한 바퀴 돌아봤다. 캔자스대학교는 시내와 카우 계곡이 내려다보이는 구릉지대에 자리 잡은 아름다운 곳이었다. 오래되고 단단한 활엽수들이 잔디밭과 산책로에 그늘을 드리우고 있었다. 돌로 지은 캠퍼스 건물은 담쟁이넝쿨로 뒤덮였고, 거대한 도서관과 미술관, 예배당, 총학생회관이 있었다. 캔자스대학교는 머릿속으로 생각하던 대학교와 꼭 닮은 모습이었다. 부모님과 나는 고등교육의 신성함을 거의 종교적으로 믿었는데 우리가 본 모든 광경이 그런 관점을 부추겼다.

우리는 기숙사 앞에 주차를 하고 2층에 있는 내 방까지 가방과 담요, 큰 사전을 날랐다. 로비에는 이미 다른 학생들이 있었고 나는 옆에 있는 부모님 때문에 난처해서 얼굴이 빨개졌다. 당시 10대는 대개 자기가 아테네처럼 제우스의 머리에서 태어나 부모의 영향 없이 자립한 척하길 좋아했다.

짐을 다 옮기고 작별할 시간이 됐을 때 우리는 내가 지낼 새로운 방에 우두커니 어색하게 서 있었다. 우리 가족은 포옹이나 뽀뽀를 하지 않고 감정도 말로 표현하지 않았기 때문에 으레 나올 만한 반응이 거의 없었다. 마침내 우리는 작별 인사를 중얼거렸다. 어머니는 내게 일요일 저녁마다 장거리 전화를 걸어 15분 동안 통화할 수 있다고 다시 한번 알려주면서 이렇게 덧붙였다. "시간 나면 매일 편지 써도 돼."

부모님이 방문을 닫고 나간 후 텅 빈 기숙사 방에 덩그러니 남아 누군지 모르는 룸메이트를 기다렸다. 새로운 나와 새로운 삶으로 언제든 발을 들여놓을 수 있는 입구에 서 있다는 생각이 들었다. 지금껏 이렇게 자유롭다고 느껴본 적이 없었다. 원하면 뭐든지 할 수 있고 마음먹으면 어떤 사람이라도 될 수 있었다.

나는 중서부 전역의 학생들을 대상으로 하는 우등생 프로그램에 등록되어 있었다. 우리는 함께 생활하면서 각 분야의 교수에게서 소규모 수업을 들었다. 나는 인문학 프로그램에 들어가고 싶었지만 부모님은 내가 과학 부문을 신청해야 한다고 주장했다.

룸메이트인 재니스는 저녁 식사 시간 직전에야 나타났다. 검은 곱슬머리에 코가 작고 둥근 자그마한 여자애였다. 우리는 교내 식당에서 처음으로 같이 밥을 먹은 뒤 기숙사 방에서 밤새 이야기를 나눴다. 재니스는 책을 많이 읽었고 정치학과 공동체 조직에 관심이 컸다. 재니스가 자기 이야기를 들려주는데 꼭 나 같은 사람의 이야기를 듣고 있다는 생각이 들었다. 날이 밝고 졸린 눈으로 비틀거리며 아침을 먹으러 같이 내려가던 그 순간, 지금부터 내 인생이 달라지고 더 커지리라는 걸 직감했다.

수업 첫날, 격자무늬 스웨터와 치마 차림에 나일론 스타킹을 신었다. 신발은 페니 로퍼(쉽게 신고 벗을 수 있는 간편화—옮긴이)를 신었다. 작은 마을 출신인 나는 여전히 보수적인 여학생이었으며 대학생활에 잘 적응하고 싶은 마음이 컸다. 그러나 그런 메리는 고작 몇 주밖에 가지 않았다. 나는 곧 청바지에 가죽조끼를 입고 비즈 액세서리를 했다.

당시 수업은 별로 기억나지 않는데 그 밖의 것은 거의 전부 생생하게 떠오른다. 새 친구들은 대부분 대도시 출신이었고 나보다 훨씬 지적이고 세련됐다. 세인트루이스에서 온 그레그는 둥그런 페요테 선인장 모양의 단추가 달린 트위드재킷을 입었고 실존주의 철학자의 말을 인용하길 좋아했다. 캔자스시티에서 온 롭은 공공연한 게이였다. 웨인은 재즈 색소폰을 불었고 존 콜트레인(재즈의 '성인'이라 불리는 인물—옮긴이)과 게리 멀리건(쿨재즈를 대표하는 인물—옮긴이)을 칭찬했다. 재니스는 톰과 사귀었는데 톰은 양심적 병역 거부를 신청한 상태였으며 둘은 흑인 민권 운동과 반전 시위에 참여했다.

기회는 어디에나 있었다. 외국영화 상영관에서는 잉마르 베리만, 구로사와 아키라, 루이스 부뉴엘, 페데리코 펠리니 같은 감독의 영화를 틀었다. 미술관은 고전 작품과 현대 미술품으로 가득했다. 학생회관에서는 오데타Odetta, 앨런 긴즈버그, 버피 세인트-마리Buffy Sainte-Marie 같은 유명 예술가를 초청하는 프로그램이 격주로 진행됐다. 우리 어머니처럼 나도 잠을 거의 포기했다. 아무것도 놓치고 싶지 않았다.

내가 가장 좋아한 장소는 캠퍼스에서 불과 몇 블록 떨어진 교회의 지하실이었다. '불타는 화덕(우상 숭배를 거부한 다니엘의 세 친구가 '불타는 화덕'에 던져졌으나 신앙을 저버리지 않은 덕에 멀쩡하게 살아나왔다는 성경 이야기에서 이름을 따옴—옮긴이)'이라 불리는 그곳은 매주 금요일과 토요일, 저녁 8시부터 자정까지 열었다. 신학기 첫 달, 그레그가 내게 금요일 밤 포크 음악과 시 낭송이 있는 자리에 같이 가자고 했다. 불빛이 밝지 않은 어둑한 계단을 내려가니 큰 방이 나왔다. 무대를 비추는 환한 조명을 제외하면 빛이라곤 각 테이블 위 와인 병에 꽂힌 기다란 양초의 불빛이 전부였다.

난생처음으로 커피를 주문했다. 가물거리는 불빛, 갓 갈아낸 원두의 향기, 근처 테이블에서 대화하는 학생들의 소리가 어우러지면서 이 모든 장면이 마법처럼 느껴졌다.

그날 밤에는 세 가지 행사가 열렸다. 첫 번째 행사에서는 은빛이 도는 금발에 맨발인 젊은 여성이 류트(손가락으로 퉁겨서 연주하는 현악기-옮긴이)를 연주하며 고운 소프라노 목소리로 영어 발라드(민간전승의 담시 또는 이야기를 담은 가곡-옮긴이)를 불렀다. 두 번째 행사는 시 낭송이었다. 하나같이 홀쭉하고 검은 옷을 입은 청년들이 번갈아 가며 분노에 찬 자작시를 읽었다. 귀밑까지 내려온 그들의 머리카락은 그 시절 기준으로 보면 길었고, 신발은 대부분의 남자들이 신는 옥스퍼드화나 로퍼가 아니라 샌들이었다. 마지막 낭송자는 기타를 들고 있었고 베이스 기타 연주자까지 대동해서는 당김음을 활용한 강렬한 시를 읊었다. 그 시인에게 홀딱 반한 나는 말을 걸어볼 용기는 없었지만 그가 데이트를 신청해주길 바랐다.

세 번째 행사는 재즈 밴드의 공연이었다. 아버지 덕분에 글렌 밀러나 카운트 베이시, 엘라 피츠제럴드 같은 가수가 부른 재즈는 알았지만 이건 그것과는 다른 재즈였다. 더 돌발적이고 매끄럽지 않은 데다 선율보다는 분위기를 타야 해서 따라가기가 어려웠다. 그 음악을 이해하지 못했지만 이해하고 싶었다. 그래서 웨인에게 모던 재즈 음반을 몇 장 빌려서 그 음악을 공부해보기로 결심했다.

얼마 후에는 캔자스시티에서 열린 흑인 민권 시위 현장에도 참석했다. 베트남 전쟁에 반대했으며, 학교 측이 젊은 여성의 '부모를 대신해' 통금을 실시하고 단속하며 법적 책임을 지는 정책에 반대하는 기숙사 여학생들과도 행동을 같이했다. 이젠 현대 시와 유럽의 영화감독에 대해서도 다른 학생들과 대화할 수 있었다. 마네와 모네도 구분할 줄 알게 됐다.

이런 대학생활 초창기에는 내가 완전히 자유롭다고 생각했다. 그러나 그건 잘못된 생각이었다. 사실은 가족이 사무치게 그리웠다.

대학에 와서 첫 몇 주 동안은 집에 전화할 때마다 수화기에 대고 울기만 했다. 그렇다고 해서 콩코디아의 집으로 돌아가고 싶진 않았다. 겉으로는 마냥 자유분방해 보였어도 사실 나는 가족을 끔찍이 사랑했으며 헤어져 있는 고통은 수년간 겪은 다른 모든 이별을 떠올리게 했다.

나의 정치사상과 개인적 습관을 바꾸고 스스로 만들었다는 느낌이 들었지만, 그건 열여덟 살짜리의 착각일 뿐이었다. 내 안에는 여전히 부모님, 외할머니와 외할아버지, 친할머니와 친할아버지, 이모와 이모부, 고모와 고모부, 사촌들이 있었다. 아울러 가족이 준 트라우마와 내가 살았던 작은 마을, 감리교회, 내가 읽은 책도 있었다. 반 클리브 아주머니와 지니 그리고 콩코디아의 모래 채취장도 나와 함께였다. 또한 나의 까치 매기와 새끼 코요테, 우리 집에서 키우다 죽은 토끼들, 반려견 픽시 로사리타도 모두 내 마음속에 있었다. 나는 친가와 외가의 유전자와 더불어 아른거리는 빛으로 점철된 나만의 별난 성격을 지닌 채 '불타는 화덕'으로 걸어 들어갔다. 1960년대 중반에 대학이라는 이 격동의 세계에서 또 무슨 일이 벌어질지 알 수 없었지만 나는 받아들일 준비가 되어 있었다.

Campfire Lights

모닥불의 빛

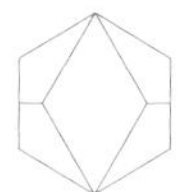

캔자스대학교 2학년이 됐을 무렵 많은 변화가 있었다. 매일 아침 일찍 시내로 걸어가 카임스 카페에서 아침 근무조로 서빙을 했다. 기숙사를 나와 여학생들에게 방을 세놓는 노부인의 집으로 이사했다. 제이크도 고등학교를 졸업하고 로런스로 와서 나와 내 친구들과 같이 지냈다. 그리고 진지하게 만나는 남자친구가 처음으로 생겼다. 그의 이름은 래리 벤 프랭클린이었다. 훤칠한 키에 눈동자가 검은 래리는 노동자 옷을 입고 부츠를 신고 다녔는데 내겐 말론 브랜도의 젊은 시절 모습을 연상시켰다. 래리는 대학을 중퇴하고 그 지역에 있는 상자 제조 공장에서 노조 조직원으로 일했다.

나는 예술과 자유에 목을 매는 아웃사이더 무리와 어울리면서 대학생활에 적응했다. 위치토(캔자스주 최대 도시 – 옮긴이) 출신인 지니는 아름답고 관능적이었으며 오페라 가수가 꿈이었다. 지니의 절친한 친구인 딕시 또한 위치토 출신이었고 시인이자 예술가였으며 좀 저속하지만 재미있는 말과 야한 유머를 아주 잘 구사했다. 캔자스시티에서 온 제인은 몹시 냉소적이면서도 자기 앞에 펼쳐진 코미디 같은 삶을 적극적으로 즐기는 세련된 여성이었다. 제인은 줄담배를 피웠고 걸걸한 목소리로 우스꽝스러운 말을 자주 했다. 열여덟 살인데도 벌써 세상에 싫증이 난 것 같았다.

우리는 얼마나 말이 잘 통했는지. 대화 주제는 마르크시즘부터 수피즘, 도교, 현상학, 정치에 이르기까지 다양했다. 시민권과 인권, 가부키, 비트 시인 그리고 음악과 예술도 논했다. 앨런 와츠와 맬컴 X, 시몬 드 보부아르의 문고본을 서로 빌려주고 우리 시대의 사상에 대해 끝없이 이야기했다. 마치 우리 입장을 마침내 알게 되면 언제든 세상을 바꿀 수 있는 양 밤늦게까지 자지 않고 이런저런 토론을 했다.

그러는 한편으로 우리는 공부를 하거나, 일을 하거나, 혹은 둘 다를 했다. 제이크는 건설 공사 현장에서 일했다. 제인은 학교를 중퇴하고 비서로 일했다. 딕시와 지니도 학교를 그만뒀다. 나는 학교에 남아 의예과 과정을 열심히 공부해나갔다. 그러면서 내가 자유롭게 고를 수 있는 선택과목, 예를 들면 러시아 역사, 예술사, 음악사, 스페인어, 프랑스어 등을 수강하는 호사를 누렸다.

이따금 래리와 함께 캔자스시티에 있는 넬슨 미술관에 갔다. 그런 후에는 래리가 운전하는 차를 타고 미주리강 기슭의 주크박스가 있는 작은 술집으로 가서 바비큐를 먹고 제임스 브라운과 어리사 프랭클린의 음악을 들었다. 한번은 맥주를 몇 잔 마신 래리가 우리 테이블 위로 뛰어올라 어리사 프랭클린을 '세계의 여왕'이라고 선언했다.

어떤 날 밤에는 18번가와 바인 거리 주변의 심야 클럽을 찾아가기도 했다. 이 지역은 캔자스시티풍 재즈의 발상지였다. 카운트 베이시와 찰리 파커, 콜먼 호킨스는 캔자스시티가 배출한 재즈 음악가였다. 래리와 나는 제이 맥샨Jay McShann과 클로드 윌리엄스Claude Williams가 연주하는 클럽을 찾아다니고 얼 로빈슨Earl Robinson이 함께하는 스캠프Scamps 재즈 밴드의 공연도 보러 다녔다. 이런 음악과 가두시위를 경험하기 전의 내 세계에는 거의 백인만 있었다.

우리 무리는 촛불을 밝히고 적포도주를 연료로 삼는 파티를 열었다. 이런 파티는 대개 많은 학생이 공동으로 거주하는 낡고 큰 주택에서 열렸다. 거실은 춤추는 공간이었고, 주방에는 칠리 수프나 렌틸콩 수프가 든 큰 냄비와 와인이 있었으며, 나머지 방에서는 대화가 펼쳐졌다. 대화는 우리에게 가장 인기 있는 활동이었다. 서로 공유해야 한다고 느끼는 생각이 여기저기서 폭발했다. 우리는 책을 쓸 계획, 공동 농장을 만들 계획, 거리 연극을 공연할 계획 등을 세웠다. 파티는 새벽까지 이어졌다. 그 후에는 모두 카임스 카페로 가서 아침을 먹었다.

우리는 캔자스시티나 토피카에서 열리는 콘서트에 가기 위해 함께 여행하기도 했다. 한번은 마이크 블룸필드Mike Bloomfield의 기타 연주가 어우러진 밥 딜런의 노래를 들으려고 트럭 짐칸에 우르르 올라타 짚단 위에 앉아서 링컨까지 간 적도 있다. 그런데 딜런의 새로운 일렉트릭 음악을 듣고서 모두 어안이 벙벙했다. 조용하고 감성이 충만한 콘서트를 기대했건만 무대는 광적인 에너지로 불타올랐다. 군중 가운데 몇 사람이 야유를 보냈지만 우리는 그 무대가 너무나 좋았다. 덜컹거리는 낡은 트럭을 타고 집으로 돌아오는 길에는 별빛을 받으며 다 같이 노래를 불렀다.

소풍을 가서 각자 가져온 음식을 나눠 먹기도 하고 집에서 식사를 교대로 준비하기도 했다. 그중에서도 특히 래리의 절친한 친구인 핌이라는 덴마크인 영화감독이 요리한 한 끼가 떠오른다. 핌은 10대 시절에 미키마우스 귀 모양의 모자를 쓰고 TV에 나왔던 연예인 애넷 퍼니첼로[Annette Funicello]와 데이트하겠다는 희망을 품고 미국으로 건너왔지만 어쩌다 보니 캔자스주 로런스에서 영화를 공부하고 현재 여자친구인 리디아와 같이 살게 됐다고 했다. 핌은 2킬로그램이 넘는 한 자루 분량의 감자 껍질을 벗기고 양파 다섯 개와 코일처럼 감긴 기다란 볼로냐소시지 두 덩이를 몽탕몽탕 썰었다. 그러고 나서 그걸 전부 거대한 프라이팬에 넣고 튀겼는데 아주 맛있었다.

여름 활동 중에는 론스타 호수로 떠나는 주말 나들이가 가장 좋았다. 미루나무와 떡갈나무로 둘러싸인 호수는 넓고 맑았다. 우리 일행은 수영할 수 있는 물가가 있고 편자 던지기 게임과 캠프파이어 도구가 갖춰진 외딴 장소를 알았다. 우리는 물에 들어가 헤엄치거나 비치볼, 편자 던지기 게임을 하면서 재미있게 논 다음, 지니와 딕시에게 간단한 포크댄스를 배우고 원을 그리며 빙빙 돌면서 노래를 불렀다.

이후에는 나뭇가지를 모아 불을 피웠고 그러면 이내 불길이 활활 타올랐다. 그 불에 핫도그를 굽고 포크앤빈 통조림을 땄다. 모두 가난했으나 누군가 블랙 올리브 통조림 한 개나 포도 몇 송이를 사 오는 운 좋은 저녁도 있었다. 그리고 늘 누군가는 기타를 가져왔기에 불가에 둘러앉아 〈단순한 것은 선물입니다'Tis a Gift to Be Simple〉, 〈이 땅은 너의 땅This Land Is Your Land〉, 〈힘든 날은 다시 오지 않으리Hard Times Come Again No More〉, 〈미스터 탬버린 맨Mr. Tambourine Man〉, 〈턴! 턴! 턴!Turn! Turn! Turn!〉 등의 노래를 다 같이 불렀다.

래리와 나는 바짝 붙어 앉아 값싼 과일 와인 한 병을 서로 건네며 마셨다. 우리 둘은 서로에게 미쳐 있었기에 몸이 닿거나 눈이 마주치면 욕망으로 녹아내렸다. 우리는 같이 모닥불을 바라보고, 나무를 스치는 바람 소리를 듣고, 밤하늘을 올려다보며 별똥별을 찾았다. 간간이 원숭이올빼미나 쏙독새의 울음소리가 들려왔다.

모닥불의 빛이 호수 면에 어른거렸다. 때로는 밤하늘에 달이 떠 호수 건너편에서 우리를 향해 그 은은한 빛을 보내기도 했다. 우리는 행복했고 서로에게 만족했기에 이런 삶이 영원히 계속되리라 믿었다. 그러나 그 시기는 유성우처럼 덧없이 지나갔다.

Dock of the Bay

부둣가에 앉아

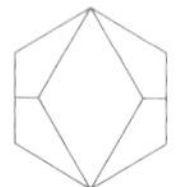

대학교 2학년 시절, 행복한 일 한 가지와 슬픈 일 세 가지가 일어났다. 행복한 일은 남동생 제이크가 내 친구 지니와 사랑하는 사이가 된 것이었다. 슬픈 일은 단짝 룸메이트 재니스가 남자친구 톰의 징병을 피하려고 둘이서 국외로 조용히 빠져나간 것이었다. 재니스는 작별 인사조차 못 하고 떠났다. 게다가 그 학기에 아버지가 심한 뇌졸중으로 쓰러졌고, 2학기에는 래리가 정신 질환을 앓기 시작했다.

추수감사절 아침, 제이크와 나는 래리가 운전하는 차를 타고 콩코디아의 집에 왔다. 래리는 그때까지 우리 부모님과 다른 동생들을 만난 적이 없었다. 래리는 예의 바르고 공손했지만 아버지는 래리를 마음에 들어하지 않았다. 아마도 래리의 좌파 사상이나 청재킷에 달린 반전反戰 배지 때문인 듯했다. 게다가 래리가 나를 만지며 친밀감을 드러내는 모습을 봐서 더 그런 것 같기도 했다. 긴장감이 도는 명절 식사를 마치고 우리는 차를 타고 다시 로런스로 향했다. 그런데 래리가 내게 꽤 이상하게 들리는 질문을 했다. "왜 더 화를 내지 않았어?"

나는 래리의 말이 큰 소리가 나고 혼란스러운 우리 가족의 모습에 대한 논평이 아닐까 생각했다. 아버지는 곧 폭발할 것 같은 분노로 부글부글 끓고 있었고, 어머니는 엄격하고 냉담해 보였으며, 동생들은 갈팡질팡하면서도 무심한 모습이었다. 나는 래리에게 뭐라 대답할 수가 없었다. 화가 나진 않았고, 그저 우리 가족이 아무 문제 없고 서로 사랑한다는 걸 믿고 싶은 마음이 간절했다.

이튿날 정오 무렵, 어머니가 전화해 아버지가 심각한 뇌졸중으로 쓰러졌고 혼수상태에 빠져 살아나기 힘들 것 같다고 알려왔다. 제이크와 나는 다시 집으로 달려가 며칠을 절실한 마음으로 보냈다. 아버지는 사흘 만에 깨어나긴 했지만 오른쪽 몸이 마비되고 부분적으로 실명되어 끙끙거리는 것 말고는 아무것도 할 수 없었다. 이제 쉰 살밖에 안 됐는데 정상적인 생활이 끝난 것이다.

이런 불상사가 일어난 게 내 책임인 것만 같았다. 내가 래리와 사귀는 게 아버지에게 너무 큰 스트레스를 줘서 뇌졸중이 왔다고 생각했다. 내가 아버지를 파괴할 정도로 실망시켰다고 믿었다.

그래도 결국 학기를 마치고 기말시험을 치르기 위해 학교로 돌아왔다. 가족을 경제적으로 부양하고 아버지를 상대하고 동생들을 돌보는 일을 어머니에게만 떠맡긴 채. 그렇게 충격에 휩싸인 상태로 학기를 마쳤다. 그때의 기억은 전혀 없다.

크리스마스 휴가 때 기차를 타고 덴버로 가서 크레이그 병원(콜로라도주에 있는 재활 치료 전문 병원—옮긴이)에 있는 아버지와 함께 지냈다. 날마다 언어치료사가 와서 아버지가 언어를 다시 배우도록 도왔지만 절대 완전히 성취될 수 없는 일이었다. 이후에는 다른 치료사가 아버지를 휠체어에 태우고 나가 운동을 시켰다. 병원 환자복을 입은 아버지는 가로장 두 개 사이에 서서 온전한 한쪽 팔과 한 다리로만 균형을 잡으려 애썼다. 그러면서 손상된 무거운 몸을 앞으로 내던지려 했는데 그 모습이 마치 엉터리로 걷는 흉내를 내는 것처럼 보였다. 손으로 코를 만지려고도 했지만 아버지의 손은 계속 엉뚱한 방향에서 떠돌았다.

아버지는 차츰 말을 되찾기는 했으나 말이 생각과 일치하지 않았다. 아버지 입에서는 '담배'라는 말이 자주 나왔는데 물 한 잔이나 부드러운 음식 한 숟가락, 환자용 변기를 원할 때도 그렇게 말했다. 그 외에 주로 나오는 말은 '젠장'과 '빌어먹을' 그리고 '커피'였다.

아버지는 당신이 얼마나 손상을 입었는지 알 만큼 의식이 있었고 어느 순간에는 내게 죽여달라고 애원했다. 아버지는 왼손으로 베개를 잡아당겼다. 나는 그게 질식사 시켜달라는 뜻임을 알아차렸다. 하지만 그럴 수 없다고 말했다. 마음속으로는 그러면 아버지가 더 행복해하리라는 데 동의했지만 차마 행동으로 옮길 용기는 없었다. 나는 거절할 수밖에 없었고 우리는 같이 울었다.

방학 기간이 끝날 무렵 아버지를 병원에 홀로 남겨둔 채 로런스로 돌아가는 기차에 몸을 실었다. 래리 곁으로 돌아가고 학교 수업을 들으러 간다고 생각하니 안도감이 들면서도 아버지를 두고 온

나 자신이 부끄러웠다. 학교를 그만둘까도 생각해봤지만 그러지 않았다. 대신 공부와 친구들에게 몰두했다.

아버지는 덴버에서 6주를 더 머물렀다. 그 후에는 클레어 이모부와 애그니스 이모가 아버지를 차에 태워서 다시 콩코디아 집으로 데려다줬다. 나는 봄 방학 때 아버지를 다시 만났다. 아버지는 한쪽 눈이 실명되고 반신이 마비됐으며 처음에 나오던 네 단어 이상은 거의 말할 수 없었다. 아버지는 거실 소파에 앉아 요구 사항을 외쳤다. "담배, 빌어먹을."

"아빠, 벌써 담배를 피우고 계시잖아요. 혹시 물 한 잔 달라는 말씀이세요?" 내가 대답했다.

아버지는 아니라는 뜻으로 고개를 가로저으며 욕을 내뱉었다. 그러면 이렇게 다시 물었다. "그럼, 보행 보조기 드릴까요?"

2학기로 접어들면서 래리는 환청을 듣기 시작했고 정신과 의사를 찾아갔다. 의사는 정신 질환 약물을 처방했다. 그 약 때문에 래리는 경직되고 둔해졌다. 과거에 일어나지도 않은 일을 얘기했다. 나는 어떻게 반응해야 할지 몰랐다.

래리의 문제가 우리 관계와 어떤 식으로든 관련이 있는지 궁금했다. 게다가 아버지가 어쨌든 나 때문에 병에 걸려 고생하고 있다는 생각에 사로잡혀 있었다. 두 남자의 안녕에 내 책임이 있다고 느꼈다. 동시에, 내겐 두 사람을 잘 돌볼 방편이 없다는 사실도 잘 알았다. 나는 고작 열여덟 살이었고 너무도 고통스러운 나머지 멍해졌다.

로런스를 떠나야겠다고 결심했다. 래리에게 같이 가자고 하면 그는 나를 따라나섰겠지만 나는 그와 헤어지고 싶었다. 래리를 사랑했지만 그의 정신 질환은 무서웠다. 이런저런 짐을 잠시 내려놓고 싶은 거라고 스스로를 다독였지만 실은 마냥 두려웠고 내 책무에서 도망치는 데 불과했다.

2학년이 끝나고 여름 동안 아버지의 언어치료와 신체 운동을 돕기 위해 아예 이삿짐을 싸서 집으로 들어왔다. 거실에서 아버지가 앞뒤로 움직이며 불편한 몸을 힘겹게 끌고 갈 때는 곁에서 균형을 잡아드렸다. 내가 그림 카드를 들고 있고 아버지가 거기 그려진 대상의 이름을 말하는 연습도 했다. 복숭아를 보여주자 아버지는 "담배"라고 말했다. 자동차를 보여주니 "커피"라고 했다. 나무를 보여줬을 땐 "젠장"이라고 했다.

이런 답답한 과정에 열중하는 동안 나는 일그러진 얼굴로 뒤틀린 오른팔을 가슴 위에 얹은 채 절망적인 눈빛을 보내는 아버지의 안타까운 모습을 지켜보며 서 있기가 너무 힘들었다. 그래도 그해 여름에는 아버지 곁을 지켰다. 최소한 그랬다.

제이크와 지니, 딕시는 모두 1967년 여름에 샌프란시스코로 거처를 옮겼다. 이듬해 봄 나는 포트레로힐의 공동주택에 사는 그들에게 합류했다. 전국 각지에서 모여든 젊은이가 그곳에서 자신의 진정한 정체성을 찾고 그 시대의 위대한 청년 운동에 참여하고 있었다.

당시 샌프란시스코는 끊임없는 파티의 장이었다. 거리는 음악이나 실험극을 공연하고, 오렌지나 장미를 나눠 주고, 낭송회와 미술 전시회의 초대장이나 전단을 뿌리는 다양한 사람들로 북적였다. 골

든게이트 파크는 재니스 조플린과 빅 브라더 앤드 더 홀딩 컴퍼니, 제퍼슨 에어플레인, 컨트리 조 앤드 더 피쉬, 그레이트풀 데드의 무료 콘서트가 열리는 장소였다.

필모어Fillmore나 애벌론 볼룸Avalon Ballroom 같은 음악 공연장에 가서 춤을 추거나 타말파이스산으로 소풍을 가 거기서 벌어지는 즉흥 공연을 보면서 내가 남겨두고 온 모든 것을 잊으려 했다. 나는 에너지와 창조성, 희망이 흐르는 곳으로 몸을 던졌다.

이후 샌프란시스코만 지역의 상황이 바뀌었다. 총기와 중독성 마약, 반사회적 인격 장애자가 더욱 만연해졌다. 그러나 그 도시가 환희와 호의로 마냥 고동치던 시절이 있었고, 나는 그 위대한 심장 고동의 일부였다.

화창한 날이면 샌프란시스코의 햇빛이 푸른 바다와 초록 언덕에 부딪혀 반사됐다. 안개 낀 둑 위로 태양이 솟아오르면 하늘은 심홍색과 주황색으로 물들었다. 금문교는 앨커트래즈섬으로 가는 관광선과 흰 요트가 점점이 흩어진 바다 위로 청동 장식 띠처럼 반짝였다. 흐린 날에는 굴의 뽀얀 속살 같은 하늘에서 오색찬란한 빛이 뿜어져 나왔다. 거의 매일 아침, 안개가 도시의 일곱 언덕을 가로질러 서서히 퍼졌다가 오후 늦게 그 언덕들 위로 퍼레이드를 하듯이 걷혔다. 그 안개는 생명체 같았고 숨결처럼 예측이 가능했다.

노스 비치는 나이트클럽의 화려한 불빛과 조명 켜진 스트리퍼 간판으로 가득 찼다. 차이나타운은 홍등과 형형색색의 불빛으로 환했다. 샌프란시스코는 물빛과 하늘빛, 고층 건물의 불빛, 케이블카의 불빛, 환각적인 불빛, 더 많은 빛을 쏟아내는 반사광이 어우러진 빛의 향연장이었다.

한동안 남동생과 친구들이랑 공동생활을 했다. 그러다 나중에는 필모어가에 작은 거처를 마련했는데 당시 그곳은 흑인 공동체 지역이었다. 내가 일하는 마켓가의 던킨도너츠 바로 맞은편은 버스 터미널이었다. 거기서는 베트남에서 귀향한 군인들이 무더기로 쏟아져 나왔고 전국 여러 도시에서 출발한 히피족도 당도했다. 우리 도넛 가게는 핍쇼peep show(독립된 부스에 들어가 유리창 너머로 보는 여성의 스트립쇼－옮긴이) 업소와 텐더로인 지역(20세기 중반에는 극장과 호텔, 클럽이 즐비한 문화 중심지였으나 현재는 우범 지역으로 전락함－옮긴이)으로 둘러싸여 있었다. 그렇다 보니 별의별 사람이 다 와서 커피를 마시고 메이플 바(메이플 글레이즈를 바른 직사각형 도넛－옮긴이)나 초콜릿 도넛을 먹었다. 나는 그 가게의 유일한 서빙 직원이었지만 손님들과 이야기를 나눌 시간은 충분했다. 매일매일 흥미진진한 이야기를 들었다.

샌프란시스코는 생선 냄새와 바다 내음 그리고 노동자와 부랑자의 몸에서 나는 땀내까지 어우러져 오감을 자극했다. 노스 비치에서는 버번위스키, 싸구려 향수, 담배, 이탈리아 빵집의 갓 구운 빵 냄새가 났다. 차이나타운에서는 청경채, 오리구이, 생선, 참기름 냄새가 났다. 헤이트-애시베리(1960년대 히피 문화의 성지－옮긴이) 지역은 파출리, 대마초, 커피, 니코틴 냄새를 풍겼다.

예전에 살던 곳에는 근처에 아시아인이나 흑인, 라틴계가 없었다. 나는 우리 동네 흑인들을 비롯해 길모퉁이에서 소프트 타코를 파는 멕시코계 미국인, 세탁소 옆에서 상반신을 드러낸 채 '자유연

애Free Love'에 대한 전단을 나눠주는 활동가와도 친해졌다. 심지어 그때도 자유연애가 모순 어법이라는 걸 알고 있었지만 말이다.

하루하루가 발견으로 채워졌다. 어느 날 저녁에는 제이크와 내가 재즈 피아니스트 모스 앨리슨을 재즈 공연장에서 집까지 차로 태워주기도 했다. 한번은 시인 리처드 브라우티건이 내게 커피 한잔을 사면서 작업을 걸려고 했다. 그를 조심하라는 얘기를 들은 적이 있어서 "고맙지만 사양할게요"라고 말했다. 당시 펄링게티가 운영하던 시티 라이트 서점에서 시집을 읽었고, 오션 비치에서 햇볕을 쬐며 나른한 오후를 보냈다. 타로와 수피춤도 배웠다. 주말 오후에는 친구들과 포인트 로보스(해안 절경이 유명한 해양 동물 서식처－옮긴이)에서 하이킹을 하고 빅서(자연 그대로의 해안선으로 유명한 지역－옮긴이)에서 캠핑을 했다.

그 시절, 나는 즐거운 나날을 보내며 세상을 배우고 있다고 말했다. 부분적으로는 사실이었다. 세계의 중심에서, 그것도 그 한가운데 살면서 몇 년 전만 해도 상상조차 못 했던 경험을 하고 있으니 말이다. 하지만 동시에 래리와 아버지 그리고 캔자스에 있는 나머지 가족을 저버렸다. 어쩌다 이런저런 일이 뜸해져 그들을 생각할 틈이 나면 슬픔과 죄책감에 짓눌렸다. 겁쟁이에다 탈영병이 된 것만 같았다. 집에서 그 비통함을 도저히 마주할 수가 없었다.

대개는 그 고뇌를 묻어뒀지만 그런 감정이 특히나 고개를 쳐든 밤이 있었다. 1967년 12월에 오티스 레딩(미국의 싱어송라이터로 갑작스러운 비행기 추락 사고로 요절했다－옮긴이)이 사망하고 몇 달이 지난 후였다. 그의 노래 〈부둣가에 앉아(Sittin' On) The Dock of the Bay〉가 여기저기서 전파를 타고 있었다. 그 노래에 사로잡혀서는 머릿속 턴테이블로 그 노래를 끊임없이 들었다. 어머니 생일인 3월 11일에 케이블카를 타고 부두로 가서는 바닷물을 하염없이 바라보며 앉아 있었다.

맑고 고요한 저녁이었다. 바람이 비단결 같았고 물 위에는 보름달에 가까운 둥근달이 은빛으로 둥둥 떠 있었다. 오티스 레딩의 노래를 생각하니 슬퍼져 이내 울음이 터졌다. 처음에는 그의 외로움과 나의 외로움 때문이었지만 그다음엔 모든 것 때문이었다. 과로하고 상심한 어머니, 외로운 동생들, 집에 홀로 앉아 담배를 피우며 창밖만 바라보는 불구가 된 아버지 때문에 울었다. 아직도 매주 내게 편지를 쓰는 래리 때문에 울었다. 이 모든 게 힘들어서 가슴이 아팠다. 고통을 피할 수도 없었고, 고통을 주는 걸 피할 수도 없었다.

내가 잃어버린 그 소녀, 가족 곁을 지키고 그들을 몹시 돌보고 싶었던 착한 딸 메리를 애도했다. 나는 이제 더는 그 소녀가 아니었고 결코 다시 될 수도 없었다. 내가 무엇이 되어가고 있는지 알지 못했다.

달을 바라보노라니 가슴이 당장 여러 갈래로 찢기는 것 같았다. 나 자신을 찾으러 샌프란시스코에 왔건만, 한 인간으로서 완전히 길을 잃어버렸다. 자유처럼 보였던 것은 그저 반짝이는 크리스마스 장식물에 지나지 않는 것 같았다. 이젠 '자유'라는 말이 무엇을 의미하는지도 알지 못했다. 그것이 중요한지조차 확신할 수 없었다. 어쩌면 그 밖의 것, 그러니까 내가 도덕성이라 부를 수 있는 것이 더 중요한지도 몰랐다.

물 위에 어린 형형색색의 빛을 보노라니 오래전 텍사스 부둣가에서의 아버지가 떠올랐다. 여러 감정이 북받쳤다. 이 도시에 대한 사랑, 오티스 레딩을 애도하는 마음, 지독한 향수병 그리고 이름조차 댈 수 없는 것에 대한 한없는 갈망이 뒤섞였다. 내 자아감은 물에 비친 달빛처럼 연약하고 흔들흔들했다.

그날 밤, 샌프란시스코만에 쏟아지던 달빛과 항만에 정박한 배의 흔들림, 피셔먼스 워프에서 비치는 빛은 답을 갖고 있지 않았다. 그 풍경은 아름다웠고 덕분에 갈기갈기 찢어진 마음을 수습하긴 했지만 그게 앞으로 나아갈 길을 밝혀주진 않았다.

Pregnancy and Exile

임신과 추방

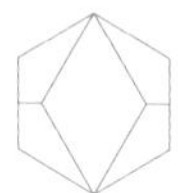

샌프란시스코에서 내 시간을 보낸 후 버클리로 옮겨가 그곳에서 1969년 봄에 대학을 졸업했다. 하지만 여전히 뿌리를 내리지 못한 상태였다. 사무직 쪽에 한번 발을 들여놓아봤지만 영 마음에 들지 않았다. 일단 나일론 스타킹과 하이힐을 신는 걸 견딜 수 없었고, 바깥에 나가고 싶을 때 서류 작업을 해야 하는 것과 내가 가치를 두지 않는 일에 시간을 쓰는 것도 참기 힘들었다. 그래서 첫 월급을 받고 멕시코로 떠났다.

월급과 졸업 축하금으로 여름 동안 작은 오두막에서 혼자 지냈다. 스물한 살 생일날, 아이슬란드 항공 비행기를 타고 런던으로 갔다. 그곳에서 유대인이 운영하는 빵집에서 계산대 점원 일자리를 얻었다. 두 여자 주인은 친절하고 느긋했으며 쉽게 즐거워하는 성격이었다. 런던에서 2차 대전을 겪은 사람들이었기에 그들에게 1960년대는 전전긍긍할 일이 전혀 없는 시대였다. 빵과 페이스트리가 맛있기도 했지만 그들의 아량과 웃음 덕에 빵집은 늘 손님으로 북적였다.

자유 시간에는 차를 마시고 도시를 돌아다녔으며 대영박물관을 구석구석 관람했다. 아홉 달 뒤에는 심한 향수병에 걸려 캔자스로 돌아왔다. 가난과 떠돌이 생활에 지쳐서 한곳에 정착하기로 다짐했다.

가족과 함께 몇 주를 보낸 뒤 캔자스시티로 옮겨가 의대 진학에 필요한 마지막 강의를 등록했다. 얼마 후 미주리대학교 캔자스시티 캠퍼스에서 고급 물리학과 유기화학 수업을 들었다.

아, 그리고 결혼하고 싶지 않은 남자의 아이를 갖게 됐다. 과학 수업에서 만난 남자였는데 처음엔 같이 재미있게 놀았다. 하지만 시간이 갈수록 그는 나를 소유하고 지배하려 들었고 겁이 난 나는 그를 멀리했다.

임신한 그해 가을과 겨울은 내 인생에서 무척이나 힘든 시기였다. 어머니는 내 임신을 부끄럽게 여겨 내가 집에 오지 않길 바랐고 명절에도 예외는 아니었다. 어린 시절에 맹장 수술을 앞두고 의사의 팔을 물었을 때 쫓겨날까 봐 두려워했건만 이제 진짜로 추방을 당한 것이다. 더군다나 1971년은 미혼모에게 좋은 시절이 아니었다. 대다수가 나 같은 여자를 헤프고 부도덕하다고 여겼다.

나는 무일푼에 외롭고 취약한 상태였다. 임부복도 한 벌 없고 겨울 외투조차 없었다. 음울하고 추운 캔자스시티에서 낡은 신발을 신고 허름한 재킷을 걸친 채 어슬렁어슬렁 돌아다녔다.

의대 면접을 볼 때는 임신한 배를 감출 수 있는 헐렁한 스웨터를 빌려 입었다. 의대에 합격한 뒤로는 매일 아침 버스를 타고 학교 캠퍼스로 가서 힘겹게 수업을 들었다.

내가 찾아간 의사는 의대에서 일했고 나를 복지 수혜 대상으로 봐주었다. 의사들이 여전히 동료를 무료로 치료해주던 때였고 내가 의사가 되는 길을 걷고 있었기에 가능한 일이었다.

거의 노숙자가 될 뻔했을 때 마침 친구 딕시가 같이 살자고 나를 불러줬다. 당시 딕시는 샌프란시스코에서 돌아와 시내 광장 근처에 있는 넓은 주택에서 가족, 친구들과 함께 살고 있었다.

대략 열 명이 벽난로가 하나 있는 이 옛날 집을 같이 썼다. 모두 가난했지만 우리에겐 책과 기타 그리고 서로를 위하는 동료애가 있었다. 나는 저녁에 딕시를 도와 여럿이 함께 먹을 라이스앤빈(쌀과 콩을 양념한 음식 —옮긴이)이나 파스타를 요리하고 곁들일 채소도 같이 준비했다. 남자들은 설거지를 했다. 저녁 음료로는 대개 자주개자리로 만든 차를 마셨다.

딕시와 그 딸들과 같이 크리스마스 장식을 직접 만들어 달았고 서로 주고받을 작은 선물을 신문지로 포장했다.

크리스마스 연휴 때 예쁘고 잘 노는 로라가 우리 집에 나타났다. 로라는 남자친구와 남미의 끝까지 여행을 다녀왔는데, 지금은 빈털터리 신세에 남자친구도 없다고 했다. 여행을 떠나면서 자기 짐을 딕시와 프레드 부부에게 맡겨놓았다가 캔자스시티에 이제 막 돌아온 참이었다. 나는 로라를 만난 적도 없었는데 공교롭게도 로라가 집에 왔을 때 로라의 옷을 입고 있었다. 의대 면접 날 입었던 바로 그 헐렁한 스웨터였다.

옷 주인인 로라는 고맙게도 내가 '자기 물건을 빌린 것'을 재미있어했다. 우리는 금세 친한 친구가 됐다. 크리스마스 연휴가 끝나고 로라는 시내 광장에 있는 미국식 중국 식당인 하우스 오브 토이House of Toy에 서빙 일자리를 구했다. 우리 둘은 딕시네 집에서 겨우 네 블록 떨어진 작은 아파트로 이사했다. 나는 밤잠을 설친 상태로 배 속 아기 때문에 무거워진 몸을 질질 끌고서 얼음과 눈을 뚫고 버스 정류장으로 걸어가 학교까지 가는 버스를 기다렸다. 학교에서는 종일 수업을 듣거나 실험실에 있다가 해 질 녘에 텅 빈 집으로 돌아왔다. 거의 매일 저녁 배가 너무 고파서 속이 쓰린 채, 로라가 하우스 오브 토이에서 남은 음식을 가지고 집에 돌아오기만을 기다렸다.

로라는 에그롤과 크랩 랭군(크림치즈와 게살 등을 넣은 일종의 튀긴 만두-옮긴이)이 든 봉지와 탕수육이나 오렌지 치킨이 든 팩을 들고 돌아왔다. 인심 좋은 식당 주인과 동료 덕분에 우리는 신나게 포식했다.

힘든 시기에 곁을 지켜준 여자 친구들 덕분에 구원받고 있음을 또다시 깨달았다. 그 친구들이 없었다면 내가 어떻게 됐을지 상상이 가지 않는다. 그들은 그 어두운 겨울에 내게 빛이 되어주었다.

Sunrise

해돋이

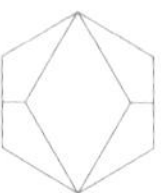

3월 초에 어머니가 전화를 해서는 내가 출산할 때 곁에 있고 싶다고 했다. 나는 어머니가 내 삶 안으로 돌아온다는 사실에 깊은 안도감을 느꼈고 아이가 태어날 때 현장에서 의사가 되어준다는 데 감사했다. 한편으론 어머니가 아직도 내게 화가 난 상태인지 궁금했다. 나는 어머니에게 조금의 분노도 느끼지 않았고 단지 어머니를 실망시켰다는 느낌만 컸다. 매사 잘하고 인정받는 아이가 되길 그만둔 지는 이미 꽤 오래됐다.

3월 말 금요일 오후, 봄 방학을 일주일 앞두고서 배 속의 아기가 이제 세상에 나갈 때가 됐다고 결정을 내렸다. 엄마가 일주일 내내 학교에 가지 않고 공부하지 않아도 되는 시기에 세상에 나오려 하다니 얼마나 사려 깊은 아기인지!

차로 세 시간 거리에 있는 어머니에게 전화로 알리고 나서 로라와 함께 택시를 타고 병원으로 갔다. 내 상태를 살펴본 간호사는 담당 의사가 저녁을 먹으러 나갔는데 돌아와서 진찰할 거라고 일러줬다. 로라가 곁에 남아 내게 얼음 조각을 건네며 병원과 관련된 우스갯소리를 했다.

의사는 밤 10시에 나타났는데 입에서 술 냄새가 났다. 그래도 나를 진찰할 때는 친절하고 전문가다웠다. 의사는 내 상태가 괜찮다면서 몇 시간 뒤에 다시 오겠다고 말했다. 어머니는 자정 무렵에 급히 도착했다. 진통이 더욱 심해지자 어머니와 로라는 잠시도 자리를 비우지 않고 내 곁을 지켰다.

충격적인 고통이었다. 아파도 항상 잘 참는 편이었는데 진통은 차원이 다른 고통이었다. 왜 아무도 내게 경고하지 않았을까? 당장 분만을 멈추고 아기 낳을 준비를 할 시간을 며칠만 더 주면 좋겠다고 생각했다. 한편으로 아기가 언제 태어날지는 내 통제 영역 밖이라는 사실도 깨달았다. 내 선택지는 최대한 용감하게 전진하는 것뿐이었다.

천천히 깊게 숨을 들이쉬고 내쉬었다. 꽉 잡은 로라의 손에서 위안을 구하며 어머니 쪽을 쳐다봤다. 어머니는 태아 심장 모니터에서 눈을 떼지 않았다. 어느 순간, 어머니가 천천히 입을 열어 아기와 내가 여름에 콩코디아 집으로 와도 된다고 말했다. 그러더니 또 어느 순간, 내가 의대를 졸업할 때까지 나를 위해 아기를 맡아주겠다고 제안했다. 그 말에 엄청난 충격을 받았다. 단 하루라도 내 아기와 떨어진다는 건 상상할 수 없는 일이었다. 어머니는 나를 잘 몰랐다. 이 아기는 우리 가족일 뿐 아니라 나의 일부였다.

어머니의 사고방식을 상징적으로 보여주는 제안이었다. 어머니는 실용적인 분이었고 실질적으로 최상의 효과를 낸다면 아이를 다른 사람 손에 맡길 수도 있다고 생각했다. 어머니는 대부분의 사람들이 이해하는 식의 애착을 잘 알지 못했다.

새벽 5시쯤 상황이 빠르게 전개됐다. 담당 의사가 도착했고 어머니는 수술복을 입었다. 나는 침대에 누운 채 수술실로 옮겨졌다. 불빛이 환했고 수술대는 차갑고 딱딱했다. 나는 힘을 주기 시작했다. 누군가 내게 주사를 놓았다. 아기가 우는 소리가 들리자 어머니가 말했다. "아들이야."

기억이 돌아왔을 때는 이미 병실이었다. 로라와 어머니는 휴식을 취하러 우리 집으로 가고 없었다. 나는 몸을 가눌 수 없었고, 아팠으며, 배가 고팠다. 그래도 아기가 보고 싶었다.

간호사가 곧 내 아들을 데려왔다. 아기를 건네받으면서 아기의 눈을 들여다봤다. 두 눈은 맑고 깨끗한 하늘색을 띠었다. 뿐만 아니라 내가 더는 기억하지 못하는 우주의 지식도 담겨 있었다.

이 글을 쓰는 지금도 포대기에 싸여 내 품에 안긴 아기의 따뜻한 체온과 부드러운 금빛 머리칼, 조그만 어깨, 기름하고 앙상한 발이 기억난다. 그 방에 아기랑 단둘이 영원히 머물 수도 있을 것 같았다.

때마침 태양이 지평선 위로 쑤욱 솟아오르면서 창문으로 황금빛이 쏟아져 들어왔다. 흘러넘치는 그 빛이 우리를 꼭 안아주는 것 같았다. 빛에 안긴 우리 모자는 빈털터리에 직업도 없는 어머니와 신성한 사내 아기로 표현된 캔자스시티 병원의 피에타[Pietà]였다. 나는 아기의 이름을 '이지키얼 선라이즈'라고 지었다. 나는 아들을 위해 내 삶을 바치리란 걸 알았다. 그보다 더 중요한 것은, 아이를 위해 내가 성장하리라는 사실이었다.

Fireplace Light

벽난로의 불빛

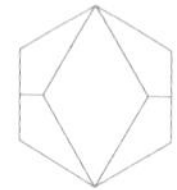

1972년 여름, 대학원 과정을 알아보러 차를 몰아 네브래스카대학교가 있는 링컨으로 향했다. 인류학과로 입학할 수는 있지만 재정적 지원은 받을 수 없다고 했다. 충동적으로 푸른 잔디밭을 가로질러 버넷홀에 있는 심리학과를 찾아갔다. 임상심리학 과정의 책임자는 제임스 콜이라는 말씨가 부드러운 남부 사람이었다. 마침 콜 교수가 한가했던 건 기적과도 같은 행운이었다.

우리는 두 시간쯤 대화했다. 콜 교수는 내 성적 증명서와 시험 점수를 훑어보더니 임상 훈련 과정을 전액 지원하는 기회를 주겠다고 했다. 어리둥절할 정도로 관대한 그 결정에 깜짝 놀란 나는 마음이 둥둥 떠서 내 차로 돌아왔다. 이제 지크와 나에게도 미래가 있었다.

수업 첫날, 콜 교수의 연구실 밖에서 웬 남자와 함께 서 있었다.

그 남자는 키가 크고 호리호리했으며 아메리카 원주민처럼 보였다. 청바지와 카우보이 셔츠 차림에 카우보이 부츠를 신었고 말총머리를 하고 있었다.

문 밖에서 기다리는 동안 나는 내 소개를 하고 수업에 대해 신나게 떠들었다. 그 남자의 이름은 짐이었는데 그는 내 말에 거의 단음절로 뚱하게 대답했다. 나중에 알고 보니 짐은 전날 밤 음악제에서 '최고 가수상'을 받은 음악인이었다. 그래서 잠을 거의 자지 못한 상태였으며 대학원에 대한 관심도 적었다. 짐은 머지않아 전업 음악가가 되기를 소망했다. 심리학은 대비책에 지나지 않았다.

이튿날 지크와 나는 유니테리언 교회에서 열린 교수진과 대학원생들의 야유회에 참석했다. 햇살 좋은 오후였다. 지크는 놀이기구를 타느라 신이 났다. 나는 각자 가져온 음식으로 차린 테이블을 흐뭇하게 바라봤다. 거기에는 내가 살 형편이 되지 않는 프라이드치킨과 햄, 신선한 딸기파이 같은 음식이 가득했다. 학생들은 전국 각지에서 왔고 인종도 다양했다. 동기로는 짐과 수녀 한 명, 남부에서 온 아프리카계 미국인 두 명, 라틴계 두 명이 있었다. 그중 몇 명은 결혼해서 자녀가 있었고 그 아이들은 지크의 친구가 되어주었다.

나는 특이한 학생이었다. 비혼모였고, 버클리 졸업생이었으며, 심리학은 완전히 생소한 분야였다. 더군다나 미니스커트에 가죽조끼를 입고 머리에 띠를 둘러 히피처럼 보였다. 학생들은 우호적이었지만 일부 교수는 몹시 놀라는 눈치였다. 이런저런 질문을 받으며 그들이 나를 조사하고 있다는 걸 알 수 있었다.

지크가 그네를 타고 싶어 하자 짐이 지크를 데리고 가서 그네를 태워주겠다고 했다. 덕분에 나는 다른 학생이나 교수와 자유롭게 이야기를 나눌 수 있었다. 이 기회를 빌려 내가 대학원 공부와 한부모 양육을 감당할 수 있는 진지한 학생임을 교수들에게 확신시켰다. 참 좋은 시간이었다. 심리학자는 천성적으로 친절하고, 공감을 잘하며, 관찰력이 있다. 그곳의 대학원생들을 만나며 내가 앞으로 4년을 함께 보내려고 이 사람들을 선택한 것만 같았다.

지크도 제 나름대로 관심을 많이 받았다. 생후 18개월인 지크는 활달하고 외향적이었고, 사람들은 쿠키를 주기도 하고 지크를 들어 올려 안아주기도 하면서 계속 관심을 표했다. 지금껏 이보다 재미있는 시간을 보내고 이보다 흥미로운 사람들을 만난 적이 있었나 싶었다. 다른 사람과 이야기할 시간을 선사해준 짐에게 감사한 마음이 들었다.

알고 보니 짐은 생김새만 아메리카 원주민을 닮았지, 사실은 독일계 미국인이었다. 짐의 집안은 미주리강을 따라 자리 잡은 버트카운티에 자영농으로 정착한(남북 전쟁 중이던 1862년에 서부 개척의 일환으로 자영농 수를 늘리기 위한 법이 제정되었고 그 덕에 많은 이들이 땅을 개간하며 그곳에 정착했다—옮긴이) 내력이 있었다. 임상심리학 수업을 듣는 소규모의 동기들은 학기 초에 함께 통계학 공부 모임을 하기로 결정했다. 너무 어려워서 학생들을 나가떨어지게 하는 이 전공 필수 과목은 2차 대전 당시 수학자였던 나이 많은 체코인이 가르쳤는데 그는 뛰어난 통계학자였으나 선생님으로는 정말 별로였다. 확률 이론과 연구 방법론, 변량 분석을 포함한 대학원 수준의 통계학 공부는 그야말로 악전고투였다. 공부 모임은 일주일에 한 번 우리 집에서 지크가 잠든 후인 저녁 8시에 시작했다.

우리 집은 A 스트리트에 있는 낡아빠진 3층짜리 연립주택의 1층에 있었다. 건너편 집에는 노부부인 밀리와 레이가 살았다. 어쩌다 한 번씩 밤에 외출할 일이 생기면 그분들이 지크를 봐주었다. 우리 집에는 가구가 딸려 있고, 옆 마당 쪽으로 테라스가 있으며, 거실과 식당, 침실, 욕실이 하나씩 있었다. 그리고 큰 사치품이 하나 있었는데 바로 거실에 설치된 오래되고 우아한 벽난로였다. 나는 그럭저럭 겨우 장작을 사서 불가에서 공부할 수 있었다.

1학기가 지나는 동안 통계학을 잘하는 짐이 우리에게 내용을 설명해줬다. 나는 당최 수학 머리가 없는 데다 수학은 자신도 없고 관심도 없었다. 그래서 추가 개인 지도가 필요했기에 짐이 공부 모임 이후에도 남아 나를 도와줬다. 처음 개인 수업을 받았을 때 우리는 공부 친구일 뿐이니 서로 절대 사귀지 않기로 둘 다 분명히 해두었다. 만약 둘이 사귀게 되면 인생이 너무 복잡해질 터였다.

짐은 사색적이고 지각이 있으며 재미있었다. 시험 전에 칠판에다 트럭 운전학원 전화번호를 적고는 이렇게 말했다. "여러분, 잊지 마세요. 우리에겐 대안이 있답니다." 학생실에서는 즉석에서 교수들 흉내를 내며 모두를 웃겼다. 가끔 75달러짜리 내 중고차가 시동이 걸리지 않을 때는 자기 차로 지크를 대학 부속 유아원까지 데려다주고 나도 강의실까지 태워다줬다.

나는 박사학위를 받을 때까지 비혼으로 지내겠다고 맹세했었다. 대학원에 운 좋게 들어간 상황인데 그 무엇도 공부에 방해가 되지 않도록 할 작정이었다. 데이트를 하더라도 상대를 잘 골라 신중하게 만날 계획이었다. 다음에 사귈 사람은 결혼으로까지 이어지고 지크의 아버지가 되길 바랐기 때문이다. 반면 짐은 어느 누구와도 장래를 약속하는 관계를 바라지 않았다. 물론 자기 학업을 타협의 대상으로 삼고 싶어 하지도 않았다. 게다가 짐은 나보다 두 살이나 어린 로큰롤 뮤지션이었다. 그의 소망은 자기 밴드와 함께 전국 순회공연을 하는 것이었다. 그래서 우리는 데이트하는 사이가 되지 말자고 두말없이 합의했다.

그런 관계를 9월, 10월, 11월까지 지속했다. 12월이 되었고 우리 공부 모임은 기말시험 전에 마지막으로 모여 함께 공부했다. 밖에는 눈이 펑펑 내리고 있었고 대부분 일찍 자리를 떴다. 하지만 공분산 내용이 헛갈렸던 나는 짐에게 남아서 좀 도와달라고 부탁했다. 짐이 통나무를 하나 더 불 속에 집어넣는 동안 나는 잔에 커피를 더 따랐다. 지크는 옆방에 곤히 잠들어 있었고 우리는 소파에 나란히 앉아 공부했다.

아름다운 밤이었다. 밖에서는 부드러운 눈이 테라스를 뒤덮고 소나무를 휘감았다. 지나가는 차의 전조등 불빛 속에서 눈송이가 빠르게 떨어지는 모습이 보였다. 이따금 부는 돌풍에 낡아서 삐걱거리는 집이 흔들렸고 그때마다 우리가 실내에 있어서 천만다행이라고 생각했다. 벽난로 불길 속에서 삼나무가 타닥타닥 소리를 냈다. 거실 저편에서 어른거리는 불빛이 짐의 얼굴을 환히 비추었고 그의 짙은 갈색 머리에 빛무리를 드리웠다.

비단 벽난로에서만 불꽃이 탁탁 튀고 활활 타오른 게 아니었다. 조곤조곤하고 알기 쉽게 설명하는 짐에게 귀를 기울이는 동안 그에게 끌리고 있다는 느낌을 받았다. 나는 그런 금지된 감정을 밀어내며 공부를 계속했다. 그러다가 서로의 손이 우연히 닿았을 때는 마치 불에 닿은 것만 같았다.

밤 11시쯤 짐은 내가 드디어 기말시험을 통과할 만큼 공분산을 잘 이해한다고 판단했다. 지크가 새벽 5시에 깨는 바람에 나도 같이 깨어 계속 공부하면서 보낸 긴 하루의 끝이었기에 녹초가 된 상태였지만 그래도 짐에게 와인 한잔하고 가라고 청할까 싶었다. 하지만 지금 내 기분을 고려하면 그럴 엄두가 나지 않았다.

두꺼운 외투를 걸치는 짐도 왠지 떠나길 망설이는 눈치였다. 둘 다 벽난로의 불빛과 창밖의 하얀 세상을 물끄러미 바라보며 서 있었다. 머릿속에 떠오르는 생각으로 내 얼굴은 빨개졌고 그 때문에 너무나 당황스러운 나머지 얼굴이 더 빨개졌다.

짐은 문손잡이에 손을 얹었으나 문을 열지 않았고 평소처럼 유쾌하게 작별 인사를 하지도 않았다. 짐의 시선은 자신의 카우보이 부츠에 꽂혀 있었고 그의 품에 안긴 책이 불안하게 움직였다. 갑자기 심장이 쿵쿵 뛰고 목이 바짝 말랐다. 스스로 내린 판단을 뒤집고 내 경력을 위험하게 하는 짓을 하려는 참이라는 걸 알았다. 하지만 위태로움을 느끼면서도 그래야만 할 것 같았다.

나는 짐을 똑바로 보면서 말했다. "너에게 공부 친구 이상의 감정이 생기기 시작했어."

짐이 나를 쳐다봤다. 나는 손바닥을 위로 올려 절망적인 제스처를 취하고는 당황해서 눈길을 돌렸다. 해서는 안 될 말을 불쑥 내뱉은 것만 같았다. 한참이 지난 것 같은데 짐은 아무 말이 없었다. 기다리다 못해 얼굴을 살피니 짐은 내 말에 고심하는 듯했다. 내가 그를 곤혹스럽게 한 건 아닐까 두려웠다.

마침내 짐이 퉁명스럽게 말했다. "제기랄, 나도 그래."

짐의 말이 어찌나 좌절한 듯이 들렸는지, 우리 둘 다 크게 웃었다. 나는 짐에게 와인 한잔하면서 대화를 하자고 청했다. 우리는 불가에 앉아 우리에게 닥친 상황을 이야기했다. 둘 다 열 가지도 넘는 단서를 달았지만 그 조심스러운 말은 우리의 호르몬과 상충했다. 한 시간 뒤 우리는 서로에게 작별 키스를 했다. 공부 친구끼리의 키스가 아니었다.

그날 밤 이후로 우리가 50년이 넘는 세월을 함께하게 될 줄은 몰랐다. 우리가 겪을 갈등과 우여곡절, 일과 가정 사이에서의 어려움, 이사, 여행, 글쓰기와 음악과 관련된 진로 등도 예상하지 못했다. 장례식장과 묘지, 죽어가는 부모, 2020년의 대혼란 따위는 상상하지도 못했다. 우리 두 사람은 구성원이 열둘인 가족을 함께 이루었으며 친구 공동체를 만들었다. 수영 대회와 바이올린 연주회, 배구 경기, 축구 시합을 숱하게 관람했다. 내가 강연을 하고 워크숍을 진행한 수십 년 동안 같이 여행을 했다. 12월의 그날 밤, 우리는 미래의 삶이라는 눈부시게 밝은 시작점에 있었다. 보이는 것은 빛뿐이요, 느껴지는 것은 열기뿐이었다.

My Father's Death

아버지의 죽음

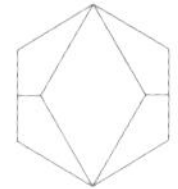

1975년 4월, 사람을 녹초로 만드는 박사학위 종합시험을 힘겹게 치렀다. 일주일 동안 하루 여섯 시간씩 여러 연구 결과를 기억에서 끄집어내 인용해서 논술식 질문에 답해야 했다. 1월부터 이 시험을 준비했기에 부모님은 내가 마음을 졸이고 있다는 걸 잘 알았다. 시험의 어느 부분에서라도 낙제를 하면 박사학위는 물 건너간다.

시험 결과를 통보받은 날, 아버지가 내게 전화해 합격 여부를 물었다. 말하기 능력이 손상된 터라 아버지가 무슨 말을 하는지 거의 알아듣지 못했지만 아버지가 결과를 궁금해한다는 건 알 수 있었다. "네, 아빠, 저 합격했어요. 곧 박사학위를 받을 거예요."

아버지가 더 자세한 내용을 듣고 싶어 한다는 걸 느꼈지만 동기들과 축하 야유회 때 먹으려고 주문해둔 피자를 가지러 갈 참이라

"나중에 또 얘기해요. 지금 좀 급해서요. 전화해주셔서 감사해요. 사랑해요"라고 말했다.

그러자 아버지가 대답했다. "담배, 담배."

나는 그게 '사랑한다'라는 뜻임을 알았다.

나흘 뒤 어머니가 전화해서는 아버지가 또 뇌졸중으로 쓰러졌다고 전했다. 중환자실에 있는 아버지를 간호하기 위해 짐, 지크와 함께 차로 달려갔다. 제이크만 빼고 온 가족이 병원에 와 있었다. 제이크도 곧 샌프란시스코에서 비행기로 날아올 예정이었다. 우리는 응급실 대기 장소에 밤낮으로 머물며 교대로 아버지 곁을 지켰다.

그곳에서 이틀을 보내는데 그 시간이 영원히 이어질 것 같았다. 어머니의 얼굴은 음울하고 지쳐 보였다. 우리 형제자매는 서로 무슨 말을 해야 할지 몰랐다. 잡담도 어색하게만 느껴졌다. 곧 들이닥칠 상실을 마주한 상황에서 무엇을 의논해야 할지도 몰랐다. 책을 읽고 카드 게임을 하면서 아버지 소식을 기다렸다.

그동안 아버지는 산소마스크를 쓰고 누워 있었다. 피부색이 푸르뎅뎅했고 두 손은 이미 죽은 사람처럼 차갑고 무거웠다. 투명 비닐 주머니 여러 개에 든 액체가 아버지 어깨에 삽입한 포트로 흘러 들어갔다. 침대 옆에는 소변 주머니가 걸려 있었다. 파란색, 빨간색, 흰색 불빛이 보이는 기계가 아버지의 활력 징후를 보여주고 있었다. 나는 빠르고 불규칙한 심장 박동을 나타내며 오르락내리락하는 선을 지켜봤다.

아버지 발을 보니 피부가 건조하고 갈라져 있어서 라놀린 크림을 발랐다. 그리고 아버지 귀에 입술을 갖다 대고서 수상스키를 태워주고 온 가족을 데리고 멕시코만으로 여행을 갔던 여름날의 추억에 대해 고맙다고 말씀드렸다. 아버지가 짐과 지크를 알고 있어서 기쁘다고도 말했다. 내가 좋은 삶을 살았고 아버지가 나를 자랑스러워하길 바란다고도 얘기했다. 솔직히 좋은 아버지였다고는 말할 수 없었다. 그러기엔 어린 우리에게 너무 많은 상처를 줬다. 그래서 그렇게 말하는 대신, 아버지가 우리를 사랑한다는 걸 알고 우리도 모두 아버지를 사랑한다고 했다.

가족이 병원에서 아버지를 24시간 간호하며 보낸 지 이틀째 밤이 지나고 동이 틀 무렵, 의사들이 다가와 아버지의 기계를 꺼야 할 때가 왔다고 말했다. 그들은 아버지에게 의미 있는 뇌 활동이 없고 아버지가 두 번 다시 깨어나지 못할 거라고 설명했다. 우리는 일제히 어머니의 얼굴을 쳐다봤다. 어머니는 입술을 오므린 채 몸을 떨었지만 고개를 끄덕이며 동의했다.

우리는 아버지에게 마지막 작별 인사를 하러 중환자실에 모였다. 이 자리에 제이크도 함께였으면 했지만 제이크는 저녁이 다 되어서야 도착할 예정이었다. 제이크를 기다리면 안 되냐고 물었지만 이 자리의 책임자는 어머니와 의사들이었다.

마지막으로 함께한 몇 분 동안 아버지의 머리와 어깨를 안고 이마에 뽀뽀를 했다. 언젠가 아버지가 한국으로 떠나던 날의 이야기를 들려줬었다. 나는 그때 세 살이었는데 마당에서 세발자전거를 타면서 떠나는 아버지에게 무관심한 척했다고 한다. 아버지는 군복 차림에 무거운 더플백을 들고 마당으로 나왔다. 그러고는 몸을 숙여 내게 작별 인사로 뽀뽀를 해달라고 했다. 아버지는 울고 있었지만 내 마음은 돌처럼 차갑고 딱딱하게 굳어 있었다. 나는 아버지의 눈을 똑바로 쳐다보면서 이렇게 말했다. “아빠는 미안할 거예요.”

이제 나는 아버지가 그날 얼마나 미안해했는지 잘 안다. 하지만 지금은 우리를 떠나며 아버지가 기뻐하리란 걸 안다. 그리고 그런 아버지를 생각하면 나도 기뻤다. 뇌 손상으로 무력하게 지내야 하는 고통스러운 세월에서 곧 벗어날 테니까.

심장 모니터의 선이 평평하고 느려지는 걸 보고 있자니 어느새 하나의 선만 남고 아무것도 측정되지 않았다. ‘고故 프랭크 휴스턴 브레이, 향년 59세. 편히 잠드소서.’

우리는 대기실에서 담요와 책 등의 소지품을 챙겨 들고 병원 밖으로 나와 아침 햇살을 받았다. 밖이 너무 밝아서 눈이 부셨다. 이틀 동안은 병원 대기실이 우리의 세상이었다. 그러다가 수선화와 튤립이 피어나고 이웃들이 출근길에 손을 흔드는 다른 세상으로 나오니 어떻게 해야 할지 알 수 없었다.

나는 혼자 있겠다고 양해를 구하고는 집으로 가는 먼 길을 걸었다. 복잡한 슬픔이 몰려와 씨름을 벌여야 했다.

아버지가 1967년에 뇌졸중으로 쓰러지기 전에 돌아가셨다면 아버지에게 화가 더 나 있었을지도 모르겠다. 어쨌든 아버지는 남동생들에게 매를 들었고, 내게는 남편감을 찾을 만큼 예쁘지 않다고 했으며, 여러 차례 오랜 기간 우리를 떠나 있었다. 하지만 돌아가실 무렵에는 내가 상상할 수 없는 고통을 견디는 모습을 보였다. 거의 걷지도 말하지도 보지도 못했고 반신불수 상태였다. 쓰지 못하는 오른손을 왼손으로 잡고 다녔다. 재활 시설을 들락날락하는 가운데 회복되는 기미가 보이기도 했으나 또 한 번의 뇌졸중으로 그간의 진전은 물거품이 돼버렸다.

아버지는 오랜 친구들에게서 버림받았고 가족도 거의 주변에 있지 않았다. 가끔은 밖에 나가 잔디깎이에 올라타서는 잠깐이나마 드라이브를 했다. 한 손으로 요리를 해보려도 했으나 타이밍을 맞추지 못해 피 묻은 닭고기와 익지 않은 콩을 내놓은 후로는 요리를 그만뒀다. 아버지는 뭘 하든 고군분투해야 했다. 계단 오르기, 밥 먹기, 생각 전달하기 등 모든 게 너무도 힘겨웠다. 그러는 사이, 오랜 세월 억눌러온 모든 분노가 내 안에서 사라졌다. 오직 사랑과 동정심만을 느꼈다.

아버지는 짧고 고된 삶을 살았다. 할아버지가 돌아가신 뒤 할머니는 대공황 시기에 이 나라의 가장 가난한 지역에서 세 아이를 키웠다. 할머니는 결혼을 일곱 번이나 했고 아버지의 의붓아버지들은 대부분 어린 아버지를 때렸다. 어렸을 때 맨발로 다니면서 화상과 부상을 입어 아버지 발에는 흉터가 많았다.

엘비스 프레슬리와 마찬가지로 아버지도 자기 엄마를 잃은 슬픔에서 결코 헤어나지 못했다. 할머니는 우리 아버지에게 안정과 기반을 제공한 분이었다. 아버지 입장에서 보면 아내는 얼굴을 보기도 힘들었고 장성한 세 자식은 죄다 히피로 전락했다.

아버지는 당신의 암울한 가족력을 두려워했다. 아버지의 할아버지는 정신 질환을 앓았고 친아버지는 1929년에 주식 시장이 붕괴하자 시데일리아에 있는 주립 정신병원에 몸을 의탁해 여생을 그곳에서 보냈다. 정신 질환을 앓은 다른 친척도 있었기에 아버지는 자신도 제정신을 잃을까 봐 무서워했다. 자기 자신과 어린 자식들에 대해 그런 두려움을 느끼다 보니 균형을 잃곤 했다.

아버지는 자신을 키운 어떤 남자보다도 나은 아버지였다. 본인이 맞은 것보다 두 아들을 덜 때린 것은 확실했다. 그리고 자기가 한 번도 가져보지 못한 것, 예를 들면 살 집이며 충분한 음식이며 옷이며 장난감 등을 우리에게 주었다.

아버지는 사랑의 언어로 훈계를 선택했다. 우리에게 끊임없이 잘못을 지적하고 잔소리를 했다. 우리가 성적을 잘 받고 대학에 가면 경제적 안정을 얻고 안전하리라 생각했다. 그래서 존과 나는 의사가 되고 제이크는 변호사가 되길 바랐다. 비록 아버지 당신은 이 목표 중 어느 것도 이루지 못했지만 자식들은 돈을 많이 벌고 존경을 받으며 상류층 사람들과 어울리기를 소망했다.

물론 아버지는 고등학교에서 운동선수로 뛰고 전쟁 기간 중에 어머니와 데이트를 하면서 즐거움을 누리기도 했다. 이후에는 멕시코만 연안에서 낚시를 즐기고 옐로스톤(와이오밍주에 있는 미국 최초의 국립공원 –옮긴이)과 블랙힐스(사우스다코타주와 와이오밍주 경계에 있는 산지이자 국유림 –옮긴이)로 가족 여행도 떠났다. 하지만 아버지는 상처받은 자기 마음과 가족에게서 분리된 삶을 살았다.

아버지의 결점을 열거하기는 쉽다. 반면 막상 헤아려보면 많은데도 어쩌다 한 번씩만 발휘되는 장점을 설명하기는 훨씬 어렵다. 아버지는 큰 트라우마를 겪었고 마음속에 분노와 두려움이 가득한 복잡한 사람이었다. 그런가 하면, 용감하고 헌신적이며 재미를 추구하는 사람이기도 했다. 상냥하고 부드러울 때도 있었다. 흑백 사진기로 새와 꽃을 찍는 걸 참 좋아했다. 글씨체도 예뻤다. 그런데 아버지에 대한 내 감정을 70대가 된 지금도 요약하기는 쉽지가 않다. 아버지는 내가 지금까지 알았던 어떤 이보다 명암이 뒤섞인 사람이었다.

나는 수십 년간 내가 베트남 전쟁에 반대하고 추수감사절에 래리를 집에 데려오는 바람에 아버지가 뇌졸중으로 쓰러졌다고 믿었다. 아버지가 스스로 목숨을 끊으려는 걸 돕지 않은 일과 가족을 내팽개치고 샌프란시스코와 유럽에서 지낸 일로 죄책감을 느꼈다. 하지만 세월과 함께 죄책감은 누그러졌다. 내겐 아버지의 정치적 신념을 받아들이거나 성관계를 삼가야 할 의무가 없었다. 누군가의 안락사를 도울 수 있을지는 지금도 잘 모르겠다. 아버지가 뇌졸중을 일으킨 후 내가 가족 곁을 더 많이 지켰더라면 좋았을 텐데 싶기도 하다. 그래도 몇 년을 방랑하고 나서는 부모님이 돌아가실 때까지 부모님과 가까운 곳에서 살았다.

한때는 내 인생에서 가장 복잡한 관계가 부모님과의 관계였다고 얘기하기도 했다. 그러나 지금은 그런 말을 하지 않는다. 막상 성인 자녀의 부모가 되어보니 똑같이 복잡했다. 죄책감과 기쁨, 애착과 상실, 두려움과 사랑이 뒤섞여 있기는 매한가지였다.

6부

정착

Settling Down

The Fourth of July

7월 4일

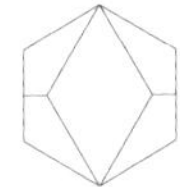

애들이 어렸을 때 우리에겐 각자의 자전거가 있었다. 나는 아침에 내 자전거를 타고 대학에 강의하러 갔다가 정오에는 다시 자전거를 타고서 심리치료를 하러 갔다. 지크와 사라는 친구들과 자전거로 동네를 돌아다녔다. 여름에는 저녁을 먹은 뒤 온 가족이 자전거를 타고 링컨의 오솔길을 여기저기 누볐다.

7월 4일 독립기념일에는 홈스 댐에서 벌어지는 불꽃놀이를 구경하기 위해 다 함께 자전거를 타고 군중을 헤치며 나아갔다. 그야말로 대원정이었다. 저녁때 필요한 담요와 물병, 간식도 챙겼다. 그러고는 같은 방향으로 움직이는 자동차와 자전거, 보행자 사이를 뚫고 지나갔다. 공중에는 매캐한 연기가 자욱했으며 인도와 차도에는 잿빛 화약이 뱀 모양으로 구불거리고 온갖 자잘한 폭발로 검은 연기가 줄무늬처럼 피어올랐다. 우리 주변에서도 폭죽이 팡팡 터졌고 잔디밭과 자동차 라디오에서는 음악이 울려 퍼졌다. 그런 와중에 드디어 댐에 도착했다. 하지만 댐의 가장자리는 벌써 사람들로 붐볐고 우리는 빈자리를 찾아야 했다.

일단 자리를 잡고 나면 날이 어두워질 때까지 한참을 기다렸다. 그사이에 현장에서 울려 퍼지는 애국적인 음악을 들으며 친구와 이웃을 찾아보려고 주위를 두리번거리기도 했다. 휴대전화가 나오기 전이라 대개는 아는 사람을 만날 수 없었다. 휴일을 요란하게 즐기는 인파 속에서 우리 가족은 하나의 섬이었다.

나는 담요를 깔고 그 위에 누워 저녁노을이 지는 하늘을 바라봤다. 아이들은 근처의 다른 아이들과 원반 던지기를 하거나 주변을 탐색했다. 하지만 어두워질 무렵에는 다 같이 담요 위에 앉아 쉬었다. 그리고 쿠키와 사과를 나눠 먹으며 불꽃놀이를 기다렸다.

금발의 여학생인 우리 딸 사라는 좀 빈정대는 경향이 있는 새싹 코미디언이었다. 우리가 했던 어떤 일을 두고 내가 '모녀간의 유대mother-daughter bonding'라고 부르자 사라는 '모녀간의 속박mother-daughter bondage'이 더 나은 용어일 거라고 말했다. 사라는 또 세계 정상급 수다쟁이였다. 생생한 체험을 할 때마다 한 시간이고 두 시간이고 계속 떠들 수 있었다.

사라와 지크 모두 수영팀이었는데 수영 챔피언인 지크는 고등학교 때까지 하루에 몇 시간씩 수영을 했다. 아울러 지크는 가라테도 배우고 야구팀 투수로도 뛰었다. 수영과 가라테를 하고 집에 돌아올 때면 걸신이 들려 있었다. 그러면 나는 저녁을 차려주고 지크가 라자냐나 가정식 엔칠라다(토르티야에 고기, 채소, 치즈 등을 넣고 돌돌 말아 구워내는 멕시코 음식 - 옮긴이)를 허겁지겁 먹는 모습을 지켜봤다. 지크와 짐은 둘 다 흉내를 잘 내고 무지 웃겼다. 나는 세 명의 코미디언이랑 같이 사는 것 같았다.

그 시절에 나는 대학에서 강의하고 심리치료사로 일하고 청소하고 요리하고 운전기사가 되어주고, 아이들 숙제를 돕고 아이들이 나오는 뮤지컬 공연과 운동 경기, 학교 행사에 참석했다. 매 순간 바빴지만 그런 생활을 사랑했다. 아주 안전하고 행복한 느낌이 들었다. 마침내, 안정된 가족생활과 정돈된 가정이 생겼다. 짐은 괜찮은 밴드 몇 군데서 연주 활동을 했다. 아이들에게는 친구들이 있었다. 저녁에는 온 식구가 둘러앉아 밥을 먹었다.

그런 때에도 나는 행복의 한 가지 정의가 담요 위에 누워 불꽃놀이를 구경하는 것임을 잘 알았다. 지크와 짐은 담요 위에서 팔다리를 쭉 뻗었고 사라와 나는 그 둘 사이로 파고들었다. 드디어 찬란하게 아름다운 불꽃이 터지기 시작하면서 하늘을 가득 수놓았고 군중의 환호성이 울렸다.

우리 가족은 불꽃놀이를 하나하나 비평하면서 각자 가장 마음에 드는 그해의 불꽃 모양을 골랐다. 불꽃이 팡팡 터지는 몇 장면에서는 숨이 멎는 것 같았고 수많은 사람이 동시에 입을 모아 감탄했다. 그렇지만 우리 가족은 모든 불꽃을 사랑했다. 하얀 별이 우수수 떨어지는 듯한 불꽃, 팡팡 터지는 녹색 또는 붉은색 불꽃, 여러 색깔의 빛이 폭포수처럼 쏟아지는 불꽃, 고리 모양으로 무한히 퍼지는 주황색 불꽃 등. 나는 파란색 불꽃을 가장 좋아했는데 그 색상은 가장 드물게 출현했다. 파란색 불꽃이 터지면 그때마다 우리 아이 중 하나가 "저기 엄마 불꽃이 나왔어요"라고 외쳤다.

돌이켜보면 그 시대 전체가 나를 위한 것이었음을 깨닫는다. 나는 아이들이 곁에 있는 게 참 좋았다. 밤마다 아이들에게 이불을 덮어주는 것도 좋았고, 저녁에 데어리 퀸Dairy Queen(미국의 소프트아이스크림·패스트푸드 체인점—옮긴이)에 가는 것도 좋았으며, 같이 보드게임을 하는 것도 아이들 학교 축제에 가는 것도 좋았다. 모든 생일 파티와 명절 식사, 수영 대회, 바이올린 연주회를 만끽했다. 눈 오는 날이면 눈으로 아이스크림을 만들고 썰매와 스케이트를 타러 가고 눈 요새를 짓는 시간도 즐겼다. 바깥에 눈보라가 휘몰아쳐 다 함께 침대에 누운 밤에는 큰 행복감이 밀려왔다.

어린 시절은 밤하늘의 불꽃놀이처럼 덧없이 지나간다. 지금 우리 아이들은 40대가 되었다. 둘 다 링컨에 살지 않으며 각자 나름대로 열심히 살아가느라 바쁘다. 우리는 계속 연락하면서 가깝게 지내지만 온 식구가 우리 집 지붕 아래에서 자는 기쁜 일은 드물다.

그래도 나는 아이들이 어렸을 때 함께한 나날의 추억을 지금도 간직하고 있다. 이상화된 그 기억은 시간이 지나면서 더 맑아졌다. 물론 짐과 나 사이에 다툼도 있었고 아이들이 늘 우리와 혹은 서로 사이좋게 지낸 것만도 아니었다. 우리는 그리스인 조르바가 말한 '총체적 재앙'이었다. 하지만 추억은 우리가 눈부시게 빛나는 순간 속에서 살 수 있도록 큰 선물을 준다.

사라가 피아노로 〈엘리제를 위하여〉를 치거나 바흐의 〈두 대의 바이올린을 위한 협주곡〉을 연주하는 소리가 여전히 귓가에 생생하다. 지크가 더운 여름밤에 시민 공원에서 공을 던지는 모습과 수영 연습으로 머리가 젖은 채 노란색과 검은색이 섞인 운동복을 입고 학교에서 집으로 돌아오는 모습도 눈에 선하다. 우리 가족이 로키산맥에서 하이킹할 때 발밑에서 나뭇잎이 바스락거리던 소리도 선명하게 들리고 텐트 안에서 곰과 퓨마에 대해 이야기를 나눈 일도 떠오른다.

내게 풍성한 추억 저장고가 있다는 것이 감사하다. 나는 외롭거나 의욕을 잃을 때면 그 저장고를 열어 추억을 불러낸다. 그러고는 지난날의 조각을 음미한다. 그러면 추운 겨울날의 잿빛 하늘을 가로지르며 파란 불꽃이 팡팡 터진다.

Butterscotch Light

버터스카치 색깔의 빛

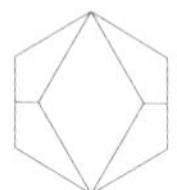

우리 외가 쪽 사람들은 대대로 해가 저무는 하늘을 감탄하며 바라본다. 외할머니는 날마다 해가 질 무렵 목장에서 우편함이 있는 곳까지 1.6킬로미터를 걸었다. 모래폭풍이 자주 발생하는 대평원 지대의 목장에서 온종일 열심히 일한 뒤에 바라보는 드넓은 하늘의 평화를 사랑하셨다. 베티 이모와 마거릿 이모도 그런 저녁 하늘을 무척 좋아했고 나도 하루의 끝에서 이모들과 시골길을 함께 걸으며 늘 행복했다.

내가 어른이 된 후 집에 갔을 땐 어머니와도 해 질 녘에 긴 산책을 했다. 우리 모녀는 남쪽으로 가파른 언덕을 올라간 다음 서쪽으로 방향을 틀어 6.4킬로미터의 구역을 가로질러 걸었다. 하늘빛이 변해가는 광경을 지켜보고 새들의 지저귐이 잦아들어 고요해지는 것을 알아챌 만큼 여유로운 시간이었다.

우리는 미루나무로 둘러싸인 작은 연못, 말이 있는 목초지, 오래된 농장, 바람에 닳아 허름해진 헛간을 지났다. 5월 말의 밀밭은 금빛 물결이 일렁이는 내륙의 바다였고, 9월에는 도랑 쪽에 해바라기와 붉나무가 가득했다. 가을 햇빛은 버터스카치 색깔이었다. 마지막 1.6킬로미터를 남겨두고 북쪽으로 방향을 틀 즈음에는 저녁 하늘에 뜬 첫 별을 볼 수 있었다.

이런 산책을 시작했을 무렵, 어머니의 1935년도 고등학교 졸업앨범을 발견했다. 마분지로 만들어 끈으로 묶은 앨범이었는데 딱딱한 마분지가 닳아서 벨벳처럼 부드러워져 있었다. 나는 어머니에게 같은 졸업반 학생 스무 명에 대해 하나하나 물었다. 그리고 제일 친한 친구는 누구였는지, 누가 똑똑했는지, 누가 부지런했는지, 누가 쉽게 호감이 갔는지 등도 물었다.

어머니는 이런저런 얘기를 들려줬다. 자신은 수줍음이 많고 붙임성이 없었지만 관찰력만큼은 최고였다고 했다. 어머니는 항상 옳아야만 하는 여학생, 농구 스타를 꿈꾸는 안짱다리 남학생, 첫 데이트를 신청한 남자와 결혼한 걱정 많은 아가씨 등을 기억해냈다. 그리고 누가 겨울 내내 옥수수 수프를 먹었는지, 누구네 아버지가 우박 폭풍 때문에 돌아가셨는지도 알려줬다.

우리는 내가 읽고 있는 책에 관해서도 이야기를 나눴다. 어머니는 책 읽을 시간이 없었지만 내 독서가 불러일으킨 의문을 놓고 탐구하길 즐겼다. 나는 다른 문화권 사람들에 관한 책을 좋아했다. 어머니는 세월이 흐르면서 아메리카 원주민과 아프리카계 미국인, 아시아인에 대한 자신의 견해가 바뀌었다면서 이렇게 말했다. "난 어떤 인종이든 우리 가족으로 환영할 거야."

어머니는 나와 윤리적 딜레마에 대한 의견을 주고받는 것도 좋아했다. 가정폭력을 다루는 방법이나 생을 마감하는 문제와 관련된 결정에 내가 관심이 많다는 걸 알고 있었다. 그런데 생의 마감과 관련된 주제에 대해서는 의견이 서로 달랐다. 어머니는 삶의 모든 면이 신성하다고 믿었기에 자살이나 안락사를 돕는 데 반대했다. 나는 내가 죽을 때가 되어 기꺼이 의학적 도움을 받는 모습을 상상하곤 한다고 말했다.

내가 고향을 방문할 때마다 우리 모녀는 그 6.4킬로미터 구역을 걸었다. 이 산책은 30년 동안 이어졌다. 어머니는 산책할 때마다 같은 종류의 샌들을 신었다. 앞이 트이고 굽이 낮은 튼튼한 천 소재의 샌들이었다. 겨울에는 양말을 신고 그 신발을 신었다. 오랜 세월 하이힐을 신고 다녀서 어머니의 발은 망가져 있었다. 그래서 그 샌들을 신어야만 우리의 산책을 할 수 있었다.

어머니에게는 이 나들이가 무엇보다 큰 낙이었다. 우리는 내가 대학생, 대학원생이던 시절과 아버지가 뇌졸중으로 두 차례 쓰러지고 돌아가셨을 때, 내 아이들이 어렸을 때, 내가 대학에서 강의하고 심리치료사로 일하던 시절에도 쭉 함께 걸었다. 우리의 산책은 1991년까지 계속됐다. 그런데 그해 어느 날 저녁, 1.6킬로미터쯤 걸었을 때 어머니가 말했다. "앉아서 좀 쉬어야겠구나."

그전까지는 어머니 입에서 그런 말이 나온 적이 없었다. 마치 지구의 자전축이 바뀌었다는 말처럼 들렸다. 어머니는 73세밖에 되지 않은 데다 근처에서 풀을 뜯는 말만큼이나 건강하고 튼튼해 보였다. 더구나 어머니는 여전히 종일 일하고 밤에는 겨우 몇 시간밖에 자지 않았다. 내 마음 한구석에는 어머니가 신이나 산처럼 영원하다는 생각이 늘 자리 잡고 있었다. 어머니의 말과 행동으로 나는 지금껏 그렇게 믿어왔다.

어머니가 길가의 큰 바위 위에 앉았을 때 그 모습을 가만히 바라봤다. 어머니는 얼굴이 벌겋게 달아오르고 가쁜 숨을 몰아쉬었다. 어머니가 다시 나를 떠날 것이고 그날이 예상보다 일찍 오겠다는 생각이 들었다.

커다란 얼음 덩어리 하나가 내 몸을 천천히 통과해 발끝에서 빠져나가는 기분이었다. 이 차디찬 한기 때문에 한참이나 오한을 느꼈다. 우리에겐 이미 겨울이 온 것 같았다.

Daughter Light

딸에게 이어지는 빛

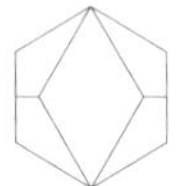

짐과 결혼한 이듬해 사라가 태어났다. 사라는 기름하고 삐쩍 마른 몸에 눈동자가 블랙 올리브 색깔이었다. 의사소통을 할 수 있게 되자마자 구름, 동물, 사람 등을 가리키며 "저거?", "저거?" 하면서 계속 물었다. 사라는 단어를 알고 싶어 했다. 아니, 모든 것을 알고 싶어 했다.

꼬마 때는 개성과 감정, 에너지가 만화경처럼 화려하고 변화무쌍했고 언제나 밝고 반짝이는 새로운 모양에 관심을 가졌다. 옷도 앵무새처럼 밝은 빨강, 보라, 초록을 입길 좋아했다.

핀볼 기계 소리를 듣고는 "이 '글리마, 글리마' 하는 소리는 뭐야?"라고 물었다. 기차 소리를 들었을 때는 "클링카, 클링카" 하고 흉내 냈다.

내 머릿속에는 두 살배기 금발의 사라가 햇볕에 탄 피부가 드러나는 노란 끈 원피스를 입고서 스노콘(다양한 맛의 시럽을 뿌린 빙수–옮긴이)을 먹는 모습이 생생히 떠오른다. 세 살 때 사라는 진분홍의 투피스 수영복을 입고서 공공 풀장의 수심 얕은 곳에서 몇 번이고 물속에 뛰어들었다. 여섯 살 때는 우리 도시에 있는 역사적으로 중요한 블루스바인 주 바Zoo Bar 무대에 서서 4분의 1 크기의 어린이용 바이올린으로 바흐의 〈미뉴에트 2번〉과 〈무궁동Perpetual Motion〉을 연주했다. 관중의 박수와 환호가 어찌나 큰지 사라가 박수갈채의 힘에 밀려 뒤로 날아갈 것처럼 보였다.

크리스마스 때 우리 모녀는 분홍색 줄무늬의 플란넬 잠옷을 맞춰 입고 벽난로 앞에서 바싹 붙어 있었다. 우리는 갤럭시 쿠키도 만들었다. 작은 반죽 덩어리에 초코칩이나 호두, 설탕에 절인 체리를 둘러서 구워낸 다음, 설탕 프로스팅을 입히고 그 위에 형형색색 반짝이는 설탕 장식을 뿌린 쿠키였다.

하루는 사라를 차로 학교에 데려다주는 길에 다람쥐 한 마리를 치고 말았다. 그때 마침 사라가 몸을 돌려, 우리 뒤쪽 차도에서 다람쥐가 뒹굴며 피를 흘리는 장면을 봤다. 사라는 너무 오랫동안 심하게 흐느껴 기침이 나오고 숨이 막힐 지경이 되었다. 결국 우리는 집으로 돌아왔고 나는 내담자들과의 심리치료 상담 약속도 취소했다. 사라는 우리도 동물 구조에 동참하자는 내 말을 듣고 나서야 비로소 마음을 가라앉혔다.

내가 어렸을 때 그랬던 것처럼 사라도 늘 동물을 구조하려고 수색에 나섰다. 사라는 벌레와 애벌레가 보행자나 자전거에 밟혀 죽지 않도록 그것들을 보도에서 떨어진 장소로 옮겼다. 또한 고속도로에서 거북이와 마주치면 언제나 차를 멈춰야 한다고 목소리를 높였다. 사라의 주장에 따라 우리는 거북이를 도로 밖으로 옮겨 위험에서 벗어나게 해줬다.

사라가 여섯 살이던 크리스마스 때는 새끼 고양이를 키우게 해달라고 애원했다. 짐과 나는 완강히 반대했다. 사라가 가벼운 천식을 앓는 데다 최근에는 폐렴에 걸려 아팠기 때문이다. 그러나 사라는 종종 그랬듯이 우리가 자기 뜻을 따를 때까지, 아니 짐의 표현을 쓰자면 '항복'할 때까지 거듭 논쟁을 벌였다.

크리스마스이브에 우리는 사라에게 자기 방의 분홍 캐노피 침대에 가보라고 했다. 지크와 짐과 나는 방으로 들어가는 사라를 살금살금 따라가서 사라가 자기 베개 위에서 몸을 동그랗게 말고 있는 새끼 샴고양이를 발견하는 장면을 지켜봤다. 사라는 숨을 헉 쉬더니 깜짝 놀란 듯 잠시 아무 말 없이 새끼 고양이를 물끄러미 바라봤다. 그러다 드디어 고양이를 마치 신성한 물건이나 귀중한 예술품인 양 조심스럽게 안아 올렸다. 사라는 고양이를 감싸 안고서 고양이에게 다정하게 말을 걸었다. 사라의 눈은 오직 신의 얼굴에서만 상상할 수 있는 자상함으로 그득했다.

사라의 좌우명은 '다 좋아 보이는데!'인지도 몰랐다. 사라는 학창시절에 시, 예술, 도자기 수업을 들었다. 철자 맞히기 대회와 현장학습을 좋아했고 수영도 즐겼다. 또한 어린이 동물원으로 가는 소풍과 네브래스카 주립대학교 링컨 캠퍼스 내 자연사 박물관에 있는 엘리펀트홀(세계에서 가장 큰 매머드 전신 골격 화석을 볼 수 있다—옮긴이)

견학도 좋아했다.

내가 저녁을 준비하는 동안 사라는 바로 옆의 추운 북쪽 방에서 클레멘티의 〈소나티나 C장조〉나 스즈키 레퍼토리에 있는 또 다른 곡을 연습했다. 우리는 해마다 공연예술센터에서 하는 모든 뮤지컬을 관람했고 대학 극장에서 상연하는 〈크리스마스 캐럴〉도 보러 갔다. 공연장에서 무대의 막이 오르면 사라는 내 손을 꽉 잡았다.

사라는 무엇보다도 여행을 좋아했다. 휴가로 가족 여행을 갔을 때마다 사라는 집에 돌아가고 싶어 하지 않았다. 옐로스톤이나 콜로라도, 오자크 고원에서 돌아오는 길에 링컨이 가까워지면 “우리 그냥 계속 달려요”라고 애원했다.

그때의 사라가 어른이었다면 우리는 가끔 이런 대화를 했으리라. 사라가 내게 커피를 갖다달라고 부탁한다. 나는 내 잔을 채울 때처럼 사라의 잔을 채워준다. 그러면 사라는 커피를 더 따라달라고 한다. 나는 계속 따르다가 커피가 잔에서 막 흘러넘치려고 하자 동작을 멈추고 이렇게 말한다. “사라, 커피가 넘치려고 해.”

사라는 이렇게 대답한다. “그게 바로 제가 좋아하는 방식이에요. 흘러넘치는 것 말예요.”

물론 여느 모녀처럼 우리도 다퉜다. 사라의 감정 진폭은 오페라 수준이었고 격한 기분일 때는 사람을 몹시 지치게 했다. 10대 때의 사라는 내게 가까이 다가왔다가도 어느 순간 나를 밀어냈다. 내가 하지도 않은 말을 자기 혼자 생각하고는 내게 자주 화를 냈다. 내가 이의를 제기하면 사라는 “엄마가 무슨 생각 하는지 알아요”라고 대꾸했다. 그리고 그건 사라 말이 맞았다.

세상에 대한 감수성이 풍부했기에 사라는 곧잘 슬픔에 빠졌고 공감을 잘했으며 인정이 많았다. 열세 살 때 이미 채식주의자이자 국제동물보호단체 PETA(페타)의 회원이었다. 게다가 노숙자에게 커피를 제공하고 샤워를 하게 해주는 곳에서 나와 함께 일했다.

우리 어머니 말에 따르면 나이 든 남성은 죽어갈 때 자신이 눈보라를 뚫고 마차를 몰아 집으로 가는 환각을 자주 본다고 한다. 그들은 마차를 끄는 말에게 "계속 달려. 달려. 창문의 불빛이 보여"라고 외친다. 한편 나이 든 여성은 죽어갈 때 자기 어머니를 부른다고 한다. 아마 우리가 죽어갈 때는 어머니만이 아니라 딸도 부를 것이다.

사라와 함께하는 동안 폭풍의 시기도 있었고 지금은 사라가 멀리 캐나다에 살고 있지만, 우리 모녀는 언제나 서로의 일상과 관계적 경험, 감정적 경험을 예의 주시했다. 우리는 서로를 최대한 깊이 이해한다.

우리 모녀의 관계를 관통하는 한 가닥의 빛이 있다. 그리고 은월銀月 같은 그 빛의 가닥은 시간을 거슬러 올라가 나의 어머니, 외할머니, 스코틀랜드 사람인 외증조할머니 그리고 더 이전에 존재한 최초의 어머니인 우리 모두의 어머니와 이어져 있다.

My Mother's Death

어머니의 죽음

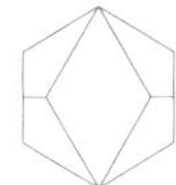

어머니는 생애 마지막 해를 병원에서 보냈다. 당뇨와 신부전증을 비롯해 여러 건강 문제가 있었고 심장 발작과 암도 겪었다. 나는 차로 세 시간 떨어진 거리에 살았지만 어머니를 전담하는 가족 간병인이었다. 당시 짐은 주말 저녁마다 공연을 했고 사라는 감독이 필요한 10대였다. 나는 심리치료사이자 대학원생의 임상실습 지도교수로 종일 일했다. 몸이 세 개는 더 있어야 하는 상황이었다. 그래도 최소한 일주일에 한 번 캔자스주에 있는 어머니를 보러 갔고 거의 마지막에는 일주일에 두 번씩 가기도 했다.

병원 생활을 오래 한 대부분의 사람들과 마찬가지로 어머니도 그새 점점 몸이 약해지고 정신이 둔해졌다. 활기차고 예리했던 우리 어머니가 종국에는 휠체어에 앉아 현 대통령 이름도 댈 수 없는 처지가 됐다. 어머니를 보러 갈 때면 읽을 책 한 권과 내가 마실 탄산수와 어머니에게 드릴 블랙커피를 챙겼다. 어머니는 때때로 특별한 먹을거리를 요청했다. 한 번은 돼지 간으로 만든 소시지였고, 또 한 번은 싱싱한 청포도였다.

어머니는 지나칠 정도로 극기심이 강했다. 하루는 간호사가 어머니에게 몸이 어떠냐고 물으니 이렇게 대답했다. "좋아요. 어제만큼 속이 메스껍진 않아요."

간호사는 놀란 표정을 지었고 내가 다시 물었다. "엄마, 어제 속이 메스껍다고 누구한테 얘기했어요?"

"아니, 대수롭지 않다고 생각했어." 어머니가 대답했다.

내가 어머니의 건강 상태를 물으면 어머니는 종종 이렇게 대답했다. "좀 더 재미있는 얘기를 하자꾸나."

어머니는 내 가족 이야기를 듣고 싶어 했다. 나는 행복한 내용이 아니면 아예 꺼내지 않았다. 어머니는 짐이 최근에 한 진부한 농담과 밴드 활동 이야기를 듣는 걸 좋아했다. 내 글쓰기 강좌도 궁금해했다. 어머니는 내가 언젠가는 책을 낼 거라는 큰 기대를 품고 있었다.

현재는 끔찍했지만 우리는 과거를 즐겼다. 오자크 고원에서 보낸 여름과 기억에 남는 외식, 내 아이들이 아기였을 때의 이야기를 나눴다.

나는 어머니에게 캔자스의 한 진흙탕 호수에서 픽시 로사리타를 깜빡 잊고 가버렸던 이야기도 꺼냈다. 강아지를 찾으러 되돌아가보니 픽시는 우리가 주차했던 곳에서 참을성 있게 기다리고 있었다. 어머니는 멕시코만 해변으로 떠났던 가족 여행과 이모들과 자정이 넘도록 커피를 마시고 파이를 먹으며 단란한 시간을 보냈던 가족 모임에 대한 추억담을 듣는 걸 좋아했다.

현실 부정에 능숙한 어머니는 죽을 생각이 없었다. 어머니는 위기를 차례로 넘기고 버티면서 점점 더 제한적이고 침습적인 치료 절차를 따를 수밖에 없게 되었다. 그런데도 심폐소생술 거부 지시서에 서명하지 않았으며 곧 집에 갈 수 있을 정도로 몸이 좋아질 거라고 내게 장담했다.

어머니는 종종 환각을 경험했다. 그중 하나는 스파게티와 미트볼을 만드는 것이었다. 그럴 때면 "이제 저 양파를 어서 넣어"라고 말하거나 "토마토와 오레가노가 더 필요해"라고 했다. 어떨 때는 산모의 분만을 돕는 것처럼 "자, 준비하시고, 힘주세요, 힘"이라든지 "간호사, 아기를 잘 붙잡아요. 꽉 잡고 있어요"라고 말했다.

어머니는 마지막에 이르러서는 거의 움직이지 못하고 말도 할 수 없었다. 중환자실에서 몸에 줄을 잔뜩 꽂은 채 누워 있었다.

마지막으로 방문했을 때 어머니는 생명이 다 꺼져가는 상태였지만 나를 보고 내 말을 들을 수는 있었다. 나는 아버지가 한국전쟁에 참전하러 멀리 떠났던 동안 일어난 일을 소재로 옛날이야기를 지어냈다. 지금 우리 귀에 들리는 소리는 산속의 시냇물이 콸콸 흐르는 소리라면서 우리가 소풍을 즐기는 과정을 설명했다. 도시락은 샌드위치와 데빌드 에그였다. 우리는 신발을 벗고 바지를 걷어 올리고서는 얼음처럼 차갑고 빠르게 흐르는 물에 들어가 첨벙거리며 놀았다. 머리 위로 보이는 높은 하늘은 짙은 푸른색이었는데 우리는 그 빛깔을 마운틴 블루라고 불렀다.

공기는 상쾌하고 소나무 향이 났다. 내 이야기 속에서 중환자실 기계의 불빛은 저 멀리 있는 덴버의 불빛이 되었다. 지금은 불빛이 몇 개밖에 안 보이지만 해가 로키산맥 너머로 기울고 우리 차가 산에서 내려와 도시로 들어서면 불빛은 더욱 밝아질 것이다. 그 불빛에 닿으면 집에 거의 다 온 것이다.

외할아버지와 마찬가지로 어머니는 절대 혼자 있고 싶어 하지 않았다. 그러나 어머니는 홀로 죽음을 맞이했다.

심리치료 상담이 한 건 끝나고 다음 상담을 준비하는 사이 간호사에게서 전화가 왔는데 어머니가 돌아가셨다고 했다. 그 소식을 듣고서 슬프지는 않았지만 내가 없어진 것만 같았다. 아무 감각이 없고, 감정이 완전히 끊어졌다.

어머니가 돌아가신 후, 예전의 그 얼음 덩어리가 내 몸속을 굴러다녔다. 두꺼운 스웨터를 입었는데도 몸이 덜덜 떨렸고 밤에는 담요가 더 필요했다. 아무리 나이를 먹어도 부모를 잃으면 고아가 된다.

내가 어머니를 잃었다는 사실을 받아들였는지 아직도 잘 모르겠다. 아직도 어머니에게 전화를 걸어 뭔가 말하고 싶은 순간이 찾아온다. 손주 중 누군가가 훌륭한 일을 해내면 어머니도 그걸 볼 수 있으면 좋을 텐데 하는 마음이 든다. 아주 멋진 식당에서 식사할 때는 어머니도 그 음식을 맛볼 수 있으면 좋겠다는 생각이 든다. 어머니가 밤에 꿈속에서 나를 찾아오면 어머니를 봐서 너무나 행복하다. 나는 날마다 머릿속에서 어머니의 음성을 듣는다. "서로 사이좋게 지내라."

Writing

글쓰기

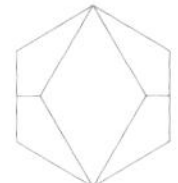

심리학자로서 일을 시작하고 아이를 낳아 기르면서 몇 년간은 샤워를 하거나 친한 친구에게 전화할 틈을 내기도 힘들었다. 그러다 사라가 초등학교 3학년이 되자 재량껏 사용할 수 있는 시간대가 조금 생겼다. 그래서 이 소중한 시간을 혼자 어떻게 활용하고 싶은지 곰곰이 생각해봤다. 그런데 어느 날 아침 그 답이 계시처럼 찾아왔다. "난 글을 쓰고 싶어. 평생 그것을 바랐고 이젠 그렇게 할 거야. 잘하지 못해도, 아무도 봐주지 않아도 상관없어. 종이에 글을 쓰고 싶다는 내 욕구를 존중할 거야."

처음엔 일기를 썼다. 아이들에 대한 걱정과 남편에게 느끼는 짜증, 핵전쟁이나 기후변화에 대한 우려 등 말할 수 없는 내용을 모두 썼다. 아울러 내 인생에서 좋았던 많은 것을 기록했다. 나는 일과 가족 그리고 모든 친구를 사랑했다. 거의 주말마다 라이브 음악에 맞춰 춤을 췄고 아이들이 잠자리에 든 후에는 두꺼운 책을 읽었다. 내가 얼마나 행운아인지 스스로 잘 알았다.

어머니의 죽음에 대해서도 썼다. 돌아가실 무렵에는 심신이 너무나 쇠약해지셨기에 마음 어느 한구석에서는 어머니가 세상을 떠나신 게 감사했다. 하지만 그렇게 고통받고 쇠약해져 작아진 여인이 영원히 눈을 감는 순간, 내게 이야기를 들려주던 훌륭하고 부지런한 어머니도 눈을 감았다.

나는 어머니가 돌아가셨다는 괴로움에 더는 무감하지 않게 됐다. 오히려 글을 쓰면서 자주 울었다.

무엇을 배울 때 그에 관한 책을 읽고 수업을 찾아 들었던 것처럼 글쓰기에도 그렇게 다가갔다. 글쓰기에 관한 책을 수십 권 주문해서 읽었고 링컨에서 반경 320여 킬로미터 이내에서 열리는 워크숍에 참여했다. 네브래스카 웨슬리언대학교 작가 모임에도 가입했다.

내가 들었던 수업 가운데 하나에서 트와일라라는 시인을 만났다. 어느 날 같이 커피를 마시다가 우리 둘은 작가 모임을 하나 만들자고 결정하고서 다른 여성 셋을 모임에 초대했다. 우리는 모임 이름을 '초원의 송어Prairie Trout'라고 짓고 그 뒤로 35년 동안 함께 글을 쓰고 있다.

처음에는 새벽 5시에 일어나 아이들을 깨우고 아침 식사를 준비하기 전까지 식탁에서 글을 썼다. 그리고 식구들이 부엌으로 오기 전, 글쓰기를 하던 식탁을 치웠다. 우리는 달걀 스크램블과 머핀을 같이 먹고 나서 각자 일터나 학교로 떠났다.

이런 생활을 한 지 1년쯤 지나자 나만의 작업실이 필요하다는 결론에 이르렀다. 우리 집 지하에는 '손님방'이 하나 있었는데 실제로는 침대 하나와 보관 물품이 조금 있는 어두컴컴한 방이었다. 나는 작은 책상을 사서 들여놓고 방을 정리한 다음 작업실은 출입금지 구역이라고 선언했다.

나만의 방이 생기자 엄청난 차이가 생겼다. 먼저 편집자에게 편지를 썼고 그다음에는 논설을 썼다. 또한 짧은 글을 써 일주일에 한 번 지역 공영 라디오 방송에서 그 글을 직접 읽기 시작했다. 소설 수업을 두어 번 듣고는 단편 소설도 몇 편 썼다. 그 가운데 한 편은 상을 받기도 했지만 소설은 내 분야가 아니라고 결론 내렸다. 재능 있는 소설가가 너무 많았다. 대부분의 사람보다 내가 잘할 수 있는 글쓰기 형태를 찾아야 했다. 달리 말하면, 나만이 할 수 있는 이야기를 발견하고 싶었다.

심리치료를 하면서 섭식 장애가 있는 여성을 많이 만났다. 거식증에 걸린 여성의 증가는 미국 전역에서 일어나는 새로운 현상이었다. 이전에는 그런 여성이 소수였지만 당시에는 거식증이 전 지역에 만연했다. 하지만 우리에겐 개념적 토대나 치료 방침이 없었다. 더구나 그것을 표현할 언어조차 없었다. 내가 만난 여성 다수가 자신의 문제를 어떻게 설명해야 할지 몰랐다.

나는 그런 여성을 숱하게 상담했기에 그들을 돕는 나만의 방법을 개발했다. 개인의 병리적 관점보다는 여성주의 문화적 관점에서 문제를 바라본 것이다. 내가 고안한 치료법은 특히 여성 잡지, 매체 속의 여성, 날씬함에 대한 일반적인 집착을 문화적으로 관찰해보는 과정을 포괄한다.

당시에는 치료와 관련된 내용을 글로 쓰는 사람이 아무도 없었기에 여성을 돕는 내 방법을 담아낸 책을 자비로 직접 출판했다. 책 제목은 《배고픔의 고통Hunger Pains》이라고 지었다. 표지는 한 친구가 디자인해주고 편집과 인쇄도 또 다른 친구가 도와줬다.

얼마 뒤에는 차 트렁크에 책을 한 상자 싣고서 네브래스카를 여기저기 돌아다니며 심리치료사와 간호사, 교사를 대상으로 섭식 장애에 대한 워크숍을 진행했다. 그렇게 몇 쇄를 더 찍었다. 그런 와중에 다른 책을 써야겠다는 생각이 슬슬 들었다. 이번에는 아마도 출판사를 찾아야 할 것 같았다.

다음 책은 《내 딸이 여자가 될 때》라는 제목으로 내가 상담한 10대 소녀들의 문제를 다뤘다. 1994년에 이 책이 출판된 후로 전문 작가로서의 경력이 시작됐다.

내가 스스로에게 준 가장 큰 선물은 나 자신의 목소리를 듣는 것이었다. 거의 생애 처음으로 다른 사람의 목소리를 잠재우고 내가 제일 하고 싶은 일을 할 수 있었다.

글쓰기는 내 삶에 새로운 종류의 빛을 가져왔다. 삶을 두 번 사는 빛이었다. 한 번은 실시간으로, 다른 한 번은 되돌아보는 시간 속에서. 그런 두 번의 삶을 통해 진정한 '나'로 성장할 수 있었다. 글쓰기는 집에서 조용히 지내면서도 지적 도전을 멈추지 않는 삶을 누릴 수 있게 해주었다.

작가가 되니 어렸을 때 참 좋아했던 것을 할 수 있다. 거의 매일 책을 읽고 수영도 하고 야외에서 시간을 보내며 친구들과 어울린다. 그리고 지금도 이야기를 하면서 시간을 보낸다.

나는 삶의 소명을 심리치료와 글쓰기에서 찾았다. 이 활동에는 내 지성과 성격이 오롯이 필요하다. 그 두 가지를 통해 나만이 세상에 기여할 수 있는 바를 깨달았다. 자신의 삶을 밝히고 가슴이 따뜻해지는 일을 찾았다면 행운아다.

Fame

명성

《내 딸이 여자가 될 때》가 〈뉴욕타임스〉 베스트셀러 목록 1위에 올랐을 때 나는 준비가 되어 있지 않았다. 이 책을 쓰면서 받는 주된 보상은 뉴욕의 편집자와 소통하면서 글 쓰는 법을 배우는 것이리라 예상한 터였다. 하지만 뜻밖의 스포트라이트를 받았고 그것은 내가 원하던 바가 결코 아니었다. 이런 스포트라이트의 첫 번째 효과는 사람들이 나를 다르게 대하기 시작했다는 것이었다. 친척조차 내가 유명해진 것을 두고 나를 놀렸다. 지역사회에서 내게 한 번도 말을 걸어본 적 없는 사람이 나를 저녁 식사에 초대하기도 했다. 길거리에서도 나를 알아보는 사람들이 있었지만 나는 그들을 알아보지 못했다. 혹여 그들의 기분을 상하게 하지는 않았을까 마음이 불편했다. 파티나 행사에 가서도 내가 잘난 체하는 사람이 아니라는 인상을 주려면 모두에게 말을 걸어야 한다고 스스로를 다그쳤다. 이처럼 내가 그들을 좋아한다는 걸 확신시키려고 계속 노력하다 보니 제풀에 지쳤다.

많은 중서부 여성과 마찬가지로 나도 튀는 사람이 되지 말라고, 자신을 특별하게 여기지 말라고 배웠다. 게다가 내가 최고의 작가가 아니라는 사실은 잘 알았고, 심지어 우리 작가 모임에서도 최고가 아니었다. 그저 심리치료사로서의 경험을 바탕으로 새로운 생각을 조금 썼을 뿐이었다.

강연과 상담, 인터뷰, 공동 집필, 출판 계약 등의 요청이 빗발쳤다. 더 나아가, 기업 이사회에 들어오라는 제안부터 제품 홍보 요청, 사춘기 딸 때문에 제정신이 아닌 부모가 심리치료사를 찾을 수 있게 도와달라는 부탁에 이르기까지 온갖 청탁이 들어왔다. 날마다 이 모든 요청에 응답할 시간이 충분하지 않았다.

전화를 받고 요청을 처리하는 책임을 짐이 거의 다 떠맡았다. 머지않아 이 일은 짐에게 하루 여덟 시간 근무가 돼버렸다. 어쩌다 보니 하루에 몇 시간씩 무료 중개 서비스를 하는 친절한 심리치료사가 된 것이다. 이메일과 인터넷이 보급되기 전이라 모든 일이 서면이나 전화로 이루어지던 시절이었다.

나는 여전히 심리치료사로 일하면서 새 책을 쓰려던 참이었다. 게다가 강연도 준비해야 했다. 새벽 4시에 일어나 이런 일정을 따라가려고 애썼다.

저녁 식사 후에는 짐과 산책하면서 그날 발생한 어려운 문제를 논의했다. 우리는 빠른 의사 결정을 내릴 수 있는 방침을 고안했다.

나는 제품을 홍보하거나 기업 이사회에 들어가는 일은 하지 않을 작정이었다. 공동 집필이나 자문 역할도 원치 않았다. 그러나 인터뷰를 하고 내 책을 홍보하는 일은 돕기로 했다.

나는 순회강연에서는 풋내기였다. 처음에는 주로 동부와 서부 해안 지역으로 혼자 비행기를 타고 다니면서 여행했다. 누구를 만나든 다들 호의적이고 친절했지만 나는 계속 스트레스를 받았다. 비행기를 놓칠까 봐 걱정했고 내가 받는 돈에 대한 책임감으로 마음이 무거웠다. 나와 한마디라도 나누고 싶어 하는 수많은 낯선 이를 친절하고 세심하게 대할 수 있는 에너지가 내게 있는지 의문이었다.

한편 나만의 기본적인 필요를 충족하는 데도 어려움을 겪었다. 일단 새로운 환경에서 잠이 오지 않았다. 숙박했던 장소 중 몇 군데는 나를 미치게 했다. 예를 들면 북동부에 있는 어느 사립 여학교에 갔을 때는 기념관에서 묵었는데 그곳은 밤에 문을 잠갔다. 내부가 널찍하고 어두운 옛 건물에서 아주 오래된 침실을 쓸 수 있었지만 저녁을 전혀 먹지 못해 외출하려 하니 밖으로 나갈 수가 없었다. 더군다나 전화 교환원이 퇴근해서 전화도 쓰지 못하는 상황이었다. 또 한번은 내 침실이 관리 동에 있었는데 새벽 2시에 청소부가 들어와 내 침대 주변을 진공청소기로 밀고 다녔다. 나는 다시 잠들지 못했다.

언젠가 일리노이주의 전문가를 대상으로 이틀 동안 워크숍을 한 적이 있다. 그때는 수많은 심리학자들 앞에 선다고 생각하니 긴장되어서 그곳에 머무는 이틀 밤 동안 한잠도 자지 못했다. 둘째 날 일정이 끝날 무렵에는 도무지 생각을 정리할 수가 없었다. 500명의 청중 앞에 선 자리에서 말을 끝맺기도 전에 문장 첫머리에서 뭐라고 했는지 잊어버리고 말았다.

어느 해에는 내 방보다 호텔 방에서 잔 날이 더 많았다. 공적인 페르소나가 커질수록 내 본모습은 더 작아지고 취약해졌다. 나는 내 영역에서 친숙한 사람들 곁에 머물러야만 잘하는 사람이라는 걸 알게 됐다. 평정심을 유지하고 밤에 잠을 자려면 내게는 그런 기반이 필요했다.

이 모든 문제는 2002년 11월 오하이오주 디파이언스로 강연을 하러 갔을 때 극에 달했다. 짐과 나는 비행기를 두 번 갈아타고서 눈보라를 뚫고 날아갔다. 공항은 내가 강연할 작은 대학에서 차로 두 시간쯤 떨어진 거리에 있었다. 그런데 우리가 탄 비행기 두 대 모두 엔진이 고장 나는 바람에 공항에 도착했을 땐 우리 둘 다 비행 스트레스로 기진맥진한 상태였다. 게다가 배가 고팠고 강연은 당장 그날 저녁에 예정되어 있었다. 어쨌든 우리는 거의 공업 단지와 텅 빈 들판밖에 보이지 않는 황량한 지역을 운전해서 갔다.

그러다가 마침내 어느 작은 마을의 카페를 발견하고 차를 세웠다. 안에 들어가니 창문 주변에 죽은 파리가 있고 몇몇 테이블에 먼지가 쌓여 있었다. 그렇지만 우리에겐 대안이 없었다. 나는 강연 전에 뭘 좀 먹어야 했다. 하필 아까 비행기에서 《패스트푸드의 제국》을 읽었던 터라 내가 먹는 음식이 건강한지 평소보다 한층 신경이 쓰였다. 우리는 칠리 콘 카르네(다진 쇠고기에 칠리고추와 토마토, 강낭콩 등을 넣고 끓인 매운 스튜—옮긴이)를 주문했다. 이윽고 음식이 나와 맛을 봤는데 진짜 토할 것 같은 맛이었다.

음식을 다 먹지 못한 나는 짐에게 우리가 저녁으로 배설물을 먹는 곳에 와 있거나, 아니면 내가 너무 맛이 가서 지금 배설물을 먹고 있다는 생각이 든다고 말했다. 그리고 이렇게 덧붙였다. "어느 쪽이든, 이 길에서 빠져나와야 해."

그해 겨울에는 집에 머물렀다. 난롯가에 있는 소파에 누워 우리 고양이를 무릎에 앉힌 채 두꺼운 역사책을 읽었다. 친구들을 만날 기운도 없었다. 혈압이 높아서 약을 먹기 시작했다. 아울러 불교에 관한 책을 읽고 명상도 시작했다.

봄이 되어 다시 강연을 좀 했지만 일정은 대폭 줄였다.

이런 경험을 통해 그 어떤 것도 매혹적이지 않다는 사실을 배웠다. 매력은 보는 사람의 눈에 달렸지, 막상 스포트라이트를 받으며 공연하거나 일하는 당사자의 시각은 다르다. 값비싼 호텔 방과 꽃다발은 해와 달이 뜨고 별이 반짝이는 하늘을 바라보는 일을 대체할 수 없었다. 저자를 만나 책에 서명을 받으려고 줄을 선 호의적인 이들을 만나도 친구들이 그립기만 했다. 진정으로 살아 있음을 느끼려면 내게는 집의 풍경과 소리, 냄새가 필요했다.

Okinawa

오키나와

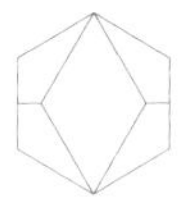

1995년에 오키나와에 와서 강연을 해달라는 요청을 받았다. 미군이 여성을 정규군으로 완전히 통합한다고 결정한 직후였다. 젠더 교육이 필요했던 해군은 나를 강사로 선정했다.

군대는 누구에게든 계급을 부여하고 위계질서 안에서 그들을 어디에 배치할지 판단한다. 당시 내가 어떤 계급을 받았는지는 기억나지 않지만 짐과 나는 장군들의 영빈관을 숙소로 배정받았다. 방이 네 개고 널찍한 그 집에는 가죽 장정을 한 책이 책장에 주르륵 꽂혀 있고, 우아한 가구가 갖춰져 있었으며, 다양한 술과 음료로 채워진 바도 있었다.

이 섬에 머무는 동안 뭘 볼 때마다 거의 동시에 아버지가 떠올랐다. 50년 전, 아버지는 일본군 격퇴 임무를 띤 연합군 해군 위생병으로 이곳에 체류했다.

1940년대 중반의 오키나와는 뚫고 들어가기 어려운 밀림이 들어찬 푹푹 찌는 곳이었다. 앞으로 나아가려면 뿌리와 덩굴을 마구 자르면서 헤치고 가는 수밖에 없었고 사방이 풀과 나무로 뒤덮여 거의 녹색만 보이는 가운데 항상 지뢰와 매복한 적군, 독사를 조심해야 했다.

일본인은 지하 동굴을 파고 들어가 거기서 떼죽음을 당할지언정 버티기로 결정했다. 영토 쟁탈전은 한 발 한 발 더디게 진행되었고 많은 미국인이 기습 공격과 공중 폭격을 당하고 육탄전을 벌이다가 목숨을 잃었다. 이 와중에 아버지는 들것과 응급 의료상자를 들고 뛰어다니며 이 사람 저 사람에게 응급처치를 했다. 아버지는 총을 지니고 다니지 않았지만 일본군은 적군이라면 위생병이라 해도 살려주지 않았다.

아버지는 얼굴이 찢기거나 팔다리가 부서진 부상자를 들것에 실어 총알을 피해가며 구호 텐트로 날랐다. 분명히 친구를 포함해서 수천 명의 사망자를 보았을 것이다. 군인이 서로 총검으로 찌르는 장면과 몸이 산산조각 난 사람도 목격했을 거다.

아버지는 장군 막사에서 지내지 않았다. 일개 병사인 아버지는 모래 위 텐트나 밀림 속 좁은 빈터에서 잠을 잤다. 몸은 벌레 물린 자국투성이였고, 항상 더웠으며, 샤워를 하거나 긴장을 풀 수도 없었다.

그런데도 당신 어머니에게 편지를 쓸 때는 죽음이나 트라우마, 부상과 살해의 끊임없는 위험을 일절 언급하지 않았다. 대신 이렇게

셨다. "음식이 끔찍해요. 그런데 다행스럽게도 물은 훨씬 더해요."

반면, 짐과 나는 장교 식당에서 밥을 먹었고 갓 잡은 싱싱한 생선 요리와 고급 와인이 나왔다. 안내를 받으며 섬 관광도 했다. 열푸른 하늘 아래 펼쳐진 해변에는 검은 파도가 흰 모래 위로 밀려왔다. 폭포 양옆으로 난초가 띠를 이루며 풍성하게 늘어져 있었다. 언덕은 거북이 등딱지처럼 생긴 돌무덤으로 뒤덮여 있었다. 오키나와에서 전투가 벌어지는 동안 20만 명이 사망했는데 그중에는 오키나와 민간인의 4분의 1이 포함되어 있었다.

바닷가에 있는 한 센터를 방문했다. 펄 벅이 전후 미국과 아시아의 우호 증진을 위한 기금을 지원해서 건립한 곳이었다. 기모노를 차려입은 은발의 80대 미국인이 운영을 맡고 있었다. 그 여성은 차를 대접하고 나서 우리를 데리고 나가 근처의 절벽을 보여줬다. 그리고 저 아래 멀리 떨어진 날카로운 바위를 가리키며 미국인이 이 섬에 도착했을 때 바로 그곳에서 많은 오키나와인이 뛰어내려 죽었다고 설명했다. 일본인이 그들에게 미국인은 괴물이고 모두를 고문하고 죽일 거라고 말했기 때문이었다. 이 평화로운 곳에서 이 차분한 여인 옆에 서 있자니 여기서 일어난 모든 수난이 믿기지 않았다.

군에서 마지막으로 받은 선물은 장교들이 휴가를 보내는 사유지 해변 별장에서 쉬는 특권이었다. 짐과 나는 동중국해에서 스노클링을 하고 난초가 가득한 정원을 거닐었다. 저녁에는 해변에 앉아 전에 본 적 없는 바다의 수평선 너머로 해가 지는 장관을 지켜봤다. 별이 떠올랐을 땐 우리가 알아본 몇 안 되는 별자리가 거꾸로 떠 있었다. 우리는 남쪽의 큰 별인 노인성Canopus과 집에서도 보던 천랑성

Sirius을 특히 눈여겨봤다.

아버지가 참전한 당시 나이가 20대 초반이었다. 그 나이 때 나는 대학생이었다. 전쟁 기간에 아버지는 희생적이고 용감했지만 장교들과 진수성찬을 먹거나, 해변의 별장에 머물거나, 스노클링을 하면서 수백 종의 알록달록한 물고기를 보진 못했다.

그런데 그 딸이 뜻밖의 숱한 행운을 거쳐 아버지가 있던 이곳에 왔다. 우리 부녀에겐 각자의 운명이 있었다. 아버지의 삶은 짧았고 내가 거의 상상할 수 없는 사건으로 가득 차 있었다. 운명은 내게 훨씬 친절했다.

행운은 고르게 분배되지 않는다. 노력과 보상 사이에 꼭 연관성이 있지도 않다. 어떤 영웅은 세상에 알려지지 않고 잊힌다. 젊은 나이에 기꺼이 목숨을 바치고자 했고 다른 이들을 구하기 위해 총탄을 뚫고 밀림을 헤치며 달렸던 아버지의 의지는 하나의 영웅적 행위로 정의할 수 있다.

아버지 고향과 우리 집에서 1만 1,200여 킬로미터 떨어진 그 해변에서 매일 밤 아버지를 생각했다. 아버지는 베트남 전쟁에 반대하는 나와 남동생들에게 몹시 화를 냈었다. 우리의 반전 시위행진이 배신처럼 느껴졌을 게 분명하다. 아버지는 조국을 위해 기꺼이 싸웠다. 그러면서 너무 많은 희생을 치렀고 전쟁으로 인한 마음의 상처가 남았다. 그런데 자식들은 피트 시거의 〈전쟁은 이제 그만Study War No More〉을 불렀다.

누구나 그러하듯 아버지는 최선을 다했다. 부모 자식 관계를 떠나 부모를 그저 한 사람으로 볼 수 있을 때 우리는 어른이 된다. 그

것이 성인을 정의하는 한 가지 요소다. 나는 밤하늘을 바라보며 프랭크 브레이를 내 아버지가 아니라 모든 이와 마찬가지로 시대의 조류에 휩쓸린 한 사람으로 볼 수 있었다.

Teardrops in the Snow

눈 속에 떨어진 눈물

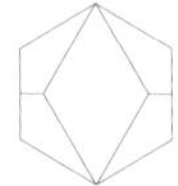

외손자 콜트레인과 오티스가 각각 여덟 살, 네 살이었을 때 사라네 가족 전체가 캐나다로 이사했다. 사위인 존이 토론토 근처에 좋은 일자리를 제안받았고 존과 사라는 모험을 떠날 준비가 되어 있었다. 둘은 생애 대부분을 네브래스카에서 보냈기에 새로운 나라와 조금 더 국제적인 환경에 대한 기대가 있었다.

두 손자는 링컨에서 태어났고 짐과 나는 거의 매일 그 애들과 함께 지냈다. 아이들은 우리 삶에 너무나 많은 빛과 명랑함을 선사했다. 그렇다 보니 스무 블록 떨어진 곳에 있던 사라네 가족이 없는 삶을 상상하기 힘들었다. 나는 사라네가 이곳을 떠난다는 얘기를 들었을 때 가슴 통증이 생겼고 그때 찾아간 심장병 전문의에게 아직도 진료를 받고 있다.

오티스는 너무 어려서 이사의 의미를 이해하지 못했지만 콜트레인은 이곳을 떠나고 싶어 하지 않았다. 콜트레인은 자신의 학교와 집, 사촌들, 친구들을 사랑했다. 짐과 나와도 친했고 우리 집에서 많은 시간을 보내는 데 익숙해져 있었다. 그래서 자기 엄마 아빠에게 링컨에서 계속 살자고 간청하는 글도 썼다. 멀리 떠나기 전 몇 주 동안은 만나서 헤어질 때마다 나를 아주 세게 껴안았다.

사라와 존이 이사를 준비하는 동안 짐과 나는 손자들을 평소보다 더 관심 있게 지켜봤다. 눈이 많이 내리는 추운 겨울이라 함께 눈사람을 만들고 홈스 댐에서 썰매를 타며 시간을 보냈다. 콜트레인과 짐은 탁구를 많이 쳤다. 둘만의 농담을 아주 많이 했고 콜트레인은 웃다가 종종 바닥에 나동그라졌다.

나는 아이들을 차에 태우고 도서관으로 가서 책을 왕창 빌려 왔다. 그리고 등받이가 뒤로 젖혀지는 의자에 앉아 오티스를 껴안고서 《마더 구스Mother Goose》나 《호기심 많은 조지Curious George》를 읽어줬다.

손자들은 자주 우리 집에서 하룻밤을 자고 갔다. 짐과 나는 교대로 오티스를 안고서 흔들어 재웠다. 콜트레인과 나는 나란히 앉아 밤이 이슥하도록 이야기를 나누거나 책을 읽었다. 신성한 시간이었고, 그 시간이 곧 끝나리란 걸 알기에 더욱더 아름다웠다.

가까운 가족과의 이런 이별은 내가 어렸을 때 어머니와 헤어졌던 경험만큼 힘들었다. 내가 견뎌낼 수 있을지, 아니 견뎌내고 싶은지조차 알 수 없었다. 밤에는 가슴이 답답해서 자다가 깼고 별 하나 없는 밤하늘처럼 암담한 기분이었다.

2월에는 다 같이 주황색 트럭 모양 케이크로 오티스의 생일을 축하했다. 주황색은 오티스가 가장 좋아하는 색깔이라 오티스는 자주 주황색 셔츠와 외투를 입고 주황색 신발을 신었다. 차로 시내를 돌아다니다가도 주황색 차량이 보이면 우리는 그걸 가리켰다. 이젠 오티스가 떠난 지도 수년이 됐는데 나는 아직도 주황색 트럭이나 자동차를 보면 그걸 가리키고 싶은 충동이 든다.

사라네 가족이 떠나기 전주에는 뭐든 다 가슴 아팠다. 빨대 컵을 채우는 일, 오티스에게 장화를 신겨주는 일, 콜트레인이 종이학을 접는 모습을 지켜보는 일 등 모든 게 아름다우면서도 가슴이 미어졌다.

북쪽으로 떠나기 전날 밤 사라네 가족은 우리 집에 머물렀다. 우리는 인도 요리를 사 와서 먹고 마지막 우노Uno 게임을 한 다음, 아이들을 눕히고 옛날이야기를 해주었다. 짐과 나는 손자들이 잠들 때까지 곁을 지켰다.

아침이 되어 간단한 식사를 하고 나서 우리는 작별 인사를 하려고 눈 속으로 걸어 나왔다. 그러고는 한 사람 한 사람 모두 꼭 껴안았다. 콜트레인과 나는 서로를 놓아주기가 힘들었지만 어쩔 수 없었다. 그러고 나니 정말로 헤어지는 순간이 닥쳐왔다. 사라가 아이들의 안전띠를 확인하고는 차 문을 닫았다. 짐과 나는 진입로에 서서 사라네 가족이 시야에서 사라질 때까지 손을 흔들었다.

나는 울지 않았다. 사실 아무 느낌이 없었다. 여섯 살 때 미주리에서 보낸 시절과 그로부터 세월이 훨씬 더 지나 어머니가 돌아가셨을 때처럼 무감각해졌다. 마치 내가 죽은 것처럼 슬픔이 느껴지지 않았다. 상실을 겪으면 빛이 꺼져버린다.

짐은 그 이별을 주제로 〈눈 속에 떨어진 눈물〉이라는 노래를 만들었다.

나중에 존은 우리에게 이런 얘기를 들려줬다. 그날 백미러에 비친 우리 둘의 모습이 점점 작아지는 것을 지켜보면서 울고 또 울었다고. 그리고 그 이별이 우리에게 무엇을 의미하는지 그때 처음 깨달았다고.

나는 아직도 사라네 가족을 그리워한다. 내 소원은 아이들의 축구 시합과 학교 행사, 수영장 물놀이에 빠짐없이 가는 것이었다. 손자들이 다 자랄 때까지 혹은 내가 죽을 때까지 그 애들과 함께 있고 싶었다. 그러나 그런 현실은 없었다.

사라와 존은 여전히 연락을 잘 한다. 사라는 자주 전화하고 가족 사진과 동영상도 보내준다. 존은 페이스타임으로 영상 통화를 걸어 행복한 시간을 마련해준다. 그 덕에 우리는 일요일 아침에 그리고 때때로 주중에 손자들과 이야기를 나눈다.

2019년에 짐과 나는 두어 달에 한 번씩 캐나다로 갔다. 2월 오티스의 생일과 10월 콜트레인의 생일을 축하해주기 위해서였다. 게다가 크리스마스도 그곳에서 같이 보냈고 여름에도 3주 동안 함께 지냈다.

사라와 존은 캐나다 생활에 만족해한다. 좋아하는 일을 하면서 세계 곳곳에서 온 친구들과 어울린다. 손자들도 학교생활을 좋아한다. 오티스는 프랑스어를 배우고 있다. 나는 그들의 선택을 못마땅해하지 않는다. 내가 성인이 됐을 때도 어머니를 기쁘게 해드리려고 내 인생의 중요한 결정을 바꾸지는 않았다. 그건 미국식이 아니다.

하지만 내 직감에 따르면 우리 인류는 가족과 함께하도록 설계되었다. 우리는 부족 생활 덕분에 번성했다. 할머니와 할아버지는 손주들 양육을 도왔고 아이들은 때가 되면 나이 든 친척들을 돌봤다. 오늘날 세상이 더는 그렇게 돌아가지 않는다는 걸 알지만 내 바람이 그렇다는 말이다.

지크의 아들이 네 살이었을 때 내게 이런 말을 했다. "할머니 집 바로 옆에 우리 집을 지어서 내 방에서 할머니네 거실로 바로 갈 수 있는 작은 복도를 만들면 좋겠어요."

나는 손자에게 나도 그랬으면 좋겠다고 대답했다.

Equatorial Light

적도의 빛

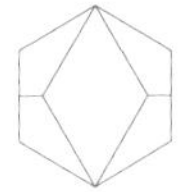

2019년 6월, 우리 가족 열한 명은 코스타리카의 플라야 그란데에 있는 '카사 데 도라도Casa de Dorado(황금의 집 — 옮긴이)'라는 이름의 멋진 통나무집에 모였다. 사라네 가족은 캐나다 이주 후 처음으로 온 가족이 모이는 자리에 참석하려고 토론토에서 비행기를 타고 왔다. 뜰에는 꽃이 만발했고 나무에는 앵무새와 원숭이가 있었다. 하늘은 푸르고 터키석 빛깔의 바다는 끊임없이 쏟아지는 햇살을 받아 반짝였다. 적도의 빛은 우리에게 새로웠으며 밝고 균일했다. 그리고 매일 오전 6시 무렵에 해가 떠서 오후 6시 무렵에 졌다.

우리가 있던 곳은 세계 최고 서핑지로 손꼽히는 타마린도 부근이었다. 이곳 해변은 이안류와 익사가 발생하는 장소로도 익히 알려져 있었다. 그래도 우리는 날마다 물속에 들어갔다. 지크는 자기 아이들에게 서핑을 가르쳤고 낚시를 하지 않을 때는 서핑을 했다. 사라와 존은 자기 아이들이 해안 가까운 곳에서 노는 모습을 지켜봤다. 이곳을 떠나기 이틀 전에는 모두가 파도 속에서 몸을 아래위로 흔들며 보디서핑을 했다.

나는 사라, 며느리 제이미와 함께 셋이서 너울을 타려고 흰 파도를 넘어 헤엄쳐 갔다. 소금물에 둥둥 뜨다시피 한 우리는 파도를 타고 오르락내리락 떠다니면서 시간이 가는 줄도 몰랐다. 잠시 후 제이미가 조용히 말했다. "역 물살이 느껴져요."

내겐 그런 느낌이 없었지만 모든 경고를 염두에 두고서 즉시 대답했다. "해안으로 돌아가자."

바로 그때 우리가 흰 파도를 넘어 훨씬 멀리까지 왔다는 사실을 알아차렸다. 해안에 있는 사람들이 이쑤시개만 했고 흰 물결은 수 킬로미터는 떨어진 듯 닿을 수 없는 곳에 있었다. 그전까지는 바다에서 이렇게 멀리 나온 적이 없었다.

그러는 사이 아래쪽에서 강한 저류가 느껴졌다. 그게 이안류인지 아니면 단순히 강한 썰물인지 아리송했다. 내 상체와 하체가 각기 다른 방향으로 당겨지고 있었다. 해안 쪽으로 똑바로 헤엄을 치는데 앞으로 전혀 나아가질 않았다. 이번에는 해안과 평행하게 헤엄을 치다가 방향을 틀어봤지만 고개를 들어서 보니 해변에서 계속 같은 거리에 있었다.

지치고 무서웠다. 여행 안내서에서도 보고 국무부와 친구들에게서도 들은 익사에 대한 경고가 죄다 떠올랐다. 내 친구 그레첸의 가족은 예전에 사나운 파도에 휩쓸려 바다로 떠내려갈 뻔했다고 했다. 내가 그런 상황인가 보다 싶었다. 그렇다고 슬프지는 않았다. 지금까지 죽음이 두려운 적은 없었다. 그러나 상실은 두려웠다. 놀랍게도 차분하고 논리적인 느낌이 들면서 이런 생각이 들었다. '제이미와 사라가 무사했으면 좋겠다. 그 애들이 안 보이는데 난 그 애들을 구할 만큼 강하지가 않아.'

해안 쪽을 바라보니 지크가 우리를 지켜보고 있어서 안심했다. 지크는 수영 실력자이자 인명 구조원이었다. 나는 앞으로 나아가지 않는다는 사실을 의식하면서 계속 허우적거렸다. 삶이 참 희한하게 끝나는구나 싶었다. 그런 일이 벌어지면 이 멋진 휴가를 망칠 텐데. 더구나 우리 셋 다 물에 빠져 죽는다면 가족은 너무나 큰 충격을 받을 거야. 사라와 나는 함께 작업하던 책 프로젝트를 끝내지 못할 테고, 짐의 여름 밴드 공연도 모두 놓치겠지. 이런저런 생각으로 머릿속이 뒤죽박죽이었지만 놀랍게도 감정은 일어나지 않았다. 철학적이고 추상적인 상태라고나 할까.

그새 녹초가 된 나는 육지로 돌아가려고 헤엄치기 시작했을 때의 그 거리만큼 여전히 해안에서 멀리 떨어져 있었다. 등을 뒤집어서 누운 자세를 취했다. 숨을 고르는 동안 몸이 파도에 실려 가게 내버려뒀다. 그렇게 그냥 둥둥 떠 있다가 결국에는 지크가 나를 발견해 주길 바랐다.

잠시 후 파도가 부서지는 소리가 들렸다. 곧이어 하얀 물보라가 느껴졌다. 내가 육지로 돌아가고 있다는 걸 알아챘다. 나는 그렇게 계속 둥둥 떠서 흘러갔다.

마침내 해변에 다다랐고 모래 속에 누운 채 사라와 제이미를 찾았다. 둘 다 해안에 거의 다 와 있었다. 정오의 빛은 흰 모래색에 가까웠다. 주위의 관광객은 아무 일도 없었다는 듯이 놀면서 재잘거렸다.

너무 지쳐서 일어설 수가 없었다. 가족들이 다가왔다. 지크가 내게 물과 아몬드를 줬다. 마침내 모래사장에서 몸을 일으켜 점심을 차리러 숙소로 걸어갔다. 나를 구한 것은 발버둥을 멈춘 일이었다.

Chinook Salmon

왕연어

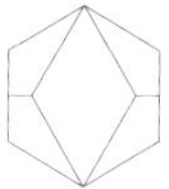

9월 1일, 짐과 나는 캐나다에 있는 사라네 가족을 보러 갔다. 우리는 폭포 가까이서 하이킹을 하고 시립 공원에서 축구도 했다. 이 공원은 단풍이 붉게 타오르는 산기슭에 자리 잡고 있었다. 단풍잎 사이로 비쳐든 햇살은 분홍빛에 가까웠고 그렇게 눈부시게 반짝이는 고모레비로 정신이 아찔했다.

내 인생 목표 가운데 하나가 왕연어의 산란을 보는 것이었는데 사라네 작은 마을에서 마침 그런 장면을 볼 수 있었다. 우리는 식료품점에 차를 세워놓고 번화가에 있는 다리를 건너 왕연어 산란 장소에 도착했다. 연어를 구경하러 가는 길이 미적으로 그리 만족스럽지는 않았지만 하이킹을 하면서 개울가로 내려가자 근처에 있는 마을은 이제 아무런 문제도 되지 않았다. 우리는 왕연어와 함께 있으니까.

연어 스무 마리가 산란할 보금자리를 만들었다. 두세 마리씩 무리를 지었는데 간혹 혼자 있는 녀석도 있었다. 왕연어는 몸길이가 1.5미터, 무게는 54킬로그램까지 나간다. 우리가 직접 산란을 본 왕연어는 몸집이 더 작았지만 그래도 많이 작은 편은 아니었다. 입 부분이 갈고리처럼 생겼고 몸은 바다에 있을 때처럼 은청색을 띠지 않았다. 색깔이 더 어두워졌는데 어떤 연어는 붉은빛이나 녹색 빛이 돌았다.

왕연어는 바다에서 길게는 8년을 보내고 자기가 태어난 바로 그 장소로 돌아왔다. 이제 늙어서 곧 죽을 텐데도 맑고 차가운 개울의 세찬 물살을 거슬러 끈질기게 나아갔다. 가파른 폭포를 만나도, 모든 연어가 그러듯이 자기가 태어난 하천으로 되돌아가겠다는 수 세기에 걸친 결심을 품고서 돌진했다. 그렇게 다음 세대를 위한 타고난 헌신으로 그들은 목숨을 잃을 터였다.

이렇게 죽어가는 연어들이 반짝이는 물에서 움직일 때 나는 깊은 시간 속으로 빠져들었다. 내 삶이 이 아름다운 물고기의 삶과 연결되었다. 살아 있는 모든 종種과 서로 연결되는 경험을 하면서 마음이 부드러워지고 넓어졌다. 태곳적부터의 이 동류의식은 내가 느낄 수 있는 가장 깊은 연결이었다.

The Fabtones' Last Night

팹톤스의 마지막 밤

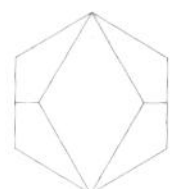

1999년 새해 전야, 남편이 활동하는 밴드인 팹톤스가 '로프트'라고 불리는 행사장에서 친구들을 위해 연주하는 자리를 마련했다. 그날 밤 모두가 와서 댄스홀을 가득 메웠다. 중년인 우리는 한창 바쁘게 살았고 미래에 대해서는 그리 걱정하지 않았다. 우리는 〈굿 로킹 대디Good Rockin' Daddy〉, 〈와일드 나이츠Wild Nights〉, 〈프리티 우먼Pretty Woman〉에 맞춰 춤을 췄다. 또한 서로 포옹을 했고 기차놀이를 할 때처럼 앞사람을 잡고 빙글빙글 돌아가며 춤을 췄다. 그때까지 팹톤스가 함께한 세월은 15년이었고, 그동안 친구와 팬으로 구성된 공동체를 이루었다. 자정이 되자 모두 샴페인 잔을 들어 건배하며 새천년을 맞았다.

2019년 새해 전야, 팹톤스는 140명의 친구를 위해 또 모임을 주최했다. 하지만 이번에는 고별 파티였다. 참석자 대부분이 동일 인물이었지만 다들 큰 변화가 있었다. 머리가 희끗희끗하거나 은발이었고, 얼굴에는 크고 작은 주름이 생겼으며, 예전처럼 쌩쌩하지 않았다. 은퇴한 사람이 많았고 우리 자녀들은 다 자라서 성인기 삶으로 넘어갔다. 요즘 우리는 춤추는 일보다 병원을 찾는 일이 더 잦았다.

나는 지난해 남편과 사별한 트와일라와 춤을 췄고, 45년간 알고 지낸 질과도 춤을 췄다. 우리가 처음 만났을 때 질은 예쁘고 활기 넘치는 간호 실습생으로, 짐이 활동하는 밴드의 드럼 연주자인 레이놀드와 사귀고 있었다. 질은 여전히 예뻤지만 간호직에서 은퇴했고 레이놀드와 함께 호숫가에 오두막을 장만했다.

월리스 스테그너Wallace Stegner(퓰리처상을 받은 작가이자 환경운동가, 역사가로 '서부 지역 작가들의 학장'이라고도 불림－옮긴이)는 이렇게 썼다. "우리는 우리가 세상에 흔적을 남기리라 생각했지만, 오히려 세상이 우리에게 흔적을 남겼다." 우리 대부분에게는 상당한 흔적이 남았다. 지역 서점의 활기찬 주인인 로라는 다발성 경화증을 앓고 있고, 샘은 파킨슨병 말기였다. 로저와 존, 톰은 이미 세상을 떠났다. 프랭크와 퀸은 인생의 동반자를 잃었다. 에릭은 30년을 함께한 아내를 지난 크리스마스 때 떠나보냈고 그 뒤로 아들들과 대화가 끊겼다. 도나의 아들은 알코올 중독 치료를 받고 있었다.

그러나 우리 대부분은 만족했다. 부모가 된 이들의 자녀들은 사회에 발을 잘 내디뎠다. 우리 가운데 몇몇은 손주를 얻는 행운을 누렸다.

대부분은 파티에 함께 온 사람들과 여전히 춤을 췄다. 월트와 케이는 블루그래스(1940년대 후반에 생겨난 초기 컨트리 뮤직 –옮긴이) 밴드에서 활동 중이었고, 코라는 수채화를 배우기 시작했다. 레이는 음악을 연주했고 새로운 직업을 얻어 즐겁게 사람들을 가르쳤다. 그리고 우리는 샴페인, 바 너머의 네온 불빛, 멋진 댄스 밴드가 있는 파티장에 있었다.

휠체어를 탄 샐리는 음악에 맞춰 두 팔을 흔들며 몸을 요리조리 움직였다. 나는 〈더 멍키 타임The Monkey Time〉, 〈체인 오브 풀스Chain of Fools〉, 〈사랑을 위해 포기하리Giving It Up for Your Love〉에 맞춰 춤을 췄다. 이 자리가 흥겹기도 했지만, 35년간 이어진 팹톤스의 시대가 막을 내린다는 슬픔을 물리치려고 친구들 사이를 돌아다니며 몸을 움직였다. 앞으로는 이 곡들을 팹톤스의 연주로 두 번 다시 듣지 못할뿐더러 이렇게 많은 친구가 한자리에 모여 또다시 춤을 추지도 못할 테니까.

팹톤스는 무대 위에서 자신들의 역량을 모조리 쏟아냈다. 존의 화려한 색소폰 독주는 눈길을 사로잡았고 그가 무대 앞쪽으로 걸어 나오니 악기가 크리스마스 조명을 받아 눈부시게 빛났다. 레이놀드가 〈도미노Domino〉와 〈갈색 눈동자의 소녀Brown Eyed Girl〉를 불렀을 때는 다들 깜짝 놀라 기절하는 줄 알았다. 원곡 가수인 밴 모리슨 말고는 레이놀드를 따라올 자가 없었다. 팸은 〈텅 빈 침대 블루스Empty Bed Blues〉의 요란한 버전을 아주 큰 소리로 부르고는 〈부둣가에 앉아〉와 〈크레이지Crazy〉를 온 힘을 다해 열창했다. 스티브는 고도의 기교를 부리며 기타 연주를 들려줬다. 짐은 흔들리지 않는 베이스 기타 연주로 모든 곡을 든든히 받쳐줬다. 참으로 멋진 음악이었다. 그러니 이걸 어떻게 끝나게 둔단 말인가?

하지만 이 시대를 끝내는 건 연주자들이 아니었다. 바로 시간이었다. 존은 여러 가지 건강 문제를 겪은 뒤로 자신의 연주 기량을 유지하는 데 필요한 연습을 더는 감당할 수 없다고 느꼈다. 스티브는 이제 1년 중 석 달은 휴가차 플로리다에서 보낸다. 게다가 이 밴드가 순회공연을 할 때 주 수입원이던 댄스 클럽들이 속속 문을 닫았다. 팹톤스의 시간이 끝난 것이다.

저녁 내내 기쁨과 슬픔이 교차하면서 마음이 복잡했다. 나는 〈닥터 마이 아이즈Doctor My Eyes〉와 〈편지The Letter〉 같은 오래된 인기곡을 따라 부르고 그에 맞춰 춤추기를 무척 좋아했다. 하지만 이제는 자유분방하면서도 지혜로운 공동체에서 한 시대의 종말을 목격하고 있었다. 앞으로도 친구들 대부분을 또 만나겠지만 댄스파티에서는 볼 수 없을 터였다.

이제 내 자식들은 중년이 되었고 큰손녀는 대학생이었다. 내 손은 말을 잘 듣지 않고, 눈도 좋지 않으며, 더는 배낭을 메고 산에 올라갈 수도 없다. 그래도 난 행복했고 댄스홀과 무대에 있는 사람들은 내 행복에 큰 역할을 해왔다. 그 오랜 세월 동안 우리는 초원의 풀처럼 얽히고설켜 파릇파릇한 새봄과 타는 듯한 여름, 화려하게 물든 가을, 눈 내리는 겨울을 함께 살았다. 온갖 날씨를 함께 맞닥뜨렸다. 그리고 당연히 더 많은 것을 직면할 터였다.

하지만 오늘 밤 우리는 〈문댄스Moondance〉와 〈머시 머시 미Mercy Mercy Me〉에 맞춰 빙빙 돌았다. 그러고는 〈그동안에 멤피스Memphis in the

Meantime〉로 분위기를 이어갔다. 우리는 붐비는 댄스홀에서 건너편 사람들에게 "사랑해요"라고 서로서로 외쳤다. 팹톤스는 가이 클라크Guy Clark의 〈오랜 친구들Old Friends〉로 이 밤을 마무리했다.

우리 모두 후렴을 따라 불렀다.

다 같이 샴페인 잔을 들어 마지막으로 건배하고 포옹했다. 어느덧 네온 불빛이 깜빡거렸다. 문 닫을 시간이었다. 우리는 2020년 새해의 어둠과 추위 속으로 걸어 들어갔다. 곧 맞닥뜨릴 혹독한 날씨는 전혀 알지 못했다.

Snowfields

눈 덮인 들판

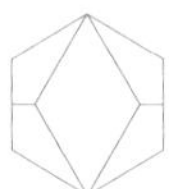

어느 토요일 오후, 네브래스카주 보헤미안 알프스의 구불구불한 언덕을 차로 달렸다. 며느리 제이미와 연간 피정을 하러 가는 길이었다. 매년 1월 첫 번째 주말에 우리 둘은 각자의 책임에서 벗어나 36시간의 자유를 오롯이 누린다. 이때는 등산화와 일기장, 양초, 책, 와인을 챙긴다. 그리고 언덕을 걸으며 지난해와 새해에 대해 이야기를 나눈다.

한 해 동안 서로 만나긴 했지만 언제나 다른 가족과 함께 있는 자리에서였다. 여기서 우린 친구가 되어, 서로의 경험을 이해하기 위해 상대방의 이야기에 귀를 기울인다. 사색에 잠길 시간과 공간을 갖는다.

제이미가 지크와 사귀기 시작했을 무렵 우리 둘은 우연히 마주친

적이 있다. 시내에 있는 커피숍 밀Mill의 노천에서 투르게네프의 《아버지와 아들》을 읽고 있는데 제이미가 자전거를 타고 나타났다. 대학생인 제이미는 큰 키에 긴 검은 머리였는데 캐서린 헵번처럼 아름다웠다. 제이미는 내게 손을 흔들고는 자전거에 자물쇠를 채웠다. 그런 다음 배낭에서 《카라마조프가의 형제들》을 꺼냈다. 속으로 '우린 아주 잘 지내겠구나' 하고 생각했다.

그로부터 20년이 흐른 지금, 제이미와 또다시 책을 읽으러 가는 길이다. 운전을 하면서 동유럽 여성 합창단 '키트카Kitak'의 음악을 들었다. 옛 음악과 눈 덮인 시골 풍경, 겨울 오후의 하늘이 평화로운 느낌을 선사한다.

보헤미안 알프스는 구불구불한 언덕과 깊은 골짜기, 작은 개울이 있는 아름다운 지역이다. 하얀 산등성이에는 향나무가 여기저기 흩어져 있다. 어떤 곳은 쌓인 눈이 햇빛을 받아 은빛으로 반짝인다.

이 길에서는 늘 어머니 생각이 난다. 이 지역의 남쪽 끝에 도체스터가 있는데 거기 살 때 우리는 체코 음식을 많이 먹었다. 나는 야테르니체(보헤미아식 소시지－옮긴이)와 콜라치(속에 과일을 넣은 달콤한 페이스트리－옮긴이), 간肝 완자탕, 사우어크라프트를 곁들인 거위 구이를 좋아했다. 어머니의 환자는 대부분 보헤미아 사람이었다. 어머니는 보헤미아인들이 열심히 일하고, 열심히 놀며, 가족애가 강하고, 비극적 정서와 시적인 감각이 있다고 설명했다. 체코인과 한동네에서 몇 년 살아보니 어머니 얘기에 동감하게 된다.

차를 몰면서 붉은색과 녹색 콤바인, 은색 저장탑, 뿔이 없는 검은 앵거스 소 떼를 지나쳤다. 한쪽으로 기울어서 쓰러지기 일보 직전인 건초 창고 하나도 유심히 봤다. 나무판자가 군데군데 너무 많이 빠져서 안이 훤히 들여다보였다. 그 회색 판자 건물이 없어지진 않았을까, 매년 궁금했는데 올해도 여전히 그 자리에 서 있었고 1년 전보다 약간 더 기울었을 뿐이었다.

빛바랜 낡은 헛간과 작은 개울, 휴경지에 쓸쓸히 서 있는 미루나무도 눈에 들어왔다. 도시에서 몇 주를 보낸 내게 흰 눈 위로 햇볕이 내리쬐는 풍경은 보약 같았다. 잊힌 시간, 고요하고 비어 있는 시간, 내가 어렸고 세상도 지금보다 어리게 느껴지던 시절의 묘약이라고나 할까.

붉은꼬리매 한 마리가 울타리 기둥에 앉아 있었고, 캐나다기러기가 작은 연못 위를 빙빙 돌다가 날개를 펴고 하강할 준비를 했다. 로마Loma 바로 외곽을 지날 땐 갈매기 떼가 나선형으로 돌다가 여기저기로 퍼져 은빛 하늘을 가로지르는 광경이 보였다.

성 베네딕트 센터에 가까워지자 달걀노른자 같은 태양이 지평선에 걸렸고 상앗빛이 도는 흰 눈에 땅거미가 내려앉으면서 푸르스름한 긴 줄무늬가 생겼다. 본크리크 그리고 얼음 조각이 마구 뒤엉킨 플랫강을 건널 때는 신의 은총을 흠뻑 받는 느낌이었다. 키트카의 합창과 대지, 새, 심지어 방풍림을 따라 세워놓은 빛바랜 트랙터까지 모두 신성해졌다. 늘 궁금해하던 질문이 또 떠올랐다. '이런 은총은 우리에게 어떻게 내리는가?' 우리 의지로 되는 일도 아니고 우리가 직접 만들 수도 없다. 오히려 찌르레기가 찌르륵거리는 것과 똑같은 방식으로 그리고 별똥별처럼 무작위로 우리에게 온다.

피정 센터에 도착해 체크인을 하고 너른 복도로 걸어갔다. 벽돌과 목재로 지어진 복도에는 녹색 잎 화환이 걸려 있었다. 내가 가장 좋아하는 방인 일광욕실도 지나쳤는데 그곳에는 벽난로와 책장 그리고 바닥에서 천장까지 이어지는 높고 큰 창문이 있다.

근처 회의실에서 스페인어로 떠드는 소리와 웃음소리가 들린다. 이들은 중앙아메리카와 유카탄 반도에서 온 사람들로 대부분 마야인이며 육류 포장 공장에서 일한다. 우리와 매년 방문 시기가 겹치는데 그들은 간식과 탄산음료뿐 아니라 활기를 가지고 온다. 그 노동자 다수에게는 여기 오는 며칠이 1년에 한 번 있는 휴가다. 그들은 전기기타 음악에 맞춰 노래하고 춤췄으며 제이미와 나에게도 같이 놀자고 했다.

어떤 때 제이미와 나는 저녁에 찻길을 건너가 세계 곳곳에서 온 베네딕트회 사제가 저녁 기도를 낭송하는 소리를 듣기도 한다.

단순하고 검소한 내 방에 들어와 짐을 푸는데 나무에 걸린 하얀 불빛들이 계속 깜빡였다. 분홍색과 주황색으로 물든 호수 면에서 석양의 마지막 빛을 볼 수 있었다.

나는 제이미의 방문을 두드렸다. 우리는 곁에 앉아 자신에게 가장 흥미로운 소식을 나눴다. 나는 지난 2019년에 여행을 많이 했다. 두 달에 한 번꼴로 캐나다에 갔고, 남동생을 만나러 샌프란시스코에 갔으며, 결혼 45주년 기념으로 북서부를 2주간 여행했고, 윌리엄 바버William Barber 목사의 '가난한 사람들의 캠페인Poor People's Campaign'에 참여하기 위해 워싱턴 D.C.에도 다녀왔다.

피정을 시작한 뒤로 많은 변화가 있었다. 제이미와 지크의 아이들은 아장아장 걷던 아기에서 10대로 성장했다. 큰손녀 케이트는 고등학교를 졸업하고 대학에 갔다. 짐은 옛 밴드를 정리하고 새로운 밴드를 시작했다. 나는 뼈가 부러져 손힘이 없어졌다. 예전에는 20킬로그램이 훌쩍 넘는 아이들도 안고 다녔는데 지난해에는 농산물 직거래 장터에 갔다가 호박 하나도 들어 올리지 못했다.

벽난로의 불을 들여다보면서 푸른 불꽃과 더불어 지난 모든 세월의 불꽃을 보았다. 그 불꽃은 시간과 마찬가지로 우리 눈앞에서 활활 타오르다 점점 사라져갔다.

제이미와 함께 새해에 대해 이야기했다. 나는 평소처럼 캐나다에 가고, 알래스카의 디날리 국립공원 캠프에서 강연을 하고, 스코틀랜드를 방문할 계획이었다. 제이미는 지크와 바닷가로 20주년 기념 여행을 떠날 계획을 세우고 있었다. 나는 짐의 칠순 잔치도 열고 싶었다.

그러다가 최근에 중국에서 발견되었다는 바이러스를 잠시 고려했다. 바이러스가 이쪽으로도 건너올지 궁금했다. 우리 둘 다 어쩌면 그럴지도 모르겠다고 생각했다. 하지만 이곳 네브래스카에 있는 우리에게 영향을 주거나 우리 삶을 심각하게 바꿀 것 같진 않았다.

성 베네딕트 수도원은 빛이 가득한 곳이다. 낮 동안에는 겨울 햇살이 일광욕실로 쏟아져 들어왔다. 밤에는 호수 주변 나무 사이에 걸린 줄 전구에서 하얀 불빛이 반짝였다. 그런 순간이면 내 삶에도 햇빛이 가득한 것만 같다. 제이미와 나는 이 환희의 순간을 함께 축하했다. 세상에 곧 내릴 어둠은 상상도 못 했다.

January Ice

1월의 얼음

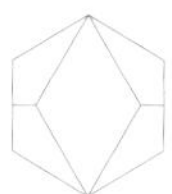

2020년 1월, 두 남동생 커플이 비행기를 타고 3박 4일 일정으로 링컨에 왔다. 제이크와 샐리는 샌프란시스코에 살고, 존과 베키는 노스캐롤라이나주에 산다.

우리 삼남매가 마지막으로 함께했던 건 20년 전 우리 아들의 결혼식 때였다. 그 이후로 나는 존과 제이크를 각각 따로 만났고 남동생들은 저희끼리 알래스카 여행을 두 번 다녀왔다. 그러다가 20년 만에 드디어 링컨에 있는 크고 오래된 우리 집에 다 같이 모이게 된 것이다. 이제 우리는 아마빛 열은 금발의 깡마른 아이도, 심지어 기운 센 중년도 아니었다. 셋 다 머리가 희끗희끗하고 어깨는 구부정했다. 그러나 시간이 지나도 변하지 않는 부분이 있었다. 책을 읽고, 동물을 사랑하고, 말이 엄청 많다는 점이었다.

우리는 늘 친밀했지만 자주 헤어져야 했다. 문제가 많은 가정에서 성장했기에 슬픈 이야기를 많이 간직하고 있었다. 안타깝게도 이런 이야기에 대한 부담은 우리의 재회를 가로막는 데 한몫했다. 당연하게도 우리 가운데 누구도 학교에서 괴롭힘을 당한 기억이나 집에서 아버지에게 학대당한 기억을 떠올리고 싶어 하지 않았다. 어렸을 때 우리는 어설픈 아웃사이더였고, 각자 그럴 수 있는 시기가 되었을 때 하나같이 네브래스카에서 멀리 떠났다. 오직 나만 이곳으로 돌아왔다.

지금까지 우리 셋 다 어린 시절과는 전혀 다르게 제 나름대로 성공적인 삶을 살아왔다. 사랑하는 짝을 찾았고 그 짝은 자신과 같은 부류였다. 또한 각자 애정을 갖는 직업 분야에서 일했다. 생활은 좀 더 수월하고 편안해졌다. 우리는 행복한 상태로 2020년에 한자리에 모였다.

존과 베키는 목요일 오후 늦게 도착했다. 우리가 이야기하는 동안 등 뒤로 석양이 동쪽 호수를 찬란한 빛으로 물들였다. 나중에 우리는 베키가 구워 온 초콜릿 맛의 밀도 높은 호밀빵 한 덩어리와 감자 수프를 먹었다.

금요일에는 날씨가 추운 데다 길이 얼었다. 제이크가 탄 비행기가 도착하기도 전에 공항이 폐쇄되었다. 제이크와 샐리는 오마하를 경유해 우버를 타고 자정 무렵 우리 집에 도착했다.

우리는 자지 않고 그 둘을 기다리면서 크리스마스 때 설레는 마음으로 산타를 고대하는 아이들이 된 기분이었다. 제이크와 샐리가 도착하자 다 같이 새벽까지 웃고 떠들었다. 함께 있으니 이상할 정도로 너무 기뻤다.

남동생은 둘 다 털이 덥수룩한 큰 곰 같았다. 제이크는 어머니를 닮았고, 존은 아버지를 닮았다. 둘 다 사나워 보이고 목소리는 걸걸해도 새끼 고양이처럼 온순하다는 걸 나는 안다. 둘은 소리 내어 웃으면서도 기뻐하는 모습이 쑥스러운 듯 고개를 푹 숙였다. 만약 곰이 웃을 수 있다면 저렇게 킬킬거리는 소리를 냈을 것이다.

추위와 얼음 때문에 우리는 주말 내내 집에 머물렀다. 베키가 사과 파이를 구워줬다. 우리는 농담을 했고 책과 영화에 대한 논평도 주고받았다. 서로 돌아가면서 요리도 하고 즐거운 분위기를 만들었다. 나는 자유로운 글쓰기 방법을 설명해줬다. 제이크와 짐은 기타를 연주했다. 예전엔 발레리나로 활동하다가 지금은 발레 선생님이 된 샐리는 우리에게 발레를 가르쳐줬다. 제이크는 그전부터 수업을 받고 있어서 괜찮았지만 존과 나는 플리에plié는커녕 1번 포지션으로 서 있는 것조차 전혀 되지 않았다.

우리는 해돋이와 해넘이도 지켜봤다. 어느 날 아침 가장 먼저 일어난 베키는 흰머리수리가 발톱으로 먹이를 움켜쥐고 날아가는 광경을 봤다. 같은 날, 해 질 무렵에는 우리 집 차 진입로에 있는 여우를 다 같이 봤다.

사흘 동안 어린 시절만 빼고 모든 것에 대해 이야기했다. 우리 삼남매는 부모님의 과실을 두고 단 한 번도 의견 일치를 본 적이 없다. 나는 부모님의 잘못을 많이 알지만 그래도 두 분을 사랑했다. 반면, 남동생들은 나만큼 너그럽지 못했다. 아버지는 1974년에 돌아가시고 어머니는 1992년에 돌아가셨다. 수십 년이 지난 어느 시점부터 우리는 그 논쟁을 다시 하지 않기로 했다. 그러기엔 나이를 너무 많이 먹었다. 그리고 이젠 더 좋은 이야기거리가 많다.

우리는 더 좋은 이야기 중 하나, 그러니까 우리가 얼마나 가깝고 얼마나 같이 있고 싶어 하는지에 대한 이야기 속에서 살기로 했다.

함께하는 마지막 식사 자리에서 존은 이렇게 외치며 건배했다. "내 인생에서 가장 행복했던 나흘을 위하여." 오랜 세월 헤어져 있다가 마침내 고향으로 그리고 서로에게로 돌아올 때가 됐다고 결정하고서 마련한 시간이었다.

이튿날 아침 6시 30분에 잠에서 깨어 거실로 나오니 제이크가 나와 같이 커피를 마시겠다고 했다. 제이크는 접이식 의자를 내 쪽으로 바짝 붙여서 앉았다. 더 편한 의자로 가서 앉으라고 권하자 제이크가 "누나 옆에 앉고 싶어"라고 말했다.

내가 "일찍 일어났네"라고 얘기하니 제이크는 "누나가 일어나길 기다리고 있었어"라고 대답했다.

베키는 우리에게 신선한 산딸기 스콘을 만들어줬다. 동생 커플이 짐을 쌀 때 나는 누구든 내게 시간을 내어주면 같이 커피를 마셨다. 서로 헤어지기 직전에 모인 자리에서 우리는 내년에 또 가족 모임을 하기로 결정했다.

하지만 내년이 있을지 누가 알겠는가? 우리는 늙어가고 있고 저마다 건강 문제가 있다. 그래도 우리가 유한한 존재라는 걸 알기에 서로 더욱더 사랑할 수 있었다. 브레이 집안의 다 큰 어설픈 아이들인 우리는 이제 막 함께 발레도 췄다.

7부

회복력

Resilience

Helicopter Lights

헬리콥터의 불빛

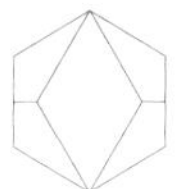

랠프 월도 에머슨은 200년 전에 이렇게 썼다. "사건이 안장에 앉아 인간을 몰고 간다." 그런데 2020년도보다 이 말이 들어맞은 적은 없는 듯하다. 우리가 통제할 수 없는 거대한 세상의 힘이 우리를 크게 변화시켰다는 사실을 전 세계인이 깨달았다.

2월 말부터 짐과 나는 꼭 필요한 때를 제외하고는 집을 떠나지 않았다. 캐나다 국경이 봉쇄되고, 짐의 밴드 일도 취소됐으며, 우리는 3월 말까지 집 안에 갇혀 있었다. 당연히 여기던 즐거운 일상이 전부 날아갔다. 예를 들면 가족과의 저녁 식사, 짐의 밴드 음악에 맞춰 춤추기, 농산물 직거래 장터, 세상 곳곳을 그냥 자유롭게 돌아다니는 일 등이 다 사라진 것이다.

거리는 점점 조용해졌고 새소리는 더욱 크게 들렸다. 천만다행으로 검은방울새와 홍관조는 바이러스에 걸리지 않았다. 모든 헬스장이 문을 닫자 졸지에 홈스 댐은 운동하는 사람들로 붐볐다. 나는 마스크를 쓰고서 친구들과 호수 둘레 빙판길을 걸었다. 감사함을 느꼈다.

우리 집이 이 도시의 큰 병원 두 곳 사이에 있다 보니 네브래스카주 전역의 작은 병원에서 코로나19 환자를 싣고 날아오는 헬리콥터 소리가 상공에서 들리고 그 광경이 또렷이 보였다. 아울러 환자를 싣고 응급실로 질주하는 구급차의 사이렌 소리가 온종일 들리고 빨간불과 파란불이 번쩍이는 구급차 불빛이 호수 저편에 어른거렸다. 짐과 나는 밤하늘에 뜬 달과 별을 바라보다가, 동쪽 하늘을 가로지르며 세인트 엘리자베스 병원이나 브라이언 병원으로 날아가는 헬리콥터의 깜빡거리는 불빛을 보기도 했다.

활동이 없어지자 내 자아감도 사라졌다. 나는 언제나 관계로 나 자신을 지켜왔다. 그런데 이젠 짐만 빼고 모든 사람과 멀리 떨어져 버린 듯했다. 인생이 코로나19 팬데믹 전과 후, 두 부분으로 나뉘었다. 코로나19 시대는 끝이 보이지 않는 반면, 이전 시절은 가물가물하고 비현실적인 것이 되었다.

나는 내가 일하지 않아도 되고 쫓겨날 걱정을 하지 않아도 되는 운 좋은 사람에 속한다는 걸 잘 안다. 엄청난 고난을 겪으면서도 그 역경을 어떻게든 견뎌내는 이들에게 대단한 존경심이 솟았다. 그들에 비하면 내 고생은 보잘것없는데도 계속 버거운 느낌이 들었다.

언젠가 한 친구가 내게 미래 계획이 뭐냐고 물었다. 나는 그 질문을 받고 멍해졌다가 결국 이렇게 대답했다. "우린 저녁으로 엔칠라

다를 먹을 거야."

어둠이 폭풍우를 몰고 오는 구름처럼 내게 내려왔고 이 구름 중 일부는 1년이 넘도록 걷히지 않았다. 오자크 트레일러에서 살던 그해와 마찬가지로 가족을 다시 볼 수 없었기 때문이다. 캐나다에 있는 아이들을 생각하면 내 몸이 얼음 속에 들어간 것만 같았다.

미래에 대해서 생각할 도리가 없었다. 전문가든 권력자든 그 누구도 다음에 무슨 일이 일어날지 정말로 알지 못했다. 우리는 아무것도 계획할 수 없었다. 2020년의 단어는 항복이었다. 계획과 소망, 주체의식 따위는 포기하고 기대치를 계속 낮춰야만 했다.

나는 봉쇄와 집단 공포에 더욱 순응해갔다. 흑인 미국인의 역사와 문학이 담긴 책을 읽으면서 그해를 보내야겠다고 결심했다. 새 책을 한 권 쓰기로 계약했고, 내가 활동하는 환경단체와 줌[Zoom]으로 회의를 했다.

언제나 그렇듯 여자 친구들은 내 삶이 제자리를 유지하도록 도와줬다. 나는 거의 날마다 친구 가운데 한 명과 산책했다. 작가 모임은 온라인으로 자리를 옮겨 진행했고, 먼 곳에 있는 가족이나 친구와는 긴 통화를 했다.

짐과 단둘이 그렇게 많은 시간을 보낸 것도 처음이었다. 우리는 스크래블 게임을 하고 TV 코미디 프로그램을 봤다. 저녁에는 우리가 발명한 '기억나?'라는 게임을 했다. 함께한 지난날에 대해 거의 이야기하지 못하고 지낸 우리에겐 행복한 놀이였다. 한번은 이런 질문이 나왔다. "우리가 바닷가에 갔던 때를 전부 기억해?" 그다음 질문은 이랬다. "우리 대학원 친구들 이름이 전부 뭐였지?"

시간이 갈수록 우리는 서로에게 다정하고 상냥해졌다. 마치 두 장의 카드가 서로 기대어 받쳐주는 격이었다. 우리는 서로에게 만족스럽지 않으면 행복하지 않았다. 그럴 때는 잘 대처해 예전보다 더 사랑하는 사이가 되었다.

작은 즐거움이 큰 즐거움이 되었다. 나는 '이 순간을 알아차려라'라는 주문을 외웠다. 눈 오는 날 난롯가에서 책을 읽는 순간이나 라디오에서 레너드 코헨의 노래를 듣는 순간, 페이스타임으로 영상통화를 하며 손자와 그림을 그리는 순간을 알아차리는 것이다. 어디에나 구급차와 헬리콥터의 불빛이 있었지만 내게는 다른 종류의 빛을 찾아낼 방법이 있었다.

Buddha Light

부처의 빛

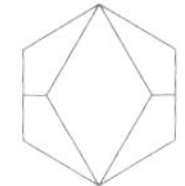

코로나19 팬데믹 전, 우리 불교회는 일요일 아침마다 한 심리학자의 사무실 지하에서 만났다. 일요일에도 해야 할 일이 많았기에 신경이 곤두선 채 서둘러 시내를 가로질러 모임 장소로 질주해 들어가곤 했다. 하지만 거기 들어서자마자 호흡이 깊어지고 느려졌다.

우리는 명상실 한가운데에 만다라가 그려진 인도 천을 펼쳐놓고 꽃과 촛불, 작은 부처상이 있는 성역을 만들었다. 그리고 그 둘레에 있는 방석이나 의자에 앉았다.

모임이 시작되면 출석을 확인하고 나서 40분간 침묵 명상을 했다. 걷기 명상을 할 때는 스타킹이나 양말만 신은 채 발을 들어 올리면서 숨을 들이쉬고 발을 내려놓으면서 숨을 내쉬며 천천히 방을 빙 돌았다.

방석 위에 앉아 있는데 머릿속이 바쁘게 돌아갔다. 장 봐야 할 목록부터 사람들과의 소통 문제까지 최근에 했던 모든 생각이 이래저래 다시 떠올랐다. 내가 기분을 상하게 한 사람은 없었는지 걱정도 됐다. 책임져야 할 이런저런 것이 고민스러웠고 모든 일을 일정대로 잘 해낼 수 있을지 의문이었다. 가족이 그리웠다. 어떤 건 좀 더 하길 바랐고 어떤 건 좀 덜 하길 바랐다. 내가 인식한 결점과 실수에 대해서는 자책했다.

하지만 시간이 지나면서 마침내 호흡이 깊어지고 느려졌다. 이따금 내 몸을 오롯이 느끼기도 했다. 지끈거리는 머리와 아픈 어깨에 주의를 기울였다. 턱에 힘을 빼고 눈 주위 근육의 긴장을 풀었다. 심장이 뛰는 소리와 바깥의 바람 소리가 들렸다. 생각과 감정이 여전히 올라왔으나 붙들어두지는 않았다. 그것을 관찰하고 그것이 떠다니게 내버려둔 채 다시 호흡에 집중했다.

명상을 하면서 단 1분이라도 완전히 깨어 있는 의식을 느낀다면 그건 엄청난 행운이다. 하지만 노력해서 얻을 만한 가치가 충분했다. 가끔은 나 자신에게 자비를 베풀며 스스로의 사소한 결점이나 괴벽에 미소를 지을 수 있었다. 삶이 너무도 소중하게 느껴져서 눈물이 두 뺨을 타고 주르르 흘러내릴 때도 많았다. 세상이 너무나 감동적이라는 생각과 느낌이 들었다.

명상이 끝나면 더는 뭔가를 마냥 곱씹지 않았다. 그렇다고 마이클 폴란Michael Pollan이 말한 디폴트 모드 작동default mode functioning(멍하니 휴식을 취할 때 특정 뇌 부위가 활성화하면서 통찰력과 창의성이 높아짐 – 옮긴이) 상태도 아니었다. 작은 자아에 얽매인 나 자신을 잠재우고서 더 큰 뭔가와 이어지는 느낌이었다. 어깨에 들어갔던 힘이 빠졌고 마음은 느긋하고 편안해졌다. 이제 더는 아무것도 꽉 붙들고 있지 않았다.

명상 후에는 부처님의 설법이나 경전에 대한 강론을 듣거나 우리의 글쓰기와 예술 이야기를 나눴다. 다도茶道나 토론은 회원들이 주도적으로 이끌었다. 모임은 단체 포옹으로 마무리되었고 나는 이 모임과 세상에 대한 사랑으로 벅찬 가슴을 안고 햇빛 속으로 걸어 들어갔다. 더는 서두르지 않았다.

코로나19 팬데믹 때문에 우리 모임은 온라인으로 자리를 옮겼다. 처음에는 촛불과 꽃, 단체 포옹이 그리웠다. 하지만 봉쇄 상태가 되자 우리 불교회의 따뜻한 동료애와 대화만으로도 감사했다.

줌으로 진행하는 불교회 모임에서 우리는 더욱 커지고 다양해졌다. 나는 다른 이들의 이야기를 들으면서 가난에 대한 두려움, 집에서 아이들을 돌보며 일해야 하는 고충, 독신자의 외로움, 아이들과 멀리 떨어져 있는 부모나 조부모에 대해 알게 됐다. 그저 이야기를 듣는 것만으로도 고립감과 외로움이 줄어들었다. 내 고통은 공통적인 고통이었다. 그러니까, 인간의 고통이었다.

우리는 서로가 제정신으로 살도록 돕기 위해 온전한 정신을 유지하며 살아냈다. 그렇게 서로의 구명조끼가 되었다.

명상을 이끌 차례가 되면 나는 황금빛 공으로 머리부터 발끝까지 빛이 스며들게 하는 연습을 회원들에게 지도했다. 황금빛이 몸속으로 퍼지면 우리는 따뜻해지고 평온해지며 사랑으로 가득 찼다. 자기 자신과 외부 세계의 경계가 허물어지면서 상호 연결된 의식망에 머물렀다.

아침 불교회 모임이 끝나면 내가 있는 곳은 이미 집이고, 거실 낡은 소파에 앉아 있는 나의 무릎 위에는 나이 든 삼색털 고양이인 우리 글레시가 있었다. 아무것도 변하지 않았으면서도 모든 것이 변했다.

Morel Hunting

곰보버섯 찾기

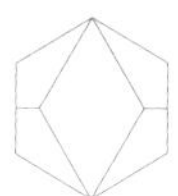

어느 5월의 아름다운 날, 짐과 나는 차를 몰아 지크가 사는 지역의 플랫강변으로 갔다. 작년 10월 이후로 아들네 가족을 보지 못했기에 지크와 제이미 그리고 손주들과 야외에 있을 생각을 하니 즐거웠다.

곰보버섯을 채집하러 가는 길이었다. 곰보버섯은 원뿔형의 갓 부분에 홈이 촘촘하고 깊게 파인 버섯으로 1년에 고작 두어 주만 모습을 드러낸다. 이 버섯은 비 온 뒤 갑자기 나타난 태양이 빛을 쏟아내고 날씨가 더워지면 라일락꽃과 함께 등장한다. 대개 강 근처 그리고 떡갈나무나 물푸레나무 부근의 특정한 장소에서만 자란다. 재수 좋게 그 장소를 발견한 채집자는 그걸 혼자만의 비밀로 간직한다. 낚시꾼이 최고의 낚시 포인트를 밝히지 않는 것이나 마찬가지다.

나는 오랜 세월 야생에서 곰보버섯을 발견하길 간절히 바랐다. 어렸을 때 사촌 스티브와 오자크 지역에서 그리고 국립공원에서도 곰보버섯을 찾아다녔지만 단 한 개도 발견하지 못했다.

가끔 농산물 직거래 장터에서 곰보버섯을 사는데 대략 230그램에 25달러다. 곰보버섯을 버터와 같이 프라이팬에 볶으면 풍미가 좋고 다양한 맛이 나면서 고기를 먹는 느낌이다. 고대의 깊은 숲과 비와 흙의 맛이며 인류가 등장하기 훨씬 전부터 이 땅에 존재하던 맛이다. 곰보버섯을 먹는다면 시간을 맛보는 셈이다.

지크네 가족은 강가에서 짐과 나를 기다리고 있었다. 지크는 모두에게 그물 가방을 건넸다. 곰보버섯을 따서 들고 다닐 때 버섯 포자가 퍼지게 하기 위해서였다. 우리는 나무 그늘이 진 길을 따라 숲속으로 들어갔다. 새잎이 돋아나는 미루나무와 떡갈나무의 잔가지가 산들바람에 흔들렸다. 땅에서는 풀 향기와 흙냄새가 났다. 근처에서 개똥지빠귀 한 마리가 경쾌한 멜로디의 노래를 연습하고 있었다.

우리는 비버가 만든 댐을 지나갔다. 지크는 비버가 워낙에 공동생활을 하는 동물이라 고립되면 먹기를 멈추고 서서히 활동을 중단한다고 내게 말해줬다.

"그래, 그럴 수 있겠네." 내가 대답했다.

우리는 샘물이 퐁퐁 솟아나는 연못을 지나쳤다. 연못은 개구리밥으로 뒤덮여 있었다. 걸음을 내디딜 때마다 개구리가 우리 앞에서 뛰어오르더니 물속으로 풍덩 들어갔다. 야생 제비꽃이 활짝 피었고 새잎이 돋은 나무에서 아른거리는 빛 사이로 태양이 빛났다. 내 가습이 꼭 그렇게 반짝반짝 빛나는 것 같았다.

지크는 사슴처럼 껑충껑충 뛰면서 앞으로 나아갔다. 제이미는 우리에게 긁히기 쉬운 나무딸기 덤불과 옻나무를 조심하라고 당부했다. 케이트는 내게 황금색 기생초와 분홍색 꽃잔디를 모아 꽃다발을 만들어 줬다. 클레어는 곰보버섯의 첫 낌새를 알아차리려고 숲 바닥을 샅샅이 훑었다. 이 버섯은 발견하기가 어렵다. 특히 야생에서 한 번도 본 적이 없는 사람에게는 더욱 그렇다. 마른 잎 아래 숨어 있는 데다 색깔이 황갈색부터 주황색과 검은색까지 다양하기 때문이다. 크기도 어떤 것은 아몬드만 하고, 또 어떤 것은 사과만 하다.

"엄마, 이리 와봐요." 지크가 외쳤다.

나는 달려가 지크가 가리키는 곳을 보았다. 한 조각 햇빛이 비치는 곳에 선 내 아래쪽에 열 개 남짓의 곰보버섯이 가만히 누군가의 손길을 기다리고 있었다. "어머나. 어머나."

제이미는 내가 몸을 굽혀 인생 첫 야생 곰보버섯을 따는 장면을 촬영했다. 마치 아메리카흰두루미를 발견하거나 숲속에서 희귀한 난초가 가득 핀 빈터를 우연히 만난 기분이었다.

우리는 버섯을 계속 찾았다. 서로 경쟁하듯 찾다 보니 "그거 내가 먼저 봤어", "잠깐만, 거긴 내 자리야" 같은 큰 소리가 오갔다. 그런 와중에도 우리 가운데 가장 느리고 시력이 안 좋은 나를 부르며 "이리 와보세요. 할머니가(어머니가) 딸 버섯을 찾았어요"라고 외쳤다.

우리는 낚시꾼이 낚싯대를 놓지 못하고, 도박꾼이 도박판에서 나오지 못하는 이치와 다름없는 간헐적 강화 계획intermittent reinforcement schedule(일정한 규칙으로 강화를 부여해 행동을 증가시키는 방법을 뜻하는 실험심리학 용어로, 계속적 강화보다 학습은 느리게 일어나나 소거에 대한 저항이 강하다－옮긴이)이 작용하는 상태였다. 이따금 우리 아들만큼 열정이 넘치는 사슴이 우리 옆으로 껑충껑충 뛰어갔다.

플랫강에 다다랐을 즈음 우리가 채취한 곰보버섯은 거의 1킬로그램에 달했고 그물 가방 여섯 개에 어느 정도 골고루 담겨 있었다. 지크는 자기가 아는 야외 장소로 우리를 데려가 곰보버섯을 석쇠에 구워줬고 우리는 캠핑 의자에 앉아 맛있게 먹었다.

한참을 강가에 앉아 햇볕을 쬐고 맑은 공기를 마셨다. 1.6킬로미터 너비의 플랫강과 강둑을 바라보니 콜로라도의 눈이 녹은 물로 가득 찬 진흙탕 같은 강물과 파란 하늘, 건너편의 숲, 우리 옆의 나무 사이로 비치는 고모레비만 보였다. 여기엔 우리 가족뿐이었고 간간이 왜가리나 펠리컨이 날아들었다. 수개월의 이별과 슬픔 끝에 찾아온 모든 것이 나를 웃게 했다. 나는 행복에 흠뻑 취했다.

기쁨의 오아시스와 길르앗Gilead의 향유(성경에 나오는 고대 지명인 길르앗에서 생산되던 최고의 상처 치유제－옮긴이), 절망의 겨울 끝에 찾아온 어느 봄날에 대해 내가 뭘 더 말할 수 있을까. 그래도 이 말만은 해야겠다. 그것은 일종의 구원과 치유였다.

Sunset

석양

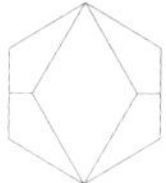

여름날 저녁에는 밥을 먹은 뒤 어두워질 때까지 밖에 머문다. 어떤 때는 정원을 가꾸거나 해먹에 누워 책을 읽는다. 또 어떤 때는 그냥 빛의 변화를 지켜보면서 평온해지는 하루의 소리를 듣는다.

우리 집 뒤뜰의 정경은 지상의 어느 풍경 못지않게 내 마음에 든다. 북쪽에는 수국이 키 작은 나무 높이로 솟아 있다. 아래에는 큰 접시만 한 빨강, 하양, 분홍 히비스커스가 줄지어 있다. 서쪽으로 고개를 돌려 저녁 햇살이 분꽃나무와 개나리의 잎사귀를 금빛으로 세공하는 광경을 바라본다. 그 뒤에는 위풍당당한 스트로브잣나무가 낡은 나무 울타리를 등지고 섰다. 해 질 녘에 그 나무 사이로 햇빛이 걸러지는 모습은 참으로 놀랍다. 하늘색이 바뀌면서, 바늘잎 사이로 걸러진 이 햇빛은 거의 투명한 색에서 레몬색으로, 버터가 녹은 듯한 부드러운 금빛으로 변해간다.

홍관조와 어치는 밤을 나려고 자리를 잡는다. 제비는 모기를 향한 돌진을 멈추고 차고 위 둥지로 돌아간다. 마지막으로 조용해지는 녀석은 아주 오래된 꽃사과나무에 둥지를 튼 굴뚝새다. 굴뚝새는 태양이 시야에서 흐려지는 순간 정확히 지저귐을 멈춘다. 얼마 뒤에는 원숭이올빼미와 박쥐의 울음소리가 들려온다.

이 땅과 그 위에 있는 모든 동물에게 평화가 내려앉는다. 나는 평화 속에서 이 아름다움을 고급 샴페인인 양 마신다. 그날의 근심 걱정, 뉴스에 나오는 사건 사고, 심지어 불안함까지도 싹 사라진다. 어깨의 긴장이 스르르 풀린다. 석양은 아마도 지금까지의 창조물 가운데 가장 훌륭한 진정제일 것이다. 하지만 약물과 달리 우리를 말똥말똥하면서도 편안한 상태로 만든다.

우리 인간은 해가 지는 광경을 늘 보아왔다. 어떤 상황에서든 거의 모든 하루의 끝에서 찬란한 광채에 의지할 수 있었다. 태양은 민주적이며 모두를 위해 자신을 태운다.

나는 오랜 세월에 걸쳐 우리 할머니들과 오자크의 친척, 형제자매, 부모님, 친구, 자식, 손주와 함께 석양을 보아왔다. 케이프타운과 바르샤바, 오키나와, 치앙마이에서 해가 지평선이나 수평선 아래로 떨어지는 광경을 보기도 했다. 로키산맥과 시에라네바다산맥에서 해가 산 저편으로 넘어가는 것도 봤으며 네브래스카 평원의 일몰은 숱하게 봤다.

할머니가 된 지금도 석양을 바라본다. 이제는 남동생들도 멀리 떨어져 있고 자식들도 장성해 다른 지역에 산다.

아마도 많은 이에게 노년은 석양을 가장 사랑하는 때가 아닐까 싶다. 우리는 사람들을 잃고 인생은 다양한 방식으로 우리를 짓누른다. 희망은 다른 태양계에 있는 어두운 별처럼 보일 수도 있다. 그래도 매일 저녁 태양은 자신이 가진 모든 걸 우리에게 또다시 내어준다. 그러면서 이렇게 속삭인다.

"이 금화와 빛줄기를 가져가. 하늘에 걸어놓은 분홍빛과 주황빛 실크 스카프도 가져가고."

The Perseids

페르세우스자리 유성군

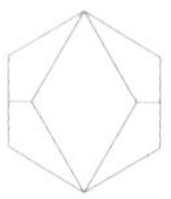

8월 중순, 짐과 나는 페르세우스 유성우를 보려고 북서쪽으로 차를 몰아 네브래스카주 샌드힐스로 갔다. 1.6제곱킬로미터당 인구가 한 명 미만인 이 지역은 세계에서 별을 보기에 최고로 좋은 장소로 손꼽히며 천문학 단체도 이곳에서 회의를 연다. 많은 미국인에게 네브래스카는 비행기를 타고 지나가는 지역이거나 더 멋진 곳으로 가는 도중에 80번 주 간 고속도로(I-80)를 타고 횡단하는 곳이다. 그 고속도로에서 보이는 네브라스카가 광대한 이유는 텅 비어 있기 때문인데, 특히 샌드힐스가 그렇다. 네브래스카의 로키산맥은 하늘이나 다름없다.

우리는 바다의 물결처럼 펼쳐진 푸른 세이지브러시 언덕을 차로 달렸다. 낡디낡은 풍차와 쓰러져가는 헛간, 둥근 건초 덩어리가 우리가 본 인공 구조물의 전부였다. 이따금 트랙터를 타고 자주개자리나 참새귀리를 베는 사람이 보이기도 했다. 도랑에는 해바라기가 가득 피었고 언덕에는 향나무가 여기저기 흩어져 있었다.

우리는 광활한 대지 한가운데 외로이 서 있는 활엽수에 눈길을 주곤 했다. 이런 나무는 언제나 마음을 건드린다. 우리의 본질적인 외로움이나 인내 같은 것의 은유로서 그 자리에 서 있는 것만 같다.

저녁이 되자 나무와 건초의 그림자가 길어졌다. 언덕은 푸르스름한 그림자를 길게 드리웠다. 새끼 꿩 다섯 마리가 우리 앞 도로를 잽싸게 가로질렀다.

거의 텅 빈 마을을 지나 브로큰보에 도착했다. 할시에 있는 국유림에 가기 전에 만날 수 있는 마지막 '큰 마을'이었다. 본야드 창조 박물관Boneyard Creation Museum의 고철 공룡상 옆에 달러 제너럴('1달러숍'으로 불리는 미국 유통 체인–옮긴이) 매장이 있었다. 시내에 있는 역사적인 3층 석조 호텔인 애로 인Arrow Inn에는 이런 표지판이 있었다. "스터지스 바이커(스터지스에서 열리는 대규모 오토바이 경주 행사에 참여하는 오토바이 애호가–옮긴이) 여러분을 환영합니다."

목적지에 가까워지자 우리는 말을 멈추고 그저 주변의 모든 것을 받아들였다. 이 언덕에는 신성한 기운이 있는데 특히 해 질 무렵에 그렇다. 우리는 이곳의 고요한 아름다움을 들이마셨다.

인구 76명인 할시를 지나 90여 제곱킬로미터 넓이의 숲으로 들어갔다. 디즈멀강을 건넌 뒤 그 일대를 굽이쳐 흐르는 넓은 갈색 강인 미들루프강을 따라 운전했다.

캠프장을 하나 골라 텐트를 쳤다. 짐이 솔방울과 장작으로 불을 크게 지폈다. 날이 어두워지기를 기다리는 동안 우리는 모닥불이 여러 색깔의 옷을 걸치고 흔들흔들 춤을 추는 모습을 지켜봤다.

모닥불은 불을 피우는 법을 처음 발견한 고대인에게로 거슬러 올라가는 긴 이야기를 들려준다. 타다 남은 장작 불씨에서는 내 조상의 흔적을 느낄 수 있다. 그분들의 삶이 내 앞에서 타올랐듯이 내 삶도 후손들 앞에서 타오를 것이다. 그 불길이 어둠 속으로 사라지는 모습이 얼마나 아름다운지!

나무 타는 냄새, 쏙독새 울음소리, 나무가 베푸는 자비, 강물이 흐르는 소리가 내게 얼마나 필요한지 잊고 살았다.

불을 바라보는데 근처에서 천상의 소리 같은 고음의 울음소리가 들렸다. 처음에는 코요테나 여우가 아닐까 했으나 음높이가 점점 올라가자 올빼미라는 걸 깨달았다. 숲속 깊은 곳에서 다른 올빼미가 응답했다. 그 이중창을 듣노라니 등골이 오싹해졌다.

밤 11시쯤 우리는 탁 트인 하늘을 보기 위해 숲에서 조금 벗어나서 캠프장에서 멀지 않은 길가로 나와 바닥에 드러누웠다. 불에서 멀어지니 공기가 쌀쌀하게 느껴졌지만 아스팔트는 여전히 따뜻하고 부드러웠다. 마치 지열 카펫 위에 누워 있는 기분이었다. 귀뚜라미 소리가 들렸고, 동쪽으로 이동하는 버핏 씨의 석탄 운송 기차(워런 버핏의 큰 투자를 받는 철도사의 기차 – 옮긴이) 소리도 멀리서 들려왔다.

밤하늘을 보면서 호흡을 골랐다. 별들이 가까이서 흐르는 듯했다. 나무에 올라가면 별을 만질 수 있을 것만 같았다. 은하수는 어렸을 때 봤던 그대로 맥아우유 같았다. 카시오페이아와 북두칠성, 북극성, 플레이아데스성단은 너무 많은 별에 둘러싸여서 도시에서 볼 때보다 식별하기가 더 어려웠다. 하늘 꼭대기에서 불덩어리 같은 커다란 별똥별이 떨어질 때는 우리 얼굴에 와서 부딪치는 줄 알았다.

나는 거대한 우주에서 한 점 먼지일 뿐이고 이렇게 존재하는 것조차 행운이다. 우리 삶은 밤하늘의 둥근 천장을 가로지르며 번쩍 빛나는 가장 작은 별똥별만큼이나 부서지기 쉽다. 우리는 잠시 불타다가 사라지는 존재다.

Strawberry Moon

딸기처럼 붉은 보름달

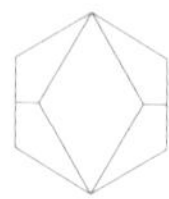

한 달간의 기록적인 폭염 끝에 링컨에는 처음으로 시원한 저녁이 찾아왔다. 일요일이었는데 해가 지자마자 보름달이 둥실 떠올랐다. 나는 바깥에서 달을 보며 저녁 시간을 마음껏 즐겼다.

캠핑 의자에 앉아 숨을 깊이 들이쉬고 천천히 내쉬었다. 공기에서 풀 내음과 곡물 향, 장미 향기가 풍겼다. 내 주위로 매미의 합창이 울려 퍼졌다. 홈스 댐에서 산책하는 사람들의 소리와 열두 블록 떨어진 도로에서 나는 차 소리도 들려왔다. 호수에서는 작은 흰 불빛을 밝힌 낚싯배 세 척이 작은 물결 위로 부드럽게 흔들렸다.

수평선 바로 위에 뜬 달은 콜로라도와 캘리포니아의 산불로 붉은 빛을 띠었다. 연기가 너무 자욱한 데다 기온도 너무 높아 샌프란시스코에 사는 동생 제이크는 몸의 열을 식히려고 속옷 바람에 차가운 수건을 두르고서 선풍기 앞에 앉아 있다고 했다. 제이크는 만성 폐쇄성 폐 질환COPD을 앓고 있어 호흡에 애를 먹었다. 오늘 밤, 시원하고 싱그러운 하루의 끝자락에 동생이 나랑 여기에 있다면 참 좋을 텐데.

박쥐와 제비는 모기를 잡으러 다녔다. 청개구리의 울음소리가 호수에서 들려왔다. 우리 집 주민인 원숭이올빼미는 키가 제일 큰 소나무에서 서쪽의 스트로브잣나무까지 순회 중이었다. 기러기는 호수로 날아가 잠시 티격태격하더니 비로소 밤을 나기 위한 자리를 잡았다.

별이 몇 개 반짝였고 이내 은빛 달이 호수 건너편 소나무들 위로 떴다. 달이 은빛 광채를 발하자 작은 낚싯배 중 하나가 그 빛살을 가로지르며 움직였다.

코로나19 팬데믹 전에는 내가 나이 들었다고 느끼지 않았다. 짐이 음악가이다 보니 친구들과 만나 춤을 추며 숱한 밤을 보냈다. 손주들은 거의 매일 오후 우리 집 수영장에서 살았고, 여름에는 해안 지역에서 오는 손님의 발걸음이 내내 끊이질 않았다. 그런데 팬데믹이 덮치면서 내 기대는 축제 때 뿌려지는 색종이 조각처럼 날아가버렸다.

올여름 짐과 나는 스코틀랜드에 사는 오랜 친구인 프랭크과 프랜시스 부부를 보러 가고 싶었다. 프랭크의 건강이 점점 나빠져서 그가 우리 곁을 떠나기 전에 일주일 동안 좋은 시간을 함께 보내고 싶었다. 하지만 그 여행은 당연히 실현되지 않았다. 코로나가 휩쓴 여름은 외롭고 쓸쓸했다.

내 삶은 훨씬 작아졌다.

그래도 올여름에는 그 나름대로 기쁨을 누렸다. 손녀 케이트가 화요일마다 링컨에서 일하게 되어 저녁 5시쯤 우리 집으로 왔다. 케이트는 수영을 했고 그러고 나면 우리는 중국 음식을 사 와서 같이 먹었다. 손녀의 밝은 기운 덕에 기분 전환이 됐다. 케이트는 시간에 딱 맞춰 출발해 어두워지기 전에 한 시간 반을 운전해서 자기 집으로 돌아갔다.

친구 잰은 내게 라벤더 스콘을 구워 줬다. 나는 날마다 수영을 하고 아침 일찍 여자 친구들과 함께 산책했다. 그리고 밖에서 해먹에 누워 책을 읽고 정원 일을 했다. 하루하루 대체로 행복했다. 내가 건강하고, 노인건강보험 대상자이며, 집 가까이에 공원이 있다는 게 얼마나 큰 특권인지도 잘 알았다.

8월은 동물과 함께 지내는 절정의 시기다. 찌르레기와 들종다리, 붉은날개검은새가 이곳으로 날아왔고 개구리와 거북이, 매미도 있었다. 뒤뜰에는 가끔 밍크가 나타났고, 코요테를 얼핏 볼 때도 있었다. 멀리서 여우가 우는 소리도 종종 들었다. 그럴 때면 내 안에서 어떤 자유로움과 야성이 깨어났다.

그달은 토마토와 가지, 바질, 고추, 배가 주렁주렁 열리는 달이기도 하다. 우리 집 뜰은 풍요에 넘쳐 앓는 소리가 날 지경이었지만 곧 가을이 찾아올 것이다. 보통 때는 계절의 변화를 고대했지만 지금은 사랑하는 이들과 몇 달씩 떨어져 지내며 휴일이나 명절도 쓸쓸히 보내야 하고 나들이도 하지 못하는 앞날이 눈앞에 그려졌다. 내가 어떤 재미를 찾을 만큼 강해지길 바라면서도 그러지 못할까 봐 두려웠다.

바깥에 앉아 있는데 드디어 붉은 달이 내게 마법을 걸었다. 달빛은 내 마음의 열을 식혀주고 평화로운 기운으로 나를 감싸주었다.

예전에도 달을 주의 깊게 보고 있으면 행복했던 많은 순간이 떠올랐다. 잠든 갓난아기의 얼굴처럼 최면에 걸렸다고나 할까.

"사랑하는 할머니 달님이여, 그대를 얼마나 사랑하는지 몰라요. 당신의 빛나는 친절함과 마음을 진정시켜주는 기운에 감사드려요. 그리고 어머니 대지여, 당신도 사랑합니다. 밭에서 자라는 토마토 향기와 굴뚝새의 행복한 지저귐, 저를 어루만지는 산들바람을 보내주셔서 감사합니다. 두 분은 비탄에 빠진 저를 몇 번이고 구해주셨어요. 겨울이 와도 제 곁에 계시리란 걸 알아요. 그 후로도 영원히."

Prairie Grasses

초원의 풀

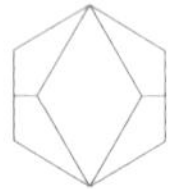

추수감사절 날, 아침을 맞이하기가 힘들었다. 집 안이 가족들로 바글바글하고, 품에 안아 흔들어줄 아기도 있고, 내가 요리할 땐 서로 돕겠다고 나서던 아이들이 있던 지난 명절이 떠올랐다. 큰 테이블에 꽃이 있고 집에서 만든 빵과 와인 병, 빨대 컵이 놓여 있는 장면이 그려졌다. 저녁 식사 후에는 온 가족이 모여 몸짓 보고 단어 알아맞히기 놀이를 하면서 아주 어린 애들도 자기 차례가 되면 문제를 냈던 일, 어른들은 난롯가에서 밤늦게까지 이야기꽃을 피웠던 일도 생각났다.

올해는 큰 테이블에 달린 날개 덧판을 빼내서 테이블을 연장하지도 않았고, 샴페인 잔도 닦지 않았으며, 큰 칠면조도 사지 않았다. 오티스의 주황색 플라스틱 트럭에는 거미줄이 생겼다. 짐과 나는 아이들과 페이스타임으로 영상 통화를 했지만 식사는 단둘이 했다.

커피를 한 잔 마신 뒤 마음가짐을 고쳐먹고, 내가 갖지 못한 것에 대한 생각을 멈추고 내가 가진 것을 생각해보았다. 가진 게 많았다. 따뜻한 집, 근처의 호수, 건강 그리고 짐이 있었다.

오전 내내 짐과 나는 올해 여행을 할 수 없어서 보지 못한 커플들에게 전화를 걸었다. 그들 대부분은 나이가 많았고 명절에 우리처럼 홀로 있었다. 우리 대화는 유쾌했고 웃음과 애정이 깃들어 있었다. 짐과 나는 코로나19 백신이 도착하자마자 접종하고 찾아가겠다고 약속했다. 이렇게 전화 통화를 하면서 비록 친구들과 함께하지는 못하더라도 우리가 사랑하는 사람들과 연결되어 있다는 사실을 떠올렸다.

이후에 우리 둘은 차를 몰고 스프링크리크 프레리 오듀본 센터 Spring Creek Prairie Audubon Center로 향했다. 기온이 섭씨 10도인 화창한 날이었다. 걷기 좋은 날씨였다. 오듀본 자연 센터는 문을 닫았으나 입구 문이 열려 있어 그곳은 우리 차지가 되었다.

이 초원을 걷는 것은 시간을 거슬러 걷는 것과 같다. 네브래스카에서 키 큰 풀이 있는 가장 넓은 초원 지대이자 한 번도 경작된 적이 없는 땅이다. 우리는 빙하에 실려 대평원까지 밀려 내려왔다가 빙하가 녹으면서 그대로 남아 굳어버린 바위를 지나쳤다. 한때 버팔로가 빙빙 돌며 가려운 몸을 긁었던 가장 큰 바위 주변에는 버팔로 진흙탕이라 불리는, 지금은 말라버린 구덩이가 남아 있었다. 오리건 트레일(서부 개척시대에 서쪽으로 향했던 사람들의 주요 이동 경로 – 옮긴이)에서 네브래스카시티-커니 요새 지름길에 있는 이 땅을 횡단하던 대형 포장마차의 바퀴 자국을 가로질렀다.

그렇게 걷다가 만난 가시나무 원시림 속을 조금 돌아다녔다. 큰 가지들이 고리버들 바구니처럼 뒤틀리고 뒤얽혀 있었다. 바람이 나뭇가지 사이를 통과하면서 휘휘 하는 소나타를 연주했고 아주 큰 가지에서 끽끽, 꺽꺽 소리가 났다. 머리 위에서 붉은꼬리매 한 마리가 먹이를 사냥하고 있었다.

숲에서 나와 탁 트인 초원을 걸었다. 드넓은 하늘 아래로 토종 풀로 뒤덮인 구불구불한 언덕이 수 킬로미터나 이어졌다. 시야에 도로나 경작지, 전선, 건물이 없으니 이 땅이 토착민의 것이었고 버팔로와 곰이 초원을 가로지르던 시절을 상상해볼 수 있었다.

오듀본 자연 센터에서 가장 멀리 떨어진 언덕 정상에 올랐다. 이 자연 전망대에서 예전에 초원뇌조가 짝짓기 춤을 추는 광경을 지켜본 적도 있다. 크고 작은 블루스템bluestem과 인디언 러브 그래스, 지팽이풀, 사이드오츠 그라마sideoats grama가 시들시들한 족제비싸리와 프레리 애스터Prairie aster와 뒤섞인 풀의 바다 한가운데서 세이지브러시 향이 났다. 우리 아래에는 밝은 햇살을 받아 반짝이는 푸른 연못이 있었고, 초원은 이제 잎을 다 떨군 미루나무로 가득했다.

좋아하는 장면을 마지막까지 마음속에 저장했다. 초원의 서쪽 끝에는 2미터가 훌쩍 넘는 커다란 블루스템이 적갈색으로 물들어 넓게 퍼져 있었다. 짐과 나는 이 풀의 강에서 길을 잃는 걸 무척 좋아했다. 풀에 둘러싸여 그 물결을 헤치고 나아가면 풀이 우리를 쓰다듬는 것 같았다.

우리는 바닥에 누워 2미터가 넘는 붉은 풀 사이로 파란 하늘을 바라봤다. 그 본연의 순간에 외로움이 사라졌다.

우리 위로 풀이 일렁이는 모습을 지켜보면서 바람의 부드러운 음악에 귀를 기울였다. 〈바람만이 아는 대답Blowing in the Wind〉의 의미가 무엇이냐는 질문을 받았을 때 밥 딜런은 이렇게 대답했다. "바람 소리를 정말로 들어본 적이 있는 사람이라면 그게 무슨 뜻인지 압니다. 그런 적이 없다면 나도 설명할 수가 없군요."

나는 바람 소리에 귀를 기울이며 지질학적 시간과 동식물의 시간, 토착민의 시간을 아우르는 시간의 소리를 들을 수 있었다. 스코틀랜드와 아일랜드에서 대서양을 건너와 네브래스카의 땅을 가는 농부가 된 내 조상들의 목소리를 들을 수 있었다. 그 바람은 모든 생물의 숨결과 더불어 우리 조상의 흔적을 실어간다. 그 안에서 어떤 때는 울음소리가 들리고, 또 어떤 때는 아이들이 노는 소리와 웃음소리가 들린다.

눕고자 한다면 땅만큼 좋은 곳도 없다. 아래로는 대지가 느껴지고 위로는 하늘이 보인다. 이제 우리는 작은 개체가 아니며 우주의 위대한 본질과 연결된다.

Musical Light

음악의 빛

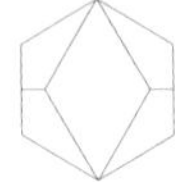

우리 손자 콜트레인은 세 살 때 어린이집에 다녔는데 당시 나는 아이를 차로 데려와 우리 집에서 돌봐줬다. 어느 날은 아이를 차 뒷좌석의 유아용 보조 의자에 앉히고 안전띠를 채운 뒤 전국 공영 라디오 방송을 틀었다. 마침 바흐의 바이올린 소나타가 흘러나오고 있었다. 차를 타고 가는 동안 콜트레인은 이 곡의 여러 대목에서 감동하며 "아름다워, 아름다워" 하고 속삭였다.

콜트레인이 다섯 살이 되던 해 크리스마스 날 아침, 짐과 나는 7시까지 사라네 집에 갔다. 우리 둘과 사라 부부는, 산타가 주는 마지막 선물을 받으러 지하실로 내려가는 아이를 뒤따랐다. 콜트레인은 그곳에서 자신을 기다리는 드럼 세트를 발견하고는 잠시 꼼짝 않더니 마침내 그쪽으로 껑충껑충 뛰어갔다.

콜트레인은 슈퍼맨 잠옷 바지만 입은 채 드럼을 치려고 자리에 앉았다. 어른들은 커피를 마시며 콜트레인이 조심스럽게 스네어 드럼과 심벌즈, 하이햇을 시험해보는 모습을 지켜봤다. 그렇게 드럼을 시험하고 난 아이의 입에서 처음 나온 말은 "연습해야지"였다. 그 후로 콜트레인은 매일 몇 시간씩 드럼을 쳤다.

이듬해 짐은 손자에게 스즈키 전자 키보드를 사 주었다. 콜트레인은 우리 집에 오면 곧장 키보드로 달려갔다. 어떤 때는 녹음된 멜로디에 맞춰 드럼을 치는 동작을 하거나 화음을 넣었다. 또 어떤 때는 스스로 곡조를 뽑거나 작곡을 했다. 가족이 캐나다로 이사했을 땐 우리 집에 있던 그 스즈키 피아노를 가져가 그곳에서 피아노 교습을 약간 받았지만 거의 독학했다.

누구에게 음악적 영향을 받았는지 내가 물어봤을 때 콜트레인은 이렇게 대답했다. "저를 음악에 입문시켜준 분은 아빠였지만, 제가 좋아하는 음악에 입문시켜준 분은 엄마였어요."

이제 열한 살이 된 콜트레인은 키보드와 개러지밴드(애플에서 제공하는 악기 소프트웨어-옮긴이), FL 스튜디오 모바일(디지털 오디오 워크스테이션-옮긴이)로 음악 작업을 한다. 작곡과 편곡에 대해서도 훨씬 많은 것을 배우고 있다. 그리고 그런 지식과 기술을 활용해 인터넷에서 원하는 곡을 내려 받은 다음, 그걸 편집해서 다양한 악기의 트랙을 차례로 추가했다.

짐과 내가 캐나다에 갔을 때 한번은 콜트레인이 내게 콜드플레이의 〈더 사이언티스트The Scientest〉라는 노래에 화음 넣는 법을 가르쳐 주겠다고 했다. 나는 소리에 둔감한 데다 음치여서 시도조차 영 내

키지 않았다. 하지만 아이가 끈질기고 집요하게 나오는 바람에 결국엔 그러마 하고 승낙했다. 콜트레인은 그 노래에 화음을 넣는 법을 내게 가르쳤다. 나는 몇 번이나 "그만둘래"라고 말했지만, 콜트레인은 "할머니, 제발요, 할머니는 할 수 있어요"라며 졸랐다.

숱한 시도 끝에야 화음을 넣을 수 있었다. 내가 조마조마하게 화음을 넣는 동안 콜트레인은 내 옆에 서서 큰 소리로 힘차게 노래를 불렀다. "그대를 찾아야만 했어요. 그대가 필요하다는 걸 말해주려고요. 내가 그대를 멀어지게 했다는 것도."

높은 테너 음성을 지닌 콜트레인은 온 힘을 다해 열창했다. 콜트레인이 폴 매카트니고 내가 런던 교향악단의 제1바이올린 연주자였다 해도 이보다 자랑스러울 수는 없었을 것이다.

12월의 어느 날 아침, 페이스타임으로 영상 통화를 하던 중 콜트레인에게 음악을 좀 연주해달라고 청했다. 코로나19 감염자 수가 두 나라 모두 사상 최고치를 기록하던 상황이었다. 사라네가 사는 주에는 엄격한 봉쇄 조치가 시행되고 있어 손자는 친구도 만나지 못하고, 학교에도 가지 못하며, 외출도 할 수 없었다.

콜트레인은 호그와트 운동복 상의를 입고 얼굴에 금발을 늘어뜨리고서 정돈되지 않은 침대에 앉아 있었다. 첫 연주곡은 메두자Meduza가 부르고 굿보이즈Goodboys가 피처링한 〈피스 오브 유어 하트Piece of Your Heart〉를 재작업한 음악이었다. 손자의 버전은 드럼과 베이스 소리가 많이 나서 황소개구리 울음소리처럼 들렸다. 그러다 어느 특정한 대목에서 콜트레인이 말했다. "할머니, 이 부분이 드롭drop이에요." 나중에 '드롭'이 무슨 뜻이냐고 물으니 이런 답이 돌아왔다. "그 곡의 모든 요소가 합쳐지는 순간이에요."

콜트레인의 연주를 들으면서 그 애가 2,400킬로미터 이상 떨어진 곳에 있고 그 애를 만나지 못한 지 1년이 넘었다는 사실을 깨달았다. 언제 만날 수 있을지 전혀 알 수 없었다. 아이는 날마다 변화하는데 나는 그 변화를 거의 다 놓치고 있었다. 손주들이 한창 자라나는 순간을 놓치고 있는 현실은 내 삶에 상당한 어둠을 드리웠다.

아이들을 잃는 것은 부모를 잃는 것만큼 힘들지만 언제나 일어나는 일이다. 자식은 다 자라면 우리 곁을 떠나기 마련이고, 심지어 그 이전에라도 아이가 네 살이 되면 우리는 세 살일 때의 아이를 잃는다. 다행히도 이 아이들은 대개 우리 곁을 떠날 때와 똑같은 상태가 아니라 여전히 우리 마음을 환하게 밝혀줄 힘을 갖고서 돌아온다.

콜트레인이 음악을 연주할 때 내 삶은 밝아진다. 나는 사랑하는 사람들과 깊이 연결될 때 가슴속에서 나오는 빛을 느낀다. 내 삶이 '드롭'한다. 한순간 내 우주의 모든 요소가 완전히 합쳐진다. "아름다워, 아름다워."

Rescue

구원

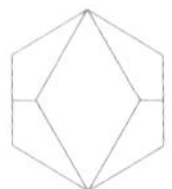

금세기 가장 어두운 해의 가장 어두운 저녁, 기러기가 하늘을 빙빙 돌다가 날개를 펴고 분홍빛 노을이 물든 홈스 호수의 얼음 위로 내려앉는 광경을 지켜봤다. 나 자신이 파베르제의 달걀(금과 각종 보석으로 만든 부활절 달걀 공예 작품-옮긴이)처럼 깨지기 쉽다는 느낌이 들었다. 오렌지 크림시클 칵테일 빛깔의 하늘조차 나를 회복시키지 못했다.

전파력이 더 센 코로나19 변이 바이러스가 나타나 런던을 비롯해 영국 남동부가 일시적 휴업에 들어갔다는 보도 기사를 읽은 터였다. 세상의 모든 고통과 슬픔에 가슴이 아팠다.

올해 크리스마스 연휴에도 만나지 못하는 자식들과 손주들이 보고 싶었다. 게다가 지난주에는 호수 주변 빙판길에서 넘어질 때 갈

비뻐에 금이 갔으며 한 친구의 자살 소식을 들었다. '흐물흐물한' 느낌이 들었다. 나는 짙은 안개 위 햇빛이 비치는 상공으로 올라가지 못하는 비행기였다. 어떤 날은 말 그대로 슬픔이 배어 나왔다.

다행히도 짐이 내게 마을을 드라이브하며 크리스마스 불빛을 찾아보자고 제안했다. 우리는 차를 천천히 몰아 우리 아이들을 키웠던 옛 동네로 향했다. 머리 위에는 은빛으로 빛나는 반달이 걸려 있었고 동쪽 수평선에는 오리온자리가 누워 있었다. 남서쪽 하늘에는 토성과 수성이 거의 붙어서 하나의 별처럼 보였다.

어떤 집 마당에는 나무가 번쩍거리는 녹색 조명으로 온통 치장되어 있었다. 어떤 집은 나무에 반짝이는 하얀 조명이 달려 있는가 하면, 또 어떤 집은 알록달록한 불빛이 나무를 뒤덮고 있었다. 특히 보석 빛깔 조명으로 꾸민 키 큰 소나무가 마음에 쏙 들었다. 그 나무는 팔을 뻗어 내게 아름다움을 선사하며 이렇게 속삭였다. "이걸 가슴속에 잘 담아둬."

우리는 쌓인 눈 사이로 반짝거리는 불빛을 두른 관목과 다이아몬드가 알알이 박힌 듯 반짝이는 사슴도 지나쳤다. 빛을 쏘는 조명 장치로 차고와 잔디밭에 눈송이가 날리는 듯한 장면을 새로이 연출한 집이 눈에 많이 띄었다. 짐은 내가 진주 빛깔의 그 눈송이를 맞을 수 있도록 천천히 차를 몰았다.

오래된 3층짜리 공동주택의 어느 가정은 창가에 전기 촛불을 조르르 세워놓았다. 다른 집 창문 너머로는 가족이 함께 장식한 크리스마스트리가 보였는데 '이 집은 기쁘고 경사롭다'라고 공표하는 듯했다.

나는 파란 불빛을 제일 좋아하는데 이따금 나무 꼭대기에서 반짝이는 파란 불빛이 보였다. 집으로 돌아오는 길에 본 큰 떡갈나무 가지에서는 형형색색의 불빛이 빛나고 있었다. 마치 하늘에서 떨어진 별 같았다. 밝은색의 그 작은 빛은 나뭇가지에서 눈 위로 내려앉고 내 가슴속으로 들어왔다. 어려운 시기일수록 우리에겐 황홀경이 필요하다. 짐이 차를 세웠고 나는 차에서 나왔다. 어두운 마음을 활짝 열자 그 무지개 같은 빛이 안으로 쏟아져 들어왔다.

8부

지혜의 빛

Wisdom Light

Will They Remember?

기억할까?

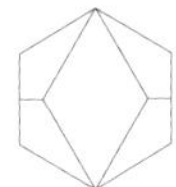

우리 손주들은 아기였을 때 내가 자기를 밖으로 데리고 나가 하늘과 잔디밭을 보여준 일을 기억할까? 내가 꽃으로 얼굴을 간지럽힌 일과 솜털 같은 민들레 씨앗을 후 불어 꽃씨가 날아가는 모습을 보여준 일은 기억할까? 내가 손을 나무껍질과 양치식물에 가져다 대어주고 빗물에 발가락을 담가준 일도 기억할까?

그 애들의 몸은 우리 집의 오래된 나무 흔들의자에서 흔들흔들하던 것을 기억해낼까? 소나무 아래 해먹에 누워 흔들리며 책을 읽던 오후의 추억도 품고 있을까? 한번은 케이트에게 책 스물여섯 권을 읽어줬는데 다 읽고 나자 내게 다시 읽어달라고 했었다.

손주들은 내가 자기를 안고 집 안을 돌아다니며 책, 아기 고양이, 바나나 따위의 물건을 가리키고 이름을 말해줬을 때 내 품에 안겨 있던 느낌을 간직하고 있을까?

그 애들은 언젠가 자기 애들의 기저귀를 갈아주는 날이 오면 애가 버둥거리지 않도록 뮤지컬 노래를 불러주게 될까? 자기 애들에게 음식을 먹일 때는 내가 "입을 벌리고 눈을 감으면 네가 똑똑해지는 것을 넣어줄게" 하고 노래하듯이 들려준 말을 똑같이 해줄까?

손주들은 여름날에 새벽 3시에 깬 자신을 내가 안고 밖으로 나간 일을 기억할까? 같이 담요 위에 누웠을 때 내가 별 이야기를 들려준 것은 기억날까?

각자 두 돌이 됐을 때 짐과 나에게서 조류 도감을 생일 선물로 받고서 그 책을 같이 몇 시간씩 들여다본 것과 오디오 기기로 여러 새소리를 구별해서 들었던 일을 기억할까?

우리가 자연 속에서 다 같이 산책할 때 종이 가방을 가져가 고운 빛깔의 나뭇잎과 예쁜 돌, 도토리, 꼬투리를 주워온 일은 기억날까? 토끼풀로 작은 목걸이를 만든 추억도 간직하고 있을까?

돌을 뒤집어가며 공벌레나 귀뚜라미, 노래기를 찾던 기억은 떠오를까? 초원에서 잠자리채로 여치와 메뚜기를 잡았던 것도 기억날까?

우리는 그 곤충을 공기구멍이 있는 병 속에 넣어두고는 컴퓨터로 곤충에 대해 찾아봤다. 그런데 메뚜기 한 마리가 다친 뒤로는 곤충 잡기를 그만뒀다. 콜트레인이 "이제 우리 그만해요"라고 말했기 때문이다.

콜트레인은 그날을 기억하고 있을까?

손주들은 우리가 자주 보던 야생동물에게 이름을 지어준 일을 기억할까? 청둥오리 한 쌍은 시나몬과 민트였고, 주머니쥐는 블링키와 스파클이었다.

그 애들은 우리가 함께한 요리 수업이 기억날까? 아이들은 유아용 의자에 서 있고 나는 조리대 위 유리 주전자에 물을 채우고 티백 네 개를 넣는 법을 가르쳤다. 아이들은 선티sun tea(찬물에 찻잎이나 티백을 넣고 햇볕 아래서 서너 시간 우린 차-옮긴이)를 만들고 나서 과일 샐러드를 섞는 법과 과카몰리를 만드는 법도 배웠다. 그 애들은 건포도와 말린 살구를 얹어 토스트를 얼굴 모양으로 꾸민 일도 기억할까? 베트남 식료품점에서 사 온 새우칩이 기름 속에서 형형색색의 꽃이 피어나듯 튀겨지는 광경을 본 일도 기억날까?

손주들은 농산물 직거래 장터에서 돌을 팔던 참을성 있는 재향 군인 할아버지를 기억할까? 그 노인은 돈을 내기도 전에 아이들이 좋아하는 돌을 실컷 만져보고 갖고 놀게 해주었는데 그것도 생각날까?

8월 오후에 짐이 나무 위로 높이 올라가 복숭아를 떨어뜨려준 일은 기억할까? 더불어 우리 모두 나무 아래에서 뛰어다니며 잠자리채로 그 복숭아를 받으려고 한 것도 기억날까?

손주들은 내가 들려준 '러블리Lovely' 가족과 '맥개리글McGarigle' 가족 이야기를 기억할까? 품행의 양극단을 전형적으로 보여주는 두 가족의 이야기였는데 여전히 가슴에 남아 있을까? 아이들이 박물관 관람이나 미니 골프 등 어떤 일을 처음 할 때마다 나는 온갖 부적절한 행동을 하는 버릇없는 맥개리글 가족 이야기를 해준 다음, 올바르게 행동하는 법을 아는 러블리 가족 이야기를 꺼냈다.

언덕에서 다 같이 동시에 호두를 아래로 굴려서는 누구 것이 가장 빠른지 시합했던 일을 기억할까? 반딧불이가 반짝반짝 빛을 내는 야외에서 숨바꼭질한 것도 기억날까?

수영장에서 물장난을 치며 논 것도 기억할까? 내가 싱싱한 산딸기를 따서 금붕어 먹이 주듯 입안에 한 알씩 떨어뜨려준 일도 떠오를까? 아울러 내가 야외 식당의 손님인 척하고 음식을 주문하니 아이들이 커피에 케첩을 뿌리거나 아이스크림선디에 시금치를 올려줘 내 음식을 망치는 바람에 다 같이 웃었던 일도 생각날까?

우리 몸에 수건을 두르고 벌인 막대 아이스크림 파티는 또 어떻게 잊을 수 있을까? 그때 우리는 소나무 사이로 비치는 햇빛을 받고 있는데도 추워서 팔다리가 덜덜 떨렸다. 수영을 마친 뒤, 시들어가는 히비스커스 꽃송이를 들고 꽃 싸움을 하며 논 일도 잊지 못할 것이다. 우리는 각자 꽃을 조금 쌓아두었다가 '하나, 둘, 셋'을 센 뒤 서로에게 부드러운 꽃송이를 마구 던졌다.

태양은 하늘 높이 떠 있고 수영장 물은 반짝반짝 빛나는 가운데 우리가 함께했던 그 여름날을 손주들은 가슴속에 계속 간직하게 될까?

우리가 한 모든 일이 너무도 신성해서 하나의 의식이 되었다는 사실을 기억해낼까?

그리고 그 애들이 기억한다는 것은 얼마나 중요할까?

나는 이 모든 일과 그보다 훨씬 더 많은 일을 기억한다.

Winter Moon

겨울의 달

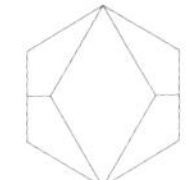

새해 첫날 해 질 녘에 짐과 나는 홈스 댐 위를 걸었다. 겨울 하늘은 은빛과 분홍빛으로 물들고 눈 위로 푸르스름한 그림자가 길게 드리웠다. 우리 머리 위로 기러기가 얼어붙지 않은 호수 면을 찾아 날아다니며 내는 겨울의 사운드트랙이 들렸다. 호수에는 스케이트를 타는 사람과 얼음낚시를 하는 사람이 점점이 흩어져 있었다. 댐에는 밝은색 외투를 입고 장화를 신고서 썰매를 타는 아이들이 바글바글했다. 그 모습이 꼭 축제 때 뿌려진 알록달록한 색종이 조각 같았다.

우리는 빨간 야구 모자를 쓴 어린 소년이 댐의 가파른 경사면을 미끄러져 내려간 뒤 넘어져서는 일어서길 거부하는 광경을 지켜봤다. 소년의 아버지는 썰매를 집어 들고서 아이가 다치지 않은 것을 확인하고는 손을 내밀었지만 소년은 고개를 저으며 몸을 돌렸다. 소년의 아버지는 어깨를 한번 으쓱하고는 다시 썰매를 타려고 댐 위로 달려 올라갔다. 썰매를 탄 다른 사람들이 소년 옆으로 쌩 지나치고 곧 벌떡 일어나 다시 꼭대기로 터벅터벅 걸어 올라갔다. 소년은 그냥 눈 속에 드러누운 채 꿈틀대고 호들갑을 떨면서 도움이 필요한 시늉을 했다.

이 장면을 보는데 이번 주 초에 일어난 어떤 사건이 떠올랐다. 저물녘에 마침 짐과 함께 밤마다 마시는 와인을 한잔하고 있는데 사방에서 사이렌 소리가 들렸다. 번쩍이는 빨간 불빛과 파란 불빛이 호수 저편 한쪽에 모였다. 차량을 세어보니 구급차와 소방차, 경찰차를 포함해 구조 차량이 아홉 대였다. 현장은 들것과 밧줄을 든 몇 사람이 호수 쪽으로 달려가는 것을 알아볼 정도로만 보였다. 사고 지점을 보니 얼음 사이에 빠진 한 낚시꾼이 구조를 기다리며 조그만 널빤지에 매달려 있는 것 같았다. 안타깝게도 날이 너무 어두워 그곳에서 무슨 일이 벌어지는지 자세히 볼 수 없었다. 모였던 차량이 하나둘 그 구역을 떠났다. 어느새 사이렌도 울리지 않고 불빛도 번쩍이지 않는다는 사실을 짐이 알아챘고 우리는 그게 그 남자가 사망했다는 의미인지 궁금했다.

얼어붙은 호수와 눈 덮인 땅 위로 거의 보름달에 가까운 살굿빛 달이 뜨는 광경을 지켜보면서 그 두 사건을 곰곰이 생각해봤다. 알고 보니 두 이야기의 결말은 모두 좋았다. 소년은 결국 바닥에서 일어났다. 포동포동한 눈사람 프로스티Frosty(1969년에 처음 방영된 성탄 특집 TV 만화 영화의 주인공—옮긴이)가 빨간 모자를 쓰고 서 있는 것 같았다. 아이는 옷에 묻은 먼지를 털어내고는 눈을 헤치며 가족을 향해 나아갔다. 얼음 사이에 빠졌던 남자는 저체온증이 와서 병원으로 급히 실려 갔지만 목숨을 건져 또다시 낚시를 즐길 수 있었다.

어쨌든 그 어린 소년과 꽁꽁 언 남자 모두 무언가에 대한 은유처럼 보였다. 아마도 '삶은 투쟁이다'보다 복잡하지는 않은 것이리라. 어쩌면 '우리 모두 구원을 기다리고 있다'는 사실을 비유하는지도 모르겠다.

나는 눈 위에 쓰러진 소년과 물속에 빠진 낚시꾼 모두와 나를 동일시할 수 있었다. 하지만 아마 나는 그 두 사람이라기보다는 오히려 새롭고 경이로운 것에 점점 더 빨리 자신을 내던지는 썰매 타는 사람들 가운데 하나였을 것이다.

최근에 손녀 케이트가 코로나19 팬데믹이 끝나면 자기를 유럽으로 데려가달라고 부탁했다. "물론이지. 내가 그보다 오래 살 수 있으면 말이다."

언젠가는 케이트를 데리고 파리와 런던의 서점에 갈 것이다. 그때 우리는 각 도시에서 크루아상과 스콘을 먹고, 센강과 템스강을 따라 걷고, 베르사유와 대영박물관도 방문할 것이다.

하지만 지금 당장은 얼음 위로 미끄러지듯 움직이는 달빛이 일종의 구원이다. 우리는 함께 앉아 있다. 달만 홀로 남을 때까지 달과 나 둘이서.

Wisdom Light

지혜의 빛

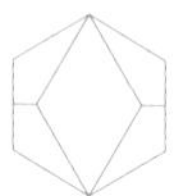

2021년 2월 중순, 지난해에 찾아온 모든 고통이 쌓여 극에 달했다. 아마도 백신 부족과 위험한 바이러스 돌연변이에 대한 경고에 도널드 트럼프의 2차 탄핵 심판까지 겹쳤을 것이다. 거기에 50센티미터 넘게 내린 눈과 영하 5도의 나날이 맞물린 1년간의 고립도 더해야 한다. 여기에 이달에 일곱 살이 되는 손자 오티스와 줄곧 떨어져 지내야 하는 끔찍하고 슬픈 현실이 종지부를 찍었다. 우리는 온라인으로 생일 파티를 했지만 나는 짐과 내가 오티스의 여섯 살을 통째로 놓쳤다는 사실을 잘 알았다.

가족과 함께하고픈 마음이 너무 사무치다 보니 슬프고 그리워서 가슴이 아팠다. 나의 일부는 겨울잠에 들어, 나를 깨울 수 있는 자식과 손주의 연락만을 기다렸다.

그런데 어느 날, 의자에 앉아 그날의 첫 커피를 마시던 중 내 마음 깊은 곳에서 이런 외침이 들렸다. "이제 그만해."

"너 자신을 비참하게 하는 짓은 그만해. 행복할 권한을 아이들 손에 맡기는 일도 그만하고, 하나의 마음을 다른 세 곳에 두는 일도 그만해. 가족 모임을 기다리는 것도 그만하고. 지금 행복해야지. 여기서 행복해야지. 인생은 좋은 거잖아."

이후에 명상을 하면서 내 심장이 뛰는 걸 알아차렸다. 맥박이 일정하게 뛰는 게 얼마나 감사하던지. 심장이 뛰길 멈추면 모든 것이 끝난다는 사실을 뼈저리게 절감했다.

불교에서 말하는 삼독三毒인 분노와 무지, 애착에 대해 사색했다. 분노와 무지의 위험은 늘 잘 알았으나 애착을 독으로 보는 건 나로서는 이해하기 어려웠다.

애착은 사랑의 다른 말이자, 내가 평생 추구하던 것이 아닌가? 나는 사랑받는다고 느낄 때 행복하지 않았던가? 하지만 불교에서 말하는 애착은 욕망하고 갈망하게 하는 모든 감정에 적용된다. 내 자식과 손주에 대한 사랑과 끊임없는 그리움이 나를 고통에 빠뜨렸다는 걸 이제야 비로소 이해했다. 나를 구하는 길은 꽉 쥐고 있던 손의 힘을 풀고 내가 바꿀 수 없는 상황에 항복하는 것이었다.

그다음 일요일은 음력설이 지나고 초사흘이었는데 그날 부처님의 일화를 하나 들었다. 부처님이 제자들과 함께 나무 아래에 앉아 있는데 한 농부가 다가와 부처님에게 잃어버린 자기 소 여섯 마리를 봤냐고 물었다. 부처님은 보지 못했지만 제자들에게 그 소를 본 적이 있느냐고 물었다. 모두가 그런 적 없다는 뜻으로 고개를 가로

저었다. 그 농부는 울음을 터뜨리며 이렇게 소리치면서 달려갔다. "난 망했어. 그 소들은 내가 가진 전부였는데."

부처님은 제자들을 보며 말했다. "너희가 얼마나 운이 좋은지 생각해보거라. 너희는 잃을 소가 없지 않느냐."

나는 내 소를 포기해야 했다.

내겐 허비할 시간이 없다. 오히려 하루하루 감사하고 싶었다. 아이들과 멀리 떨어져 있어서 느끼는 불행은 내가 끝내야만 끝날 것이다. 사라네 가족은 네브래스카로 돌아올 계획이 없다. 친손주를 봐도 케이트는 이미 대학에 갔고 에이든도 내년 9월에 대학에 갈 예정이다. 막내 클레어는 운동과 학업으로 바빴다. 수영장에서 다섯 명의 어린아이에게 둘러싸이는 일은 두 번 다시 없을 터였다. 나는 이제 짐을 제외하면 누구의 삶에서도 중심인물이 아니었다. 짐과 나는 앞으로 대부분 우리 둘만 있다가 어느 날 둘 중 하나만 홀로 남을 것이다.

모든 것이 과정이며 현재 진행 중이다. 우리는 아무것도 계속 붙들고 있을 수 없다.

예전에 한 친구에게 이렇게 말한 적이 있다. "삶은 근본적으로 비극이야." 그러자 친구가 대답했다. "아니, 근본적으로 영원하지 않지." 그건 받아들이기 힘든 교훈이었다.

나는 아이들이 자라서 부모를 떠나고 부모는 점점 주변으로 밀려나는 삶의 순환을 받아들이기 어렵다는 사실을 깨달았다. 가족과 함께 있을 때 그들은 내 최고의 기쁨이었지만 그들을 필요로 하고 원할 때면 극도로 힘들고 지쳤다.

연결은 내게 언제나 생사가 걸린 문제처럼 느껴졌다. 하지만 이제 더는 어머니 없이 트레일러 안에 있지도 않고 의사가 강제로 주사를 놓으려는 병원에 홀로 남아 있지도 않다. 절대 일어나지 않을 일을 기다리면서 불행을 자초하는 짓을 그만두기로 선택할 수 있다. 내 결핍과의 휴전을 선언하고 간단히 그 상태에서 벗어날 수 있다. 현실과의 논쟁을 끝내고 삶을 있는 그대로 받아들일 수 있다. 이런 마음의 통찰은 내게 위안이 되었다.

어른인 우리는 어린 시절에 채워지지 않은 필요needs를 절대 충족할 수 없다. 심지어 현재의 필요를 다 충족하지도 못한다. 그러나 우리의 필요 중 많은 부분을 욕구wants로 재정의하는 기술을 습득할 수 있다. 우리는 자신이 무엇을 원하는지 알아야만 행복을 누릴 수 있다.

이런 계시가 찾아왔을 때 큰 해방감을 느꼈다. 긴장이 몸 밖으로 빠져나가고 호흡이 더욱 깊고 느려졌다. 그 후로 며칠 동안은 마음이 한결 홀가분했다. 길을 잃거나, 뒤에 남겨지거나, 집에서 멀리 떨어져 있는 악몽을 더는 꾸지 않았다. 기다리기를 그만두고, 되도록 하루하루에 충실했다. 무상함을 받아들이고 현재에 감사하면서 나아갔다. 내 소들을 풀어준 것이다.

적어도 지금은 그렇다.

우리는 무상에 대한 배움을 멈추지 말아야 한다.

My Son's Kitchen

아들의 부엌

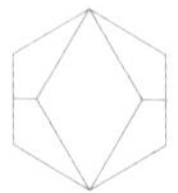

코로나19 백신 2차 접종을 마치고 2주 뒤, 짐과 나는 우리 아들의 50번째 생일을 축하하기 위해 서쪽으로 145킬로미터를 운전했다. 팬데믹 이후로 2020년 여름에 지크네 가족을 야외에서 만난 적은 있지만 포옹을 나누고 집 안에서 저녁을 먹는 것은 이번이 처음이었다.

우리 모두 작년에 몇몇 사랑하는 이들을 잃었고 제이미와 지크도 코로나19에 걸려 아팠다. 그러나 지금 짐과 나는 지크가 요리에 사용할 싱싱한 생선과 브리 치즈를 가져가는 중이었다. 우리는 재회를 눈앞에 두고 있었다.

지크네 집에 도착하자 제이미와 지크가 나와서 짐과 나를 반갑게 맞아주었다. 우리는 예전보다 오래 더 꽉 껴안았다. 그러고 나서는 우리 관례대로 정원을 살폈다. 아스파라거스는 새순이 올라오고 있었다. 루바브rhubarb는 이미 쑥쑥 자라 붉은 줄기와 초록 잎사귀를 선보였다.

비어 있는 닭장 옆으로 가서는 우리 집 뜰에서 이곳으로 옮겨 심은 산딸기 덩굴을 확인했다. 초록 가득한 새봄에 마당에 서서 이야기를 나누는 동안 나는 아무것도 당연하게 여기지 않았다. 이 순간을 오래 기다렸고 지금이 바로 그 순간이었다. 내 피가 마치 샴페인으로 만들어진 느낌이었고, 실실 새어 나오는 웃음을 감추려고도 않고 바보처럼 싱글벙글 웃었다. 비스듬히 내리쬐는 햇살은 만물을 금으로 아로새겼다.

트랙에서 운동 연습을 마치고 집으로 돌아온 에이든과 클레어는 짐과 나를 보더니 약간 수줍어했다. 에이든은 이제 키가 짐보다도 컸고 학교 운동과 공사 현장에서 하는 일로 몸이 근육질이었다. 금발이 짙어진 클레어는 머리를 땋아 뒤로 동그랗게 말았다. 키는 180센티미터를 훌쩍 넘겨 언니나 오빠보다도 컸고 지난번에 봤을 때보다 소녀티가 많이 사라져 젊은 여성에 가까웠다.

이윽고 우리는 아일랜드 조리대에 둘러앉아 지크와 제이미가 저녁을 준비하는 모습을 지켜봤다. 클레어는 내 옆에 앉아 몇 분에 한 번씩 몸을 기대며 나를 껴안았다. 지크는 생선에 양념을 바르고 샐러드에 넣을 채소를 잘게 썰었다. 친숙하면서도 신기했다. 나는 화면과 기기를 거치지 않는 실생활로 돌아왔고 또다시 생생한 감각을 느낄 수 있었다.

에이든은 덴버에 있는 대학에 가기로 결심했다고 짐과 내게 말해줬다. 우리는 산에서 즐길 수 있는 하이킹과 플라이 낚시, 스노보딩 같은 야외활동의 재미를 얘기해줬다. 나는 에이든에게 우리가 그곳에 놀러 가면 브라운 팰리스 호텔에 가서 같이 식사하자고 말해줬다. 에이든은 졸업식을 위해 장만한 파란색 정장을 입고 가면 될 터였다.

저녁 식사 때 지크가 대표로 감사 기도를 올렸다. 지크는 우리가 함께 있을 수 있음을 신께 감사드렸다. "아멘." 지크의 기도 끝에 나도 덧붙였다. "아멘."

우리는 손을 잡고 식탁을 둘러보며 서로의 환한 얼굴을 바라봤다. 그러고 나서 제이미는 샐러드를 건넸고 에이든은 생선을 담은 무거운 접시를 들어 올렸다. 우리는 농담하고 웃으면서 저녁 식사를 이어갔다. 참으로 일상적이면서도 근사했다.

식사를 마친 뒤 제이미가 기다란 금색 초를 다섯 개 꽂은 얼그레이 케이크를 가져왔다. 다 같이 생일 축하 노래를 부르고 나서는 우리만의 전통대로 생일을 맞은 사람에 대해 각자 한마디씩 했다. 이야기가 모두 끝나자 지크의 눈에 눈물이 고였다.

우리는 일찍 작별 인사를 했다. 주중인 데다 손주들은 공부를 해야 했다. 짐과 나는 피곤하지만 행복한 기분으로 먼 길을 운전해 집으로 돌아왔다. 나는 'home(집)'이 영어에서 가장 아름다운 단어라고 오랫동안 믿어왔지만 이젠 그 단어를 'reunion(재회)'으로 바꾸기로 했다. 아마도 그 둘은 같은 말일 것이다.

물론 나는 아들과 그 가족을 사랑하고 함께 있을 때면 우리가 따뜻한 빛으로 연결된 느낌이 든다. 하지만 그 애들과 함께 보내는 시간은 내 삶의 작은 부분일 뿐이다. 짐과 내가 작별 인사를 건넬 때 우리는 우리 일상의 태양계로 돌아가고 그 애들은 숨 가쁘게 회전하면서 전혀 다른 태양계로 들어간다. 재회는 만남과 이별을 모두 품은 경험이다. 나는 가족을 기쁘게 맞이하면서도 우리가 곧 헤어지리란 걸 인식한다. 우리 말에는 아름다운 단어가 또 하나 있다. 바로 'acceptance(수용)'이다.

The Cranebow

두루미 무지개

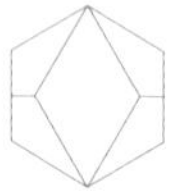

3월의 어느 바람 부는 날, 짐과 나는 캐나다두루미의 이동을 보러 가는 연례 순례를 위해 짐을 꾸렸다. 우리는 쌍안경과 장화, 겨울 외투를 챙겼다. 나는 싱싱한 산딸기와 초코칩 쿠키 후식까지 곁들인 여행 도시락을 쌌다.

일주일 동안 비가 내린 끝에 해가 나왔다. 들녘과 나무는 여전히 갈색과 회색을 띠었지만 블루강 서쪽에는 농부들이 심어놓은 가을밀이 자라 햇빛에 반짝이는 초록 물결을 이루었다.

우리는 오래된 농장을 지나치면서 부서진 건물 옆에 충성스럽게 서 있는 녹슨 풍차를 봤다. 옛 정착민의 헛간 중 다수는 아직 똑바로 서 있긴 했지만 이제는 구실을 못하는 지붕을 뚫고 자라난 나무가 종종 눈에 띄었다. 개척자 가족이 150년 전에 만든 초원의 작은 묘지도 지나쳤다. 노인과 아이, 개중에는 생전에 도시를 한 번도 본 적이 없는 사람이 여기에 묻혀 있었다. 독일인과 스웨덴인, 체코인이 저마다 대가족을 이루며 한때 이곳에 살았다. 지금은 폐허가 된 농장과 묘지 하나하나에 담긴 이야기가 궁금했다.

고속도로에서 요크York 출구를 지난 후 우리는 늘 그랬듯 '누가 첫 번째 두루미를 찾을까?' 게임을 했다.

캐나다두루미는 흰색과 회색, 황갈색을 띠며 머리 위에는 새빨간 얼룩이 있다. 키가 120여 센티미터까지 자라고 날개를 펴면 전체 길이가 180센티미터가 넘지만 위장이 잘되어 나무와 덤불, 칙칙한 겨울 풀 속으로 쉽게 사라진다. 그래서 두루미를 몇 번 찾아보기 전까지는 발견하기가 여간 어렵지 않다.

이 크고 멋진 새는 1만 년 동안 해마다 3월이면 모래시계 모양의 중앙 비행경로를 따라 북아메리카를 이동해왔다. 그 모래시계의 중간이 바로 우리 집에서 차로 대략 두 시간 거리에 있는 80킬로미터 길이의 플랫강변이었다.

짐이 첫 번째 새 무리를 발견했다. 우리 북쪽으로 옥수수 그루터기만 남은 들판을 뒤덮고 있었다. 해마다 두루미를 발견하는 순간에 우리가 얼마나 큰 감동을 받을지 매번 잊고 만다.

우리는 알다Alda 출구에서 옆길로 빠져 여러 줄기로 갈라져 흐르는 플랫강을 따라 시골길을 달렸다. 빵 덩어리 모양의 건초 더미가 여기저기 흩어져 있는 들판에 팔로미노(몸통은 금빛이고 갈기와 꼬리는 하얀 말—옮긴이) 한 마리가 서 있었다. 갓 난 송아지들에게 젖을 먹이는 어미의 표정이 평화로웠다. 소와 말, 두루미는 느린 속도로 살았고 그 움직임에 맞추니 나도 따라 느려졌다.

이 지역의 플랫강은 넓은 흙탕물이었고 눈이 녹아 유속이 빨랐다. 강가에는 오래된 미루나무가 늘어서 있었다. 녹이 낀 듯한 묘한 녹색의 향나무가 목초지에 점점이 흩어져 있다. 도랑에는 코코아색 빗물이 가득했지만 도랑물은 오후 햇살을 받아 빛났다.

우리는 두루미 서라운드사운드를 즐길 수 있는 야외극장에 멈춰 섰다. 새들이 사방에서 소리를 지르며 머리 위를 날아다녔다. 뚜루루루, 꾸꾸, 뚜룩뚜룩 하는 소리가 동시다발로 들렸다. 바다의 파도 소리처럼 거칠면서도 위안을 주는 오래된 소리다.

우리는 다른 두루미 들판에서도 멈췄다. 머리 위를 날아다니는 두루미들이 그루터기에 그림자를 드리웠다. 착륙할 때는 비행기처럼 활강하면서 날개를 펴고 머리를 똑바로 내밀었다. 착륙은 매끄럽지 않고 서툴렀다. 아무래도 두루미 유전자 코드에 착륙 방법 정보는 들어 있지 않나 보다.

대초원에서는 늘 그렇듯 바람이 불어 외투를 입고 담요를 둘렀는데도 금세 한기가 느껴졌다. 그래도 바깥에 머물렀다.

순례자인 우리는 우리 성지에 있었다. 이 모든 신비와 광대함에 빠져든 우리는 또다시 기적을 목격했다. 우리가 보고 들은 것을 말로는 담아낼 수 없다. 그것은 언어보다 크고, 우리보다 크다.

늦은 오후에 로 야생동물 보호구역Rowe Sanctuary에서 1.6킬로미터 떨어진 흙길 옆에 주차했다. 오른쪽으로 두루미를 기다리는 플랫강의 모래톱이 보였다. 늦은 오후 햇살을 받는 미루나무의 풍경이 언제나 그러하듯, 강둑을 따라 늘어선 미루나무가 눈부시게 반짝였다. 강물이 흐르는 소리와 미루나무가 흔들리는 소리, 두루미 울음소리가 어우러져 하나로 합쳐졌다.

나는 도시락을 꺼내 펼쳤고 우리는 세계 최고의 야외 카페에서 성찬을 즐겼다. 왼쪽 들판에는 강 위의 섬으로 향하는 일몰 비행을 앞두고 모여든 두루미가 가득했다. 우리가 지켜보는 동안 두루미 수백 마리가 들판으로 내려왔다. 그중 많은 두루미가 공중으로 뛰어오르고 다른 두루미와 호흡을 맞춰 날개를 퍼덕이면서 아름다운 춤을 췄다.

두루미 한 마리가 날개를 활짝 펴고 땅으로 내려오는데 어느 순간 반쯤 투명해졌다. 두루미의 형상이 가느다란 은백색 윤곽선으로 드러나고 무지갯빛이 스며든 모습으로 바뀌었다. 빛나는 두루미 모양의 무지개인 '두루미 무지개cranebow'였다.

순식간에 일어난 일이었다. 1,000분의 1초와도 같은 찰나, 두루미의 거대한 날개에 빛이 비치면서 일어난 현상이다. 그 모습이 사라지기 전에 가까스로 알아볼 수 있었다. 그래도 두루미 무지개를 봤다는 데는 의심의 여지가 없었다. 눈 깜짝할 사이에 사라져버린 이 기적은 기억 속에 영원히 남을 것이다.

나는 궁금했다. "내가 주의를 더 기울였기 때문에 이 기적을 본 걸까, 아니면 우주의 위대한 의식이 잠시 내게 자신을 내보인 것일까?"

The Light We Can Always Find

언제나 찾을 수 있는 빛

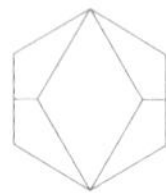

우리 모두는 이미 쓰인 글을 지우고 그 위에 다시 글을 쓰는 양피지 문서 같은 존재다. 우리 삶은 1만 세대에 걸친 조상의 삶 위에 겹쳐져 있고 머지않아 우리도 그들과 함께하리라는 뜻이다. 우리는 앞서 세상에 왔던 사람의 모든 트라우마와 행복, 패배, 회복력을 간직한 몸으로 산다. 집단 무의식이라는 이 다채로운 팔레트 안에서 우리는 특정한 때와 장소에 태어난다.

유전자와 환경, 선택이 우리의 정체성을 이룬다. KOA 라디오 방송국의 분수, 뱀이 나오는 오자크 호수, 비버크리크, 콩코디아의 모래 채취장, 아들의 야구 경기, 딸의 바이올린 연주회, 수많은 내담자가 나를 형성했다. 내가 들은 모든 음악과 내가 읽은 모든 책이 나를 표상한다. 내 안에는 에이브러햄 링컨과 윌라 캐더, 틱낫한,

팹톤스가 들어 있다.

나의 이야기는 내가 아기였을 때 나무 사이로 아른거리는 빛을 바라보던 순간부터 시작된다. 어린애였을 때는 가족에게 전적으로 기대며 사랑을 구했지만 열 살 무렵에는 사랑하는 사람을 찾아내어 관계 맺는 법을 알았다. 그리고 동물과 나무, 강을 통해 나를 위로하는 법을 익혔다. 독서 역시 내게 큰 위안이었고 더 나아가 나의 세계 지도이자 도덕적 상상력의 원천이었다. 게다가 많은 외로운 아이들과 마찬가지로 어머니 대지와 아버지 하늘, 할머니 달님과 유대감을 형성했다.

70대인 지금은 어린 시절의 양상에 최대한 가까워지고 있다. 나는 가족과 함께 있는 걸 무척 좋아해서 지금까지 우리 딸네와 가족 모임을 해왔다. 어렸을 때와 마찬가지로 여전히 매우 즐거운 가족 휴가를 가기 위해 우리는 다시 모일 수 있다.

여름에는 새벽에 일어나 모닝커피를 들고 밖으로 나간다. 토끼와 다람쥐가 노는 모습을 지켜본다. 친구들을 만나고 수영을 한다. 나는 데크와 테라스, 등나무 정자, 야외 카페를 매우 좋아한다. 여름에는 집 해먹에 누워서 날이 어두워져 글씨가 제대로 보이지 않을 때까지 책을 읽는다. 나무 사이로 아른거리는 빛은 여전히 내게 큰 기쁨을 준다.

나는 운이 좋았다. 내 삶은 좋은 책과 음악, 사람들, 네브래스카의 광활한 대지로 채워졌다. 사랑이 가득한 삶을 바랐고 내 삶 대부분은 사랑으로 채워졌다.

코로나19 팬데믹은 외로움의 정곡을 찔렀다. 그때 일어난 일은 미주리의 트레일러에서 버림받았다는 느낌이 든 이후로 겪은 일과는 전혀 달랐다. 통제할 수가 없었다. 처음에는 봉쇄로 인한 고립감에 짓눌렸고 겨울 명절 연휴 동안은 슬픔으로 멍한 상태였다. 하지만 내 행복을 더는 외부 조건이 좌우하게 놔두면 안 된다는 걸 깨달았다. 앞으로 나아가려면 성장하는 길밖에 없었다.

일상적인 행복은 그날의 상황에 달려 있다. 개와 함께 산책을 즐기거나 멋진 영화를 볼 수 있다. 친구들을 위해 케이준 스타일 음식을 장만하거나 바닷가로 휴가를 떠나도 된다. 반면 깊은 행복감은 조건과 무관하다. 그것은 주의력 문제다. 팬데믹은 훌륭한 선생님이었다. 나는 집의 진정한 의미를 배웠다. 집이란 사방이 어두워질 때 빛을 찾는 곳이다.

우리는 상황이 어떻든 노력으로 자신의 주의력을 조절하는 법을 배울 수 있다. 자신의 행복에 대한 책임을 받아들이고 내면을 들여다보면서 언제나 찾을 수 있는 빛을 발견하면 된다. 자신의 삶을 잘 꽃피워가는 한 친구가 내게 얘기해준 대로 "내 행복에 필요한 것은 전부 내 머릿속에 들어 있다".

나는 이제 트레일러 안에서 구조되길 기다리는 아이도 아니고 의사가 주삿바늘을 휘두르는 병원에 홀로 남겨진 소녀도 아니다. 지금의 나는 우리 어머니가 돌아가셨을 때의 나이가 되었고, 아치볼드 매클리시Archibald MacLeish가 성경의 욥 이야기를 현대적으로 재구성한 희곡 《제이비J.B.》에 나오는 표현대로 "내 가슴속 불씨에 입김을 불어넣어" 빛을 찾는 법을 배우고 있다.

그리하여 내게 찾아오는 모든 좋은 일에 집중하는 법을 배웠다.

세상에서 받을 수 있는 것에 대한 기대치를 낮추고 너무나 많은 것을 당연하게 여기는 것을 그만뒀다. 항복하는 법도 배웠다.

끔찍했던 코스타리카 여행의 교훈이 되살아났다. 기진맥진해서 바다로 떠내려갈 때 나를 구해준 것이 항복이었다. 운명을 받아들이는 것은 그 나름의 구원이다.

무상함을 직면하는 것은 삶에서 가장 큰 도전 과제다. 다행히도 삶은 훌륭한 스승이고 끊임없이 상실을 가르친다. 나는 무상함을 받아들일 때도 있고 그것에 저항할 때도 있다. 하지만 대체로 이중생활을 한다. 하루하루 행복을 느끼면서도 우리 모두가 짊어진 비극을 인식한다.

나는 거의 매일 외부 조건과 상관없이 빛을 찾을 수 있다. 소중한 1분도 낭비하지 않으려고 노력한다. 갈망이 내 인생의 하루를 또 잡아먹게 할 수는 없다.

수돗물도 없는 집에서 1918년 스페인독감 팬데믹에서 살아남고 모래폭풍과 대공황, 두 번의 세계대전까지 견뎌낸 외할머니의 상황을 떠올려본다. 할머니는 '최선을 다한다'는 말의 본보기였다. 놀랍게도 나는 할머니가 지금 내 나이였을 때 누리던 것을 충분히 즐기며 살고 있다. 내게는 정원과 복숭아나무, 친구, 가족, 책이 있다.

빛을 찾는다는 것은 어둠을 부정한다는 뜻이 아니다. 나는 감정의 세세한 부분까지 관리하지 않으려고 노력한다. 가슴이 아프면 아픈 대로 내버려둔다. 슬프거나, 화가 나거나, 혼란스럽거나, 절망감이 들어도 그런 감정을 느끼게 둔다. 그게 정직하고 진실한 사람이 되는 유일한 길이다. 하지만 계속 고통스러운 상태로 있으려 해도 언젠가는 고통이 지나가리라는 사실도 안다. 그 밖의 거의 모든 것과 마찬가지로 고통도 영원하지 않다.

사랑받는 일은 영원하지 않아도 사랑을 주는 일은 영원할 수 있다. 그것이야말로 우리의 행운이다. 문화 인류학자 마거릿 미드Margaret Mead는 이렇게 썼다. "성장한다는 것은 자기 밖으로 나와 이 세상의 삶을 소중히 여긴다는 것을 의미한다." 그렇게 할 때 비로소 우리는 기쁨과 경이를 느낄 준비가 된다. 그리고 현재의 중대한 도전을 마주하면서 큰 활력을 느낀다.

'내 소를 포기하는 것'에 대한 통찰을 얻었을 때 모퉁이를 하나 돈 기분이었다. 남편은 내가 모퉁이를 너무 많이 돌아 계속 빙빙 돌고 있다고 농담하는데 그 말도 일리가 있다. 하지만 그 원들이 나선형으로 움직여, 시간이 지날수록 내가 실제로 더 행복하고 평온해졌으며 나 자신과 타인에게 더 친절해졌다고 생각하고 싶다. 그게 내가 간구할 수 있는 전부다.

우리 불교회의 마음챙김 수련과 명상 덕분에 감각적 체험을 하면서 현재에 머물고 내 주변의 아름다움에 주의를 기울일 수 있었다. 그런 수련은 내 황홀한 경험의 마중물이 되었다. 성장하려면 통제를 포기해야 하는 인생의 단계에 와 있다는 사실을 알기에 그 수련은 발달심리학자가 되는 데도 도움이 된다.

빛은 내가 선택한 도취제다. 예를 들어, 오늘 아침에 태양이 호수 위로 떠오르자 그 주변의 안개가 영롱한 오팔 빛깔에서 분홍빛으로 물들다가 마지막에는 푸른 얼음 빛깔이 되면서 무지갯빛을 발했다. 눈을 크게 뜨고 보면 만물이 신성하다.

대개 세상은 모네의 그림처럼 보인다. 나는 해가 날 때마다 각도를 맞춰 무지개 샤워를 할 수 있도록 프리즘을 샀다. 나는 안팎에서 환한 빛을 찾는다. 그 빛은 언제나 앞으로 나갈 길이 있고 늘 자기 구원의 가능성이 존재한다는 사실을 일깨워준다.

그러나 여기에는 역설이 있다. 사실 우리는 분리된 자아가 아니며 삶의 모든 면에 깊이 연결되어 있다. 가장 진실한 순간에는 내가 사라지고 빛과 하나가 된다.

아인슈타인은 에너지와 물질의 관계에 대한 공식을 만들어냈다. 그는 그 관계를 한 가지 방식으로 이해했지만 나는 다른 방식으로 이해한다. 물질은 우리의 피와 살이자, 사랑하는 사람들이고, 자연이다. 에너지는 빛과 사랑, 의식, 신이다. 아름다움은 우리 주변 어디에나 있으며 무궁무진하다. 빛 쪽을 바라보는 것이 우리가 해야 할 일의 전부고 그러면 우리는 그런 사실을 알게 된다.

이 글을 읽는 당신도 빛 속에 깃든 삶의 이야기를 쓸 수 있다.

감사의 글

남편 짐과 가족, 친구 그리고 30년 넘는 세월을 함께한 작가 모임 '초원의 송어' 동료들에게 감사의 마음을 전한다.

아울러 이 책을 읽어준 사라 길리엄과 제인 아이세이, 짐 파이퍼, 오브리 스트라이트 크루그, 잰 지거스-렌즈에게도 고마움을 전한다.

발 벗고 나서서 도와준 알렉산드라 비셀과 비범한 편집 어시스턴트 샤론 케네디에게 감사한다.

그리고 30년 동안 함께한 훌륭한 출판 에이전트이자 좋은 친구인 수전리 코헨에게 언제나 그렇듯 고마운 마음을 전한다.

편집자 낸시 밀러와 블룸즈버리 출판사의 멋진 팀에게 깊이 감사한다.

여러분, 모두 사랑합니다.

옮긴이 **허윤정**

대학에서 영문학을 전공하고 다양한 기업에서 마케팅을 하다가 비영리 사회단체에서 일했다. 글밥아카데미를 수료한 뒤 바른번역 소속 번역가로 활동하며 번역을 매개로 시공을 넘어 사람들을 이어주는 세상의 다리가 되고자 노력하고 있다. 옮긴 책으로는 《Lost(로스트)》《우리 몸이 말을 할 수 있다면》《별 헤는 밤을 위한 안내서》《나도 나를 어쩌지 못할 때》《당신이 명상을 하면 좋겠어요》 등이 있다.

나는 내 인생이 참 좋다

1판 1쇄 발행 2023년 4월 21일
1판 3쇄 발행 2023년 5월 26일

지은이 메리 파이퍼
옮긴이 허윤정
발행인 유성권

편집장 양선우
기획 · 책임편집 신혜진 **편집** 윤경선 임용옥
해외저작권 정지현 **홍보** 윤소담 박채원
마케팅 김선우 강성 최성환 박혜민 심예찬
제작 장재균 **물류** 김성훈 강동훈

펴낸곳 ㈜이퍼블릭
출판등록 1970년 7월 28일, 제1-170호
주소 서울시 양천구 | 목동서로 211 범문빌딩 (07995)
대표전화 02-2653-5131 | **팩스** 02-2653-2455
메일 tiramisu@epublic.co.kr
인스타그램 instagram.com/tiramisu_thebook
포스트 post.naver.com/tiramisu_thebook

티라미수 THE BOOK은 ㈜이퍼블릭의 인문 · 에세이 브랜드입니다.

editor's letter

나의 이야기도 빛으로 곱게 걸러내 다시 써볼까 합니다.
아주 작더라도 환한 기쁨의 조각을 찾아내 마음에 품고,
눈을 크게 뜨고 빛나는 순간을 더 많이 수집해야겠습니다.
좋은 날은 찾아오는 게 아니라 발견하고 만들어가는 것임을 알겠습니다.
인생 서사를 어떤 명도와 채도로 색칠해나갈지는
오로지 저마다의 선택에 달렸다고 고요히 나에게, 당신에게 말을 건넵니다.